给你一束光

生命暗道

中 国 作 家 的 生 活 现 场

青年报社 编
李清川 主编
陈 仓 执行主编

百花洲文艺出版社
BAIHUAZHOU LITERATURE AND ART PRESS

图书在版编目（CIP）数据

生命暗道 / 青年报社编；李清川主编. -- 南昌：百花洲文艺出版社，2019.5
（对话百家）
ISBN 978-7-5500-3237-8

Ⅰ.①生… Ⅱ.①青… ②李… Ⅲ.①作家－访问记－中国－现代 Ⅳ.①K825.6

中国版本图书馆CIP数据核字(2019)第064448号

生命暗道

青年报社 编　　李清川 主编　　陈 仓 执行主编

出版人	章华荣
责任编辑	郝玮刚　蔡央扬
书籍设计	方　方
制　作	周璐敏
出版发行	百花洲文艺出版社
社　址	南昌市红谷滩新区世贸路898号博能中心A座20楼
邮　编	330038
经　销	全国新华书店
印　刷	江西华奥印务有限责任公司
开　本	710mm × 1000mm　1/16　　印张 20.25
版　次	2019年5月第1版第1次印刷
字　数	242千字
书　号	ISBN 978-7-5500-3237-8
定　价	66.00元

赣版权登字 05-2019-93

邮购联系　0791-86895108
网　址　http://www.bhzwy.com

光能繁殖

李清川

现在回想起来，我们酝酿在《青年报》新创一份文化类子刊，是在2016年春节前，甚至更早一些时候。说“论证”是不准确的，其实无需“论证”现实境遇都是尴尬的：在那个冬天，纸媒没落成了大众话题，文学式微也常见诸讨论，此时抱残守缺，以纸为阵地、以文学立足，我们似乎是在逆流而上。但是我们宁愿逆流而上，也不愿意顺势而下，因为在理性思考中我们发现，在文化多元和节奏趋快的大时代，青年更加需要定律与方向；在个人梦被自由放大的际遇下，青年比任何一个人群更加需要文化的力量。

2016年4月，《青年报》迎来第一万期出版，我们将《新青年》周刊正式落纸。之所以选择“新青年”为名，我们并无攀附之意，我们“新青年”的“新”，是思想的新，也是文化的新；我们“新青年”的“青年”，不仅是意欲照射到的目标，也是力求寻找的光源。如何赋予这份子刊以魂呢？我们以为，关键是要有眼光。我们这样比喻，文学家、文化学者、文脉传承和弘扬者，就是灵魂的塑造家。因此，我们以他们的最新作品为主线，开设《上海访谈》《自白》《重读》《旁评》等栏目，约请青年写作者进行同题创作。在文人、文章、文脉、文鉴这一逻辑下，我们致力捕捉那些既可以沉淀为历史的，又可以预见未来的文化视点，关注那些不是流行的，不是潮头的，但一定是动态的，是发展的，有力量的，有灵性的，是年轻人走着走着就会迎面相遇的。我们想做的，就是给你一束光，让它照着赶路者的某个方向。

到《对话百家》系列丛书启动编辑工作时，《新青年》周刊已经出版了133期，不觉中，我们用心陪伴了三年时光。在岁月长河中，这光景不过只是个瞬间，但如果有耐心，你就会发现这一瞬之中的永恒——要是以130多位作家为坐标点编绘一张中国当代文学地图，是不是可以观察到中国文学的当下特征和前进方向？是不是能触摸到社会发展和文化进步的某些趋势？更为关键的是，因为有更多、更深广、更具代表、更有期望空间的作家加入，这一文学地理的建构还在继续。

一路走来，我们对中国文学的过去、现在和未来，越来越有信心，而这无疑来自作家和读者。

平素里我们与文坛大家的交往，更多是在文字中相见，这种由文字及情感的共振，不免伴生仰视和忐忑。是作家们的宽容、诚恳和磊落，让我们始终温暖。联系贾平凹时，他正在武汉授课，身体很疲惫，但得知我们“等米下锅”，他在凌晨配合完成了采访。同样的情境下，迟子建在忙于家事，阿来在藏区调查，王跃文在基层参加活动，李佩甫在创作新作……我们的高频访问从未陷入“独坐悲双鬓，空堂欲二更”的不安，真是个奇迹。

每当周五收到陈仓发来的清样，我都会想，每一位作家执着的文学故事和丰厚的人生体验，都无异于一支支拧开的手电，在他们的言谈间，光就会自然发散出来。张炜在谈到长篇小说《你在高原》创作时说，如果不写完这部作品恐怕一生都不会安宁，为此，他耗时二十二年，写下450万字，流了很多眼泪。麦家的长篇小说《解密》经历了十七次退稿，他并没有因为挫败而迟疑，还将其解读为“每一次退稿对我个人而言都是打击，对作品来说都是‘打铁’”。以平朴为人和谦逊姿态为人称道的陈忠实，在生前接受采访时常会强调，他不是大师，这不是谦虚，而是远远不及大师的格。

另一方面，读者始终是我们关注和连接的重点，是我们的情愫所系，源源不断给我们以持久力量。在社交网络活跃的当下，他们用传统的书信和电话，表达着对作家、作品和《新青年》周刊的偏爱。他们中，有作家、评论家、大学教授和媒体同仁，更多的还是青年学生和普通读者。他们中有人要跨年度、跨地区订阅报纸，有人想购买全套报纸收藏，还有人，只为说一句“我喜欢”。“天涯海角非远，银河夜夜相望”，如此鼓励下，我们既欢喜在心，又感重任压肩。

光是有方向的，光也能生出光。事实上，我们编辑出版《对话百家》系列丛书，还有为中国文学保存温暖历史的一点野心。客观说来，受出版形态、地域限制和传播时效影响，对话类文本的阅读体验还需优化和释放。我们希望，通过必要的梳理整理，去满足部分读者深入阅读的需要，也为文学研究者提供一种参考。这种利用纸媒积攒“光”，再借助书投照“光”的愿景，也让我们在工作之余悄然完成了一次历史记录和思想沉淀。

我们知道，出好一套书，出一套好书，并不比办报简单，恐怕还会复杂一些。《对话百家》系列丛书能够与读者见面，我们要向每一位作家致谢，向提供过帮助的朋友致谢，尤其要感谢百花洲文艺出版社的工作团队，他们倾注了热情和心血。春节前，出版社的策划、编辑团队专程来到上海，我们有过倾心一晤，他们对内容修订、装帧设计、市场推广提出了高水平意见，做了细致安排。我们都相信，有文学相伴的人生是美好的人生，被文学注入的时代是有灵魂的时代。这样的共识是幸福的，既有各自职业的坚守，也有来自文化的传承。

最后还要做几点说明：一是每卷本目录中的作家次序，大致遵从了姓氏笔画排序。姓氏传自祖先，即便是笔名也代表着文字的血统，所以是天赐的，是自然的，自然的方法应该就是科学的方法，也因此呈现出老幼相携、结队出发的友好气象。二是关于作家、作品的介绍信息，依据了报纸首发的资料，没有进行全面更新，因为作家一直都在路上，很难等到一个最终的结论。三是从报纸到图书的形态转化中，出于平衡新闻性与文学性，兼顾传播功能和阅读体验，去除了随时间推移而失去效力的部分内容。以上处理，如有不妥或者疏漏，还请予以理解和谅解。由于能力和目力所限，不免会有遗憾和失误，也希望得到各个方面的谅解。

2019年，是五四运动100周年，还是新中国成立70周年，我们以此致敬历史。遥想百年前的《新青年》杂志，提出“自由的而非奴隶的，进步的而非保守的，进取的而非退隐的，世界的而非锁国的，实利的而非虚文的，科学的而非想象的”，吹响了五四新文化运动的号角，成为历史进程中一个明亮的符号。

历史的门槛都连接着新起点。2019年6月10日，《青年报》迎来了创刊70周年的纪念，我们也以此送给《青年报》和她的读者。追溯历史，勇于尝鲜，绝不墨守，是《青年报》和青年报人最鲜明的特质，这种内生的创造力，也是今天的我们传承火炬、接续发展的重要支撑和精神力量。愿由此开端的新的路上，我们总有希望，充满发现。

（作者系青年报社党委书记、社长，中国作家协会会员，上海市新闻工作者协会常务理事）

文学属于青年

陈思和

1917年，陈独秀携带着他主编的《新青年》杂志移师北京，在北京大学发动了史无前例的“文学革命”。是年一月，《新青年》第二卷第一号发表胡适的《文学改良刍议》，二月，发表陈独秀的《文学革命论》，白话文学运动承载着思想革命的使命，席卷全中国。两年以后，1919年，《新青年》的思想启蒙直接唤醒了大批知识分子和青年学生，为了应对巴黎和会的外交事件，五四运动轰轰烈烈地爆发了，中国由此进入新的历史阶段。

陈独秀在上海创办《青年杂志》（后改名《新青年》）之初，仅仅是一个励志型的青年思想杂志。北上以后，短短几年就办得风生水起，获得了全国性的成功。什么原因？北京大学是第一个原因，那是全国优秀青年云集之地；提倡“文学革命”是第二个原因，新文学以其新鲜活泼的语言和形式，深深吸引了大学里的青年学子。新文学浪潮与青年运动相结合，便可创造一个崭新的时代。

新文学浪潮与青年运动紧紧联系在一起，在社会上产生了革命先锋的影响。我曾经把新文学运动领袖们的出生年份列出来：鲁迅是1881年出生的，李大钊是1889年出生的，就是我们今天所谓的80后；胡适出生于1891

年，傅斯年出生于1896年，属于90后；陈独秀是1879年出生，也就是70后的“尾巴”，但他已经担当了新文化运动的主将。新文化运动里几乎没有50后的作家。康有为生于1858年，严复生于1854年，他们在新文化运动兴起时已经被看作是过时的人物。而正是陈独秀、鲁迅、李大钊、胡适这样一批70后、80后和90后的青年知识分子，开创了现代中国的新纪元。

他们所开创的时代，真正是青年的时代。

上面这段议论，是我在读李清川、陈仓主持编辑的《对话百家》系列丛书书稿时，由衷想说的话。他们两位都是有文学情怀的媒体人。我与陈仓相识于复旦大学的课堂里，他来约我做一个访谈。他告诉我，青年报社创办了一个《新青年》周刊，每期用七八个版面来介绍一个当代重要作家，那时已经推出的就有贾平凹、陈忠实、张炜、余华、刘醒龙、欧阳江河、周大新、李佩甫等等，向青年读者展示当代文学的风貌。我被他们的编辑理想深深触动，我知道《青年报》是一家面向青年人的资深媒体，拥有大量的青年读者，由它来隆重推介当代文学，将会产生不可估量的影响。

新世纪的中国文学正处于一个转型更替的关键时期。我在前几年写过一篇文章，题目叫做《从“少年情怀”到“中年危机”》。我的意思是：从五四新文学发展而来的现代文学，原来就其本质而言是青年文学，它含有强烈的文学先锋因素，表达了中国青年在各个历史阶段的社会情绪和审美形态。但是新世纪以来，随着社会发展的稳定和文学功能的变化，更形象一些说，文学已经进入了“中年”阶段。其标志之一，对照百年前的新文化运动，如今在文坛一线创作的活力最强、影响最大的作家群体，依然是1950、1960年代生人，他们经过了三十多年的写作实践，形成了成熟的世界观与写作风格，艺术上也日臻完善，他们是延续五四新文学传统的一代作家，但他们毕竟已经不是青年了。而真正反映着大多数青年社会情绪的文学，却被遮蔽在资本渗透下的网络新媒体、文化市场、大众娱乐等尘霾之中，还没有发出真正的光彩。我把这种文学状态称之为“中年危机”。

因此，如何弥合这两大类文学的健康因素，有效地把五四新文学的传统与当代社会生活以及新媒体新技术结合起来，推动新一代的五四精神传人的诞生，把新文学传统的生命活力延续下去，让更多的文学青年了解和认同前辈作家的创作心声和生活态度，在新形势、新环境、新媒体中凝聚起新的力量。这对我们所有不同年龄层次的文学工作者来说，都是一项极其艰巨的任务，但也是光荣的使命。

在这个意义上，我对青年报社编辑出版的《新青年》周刊，自觉运用大众媒体来向青年读者推介当代著名作家的工作，充满敬意。他们选择的当代著名作家艺术家，是五四新文学传统的自觉继承者，弘扬他们卓越的创造性劳动成果，总结他们在文学上的精神血脉，扩大他们的创作影响，对于传承新文学传统的血脉有着重要的意义。也许他们现在做的工作，只是一种堂·吉诃德式的风车大战，但终究是“石在，火种就不会灭”，人文精神需要代代相传。

现在青年报社把《新青年》周刊上的130余位中国作家的对话录编辑成书，这是非常有意义的工作。我希望这套六卷本的书能够获得更多的青年读者的喜爱。是为序。

（作者系著名评论家，复旦大学图书馆馆长、文科资深教授，上海市作家协会副主席）

目　录

二月河

二月河，本名凌解放，1945年生，2018年12月病逝，河南南阳人。四十岁开始文学创作，起初以“红学”研究知名，后致力于营建“帝王系列”，以描述清代皇帝而闻名。主要作品有《康熙大帝》《雍正皇帝》《乾隆皇帝》等系列长篇小说，被赞为“当代乃至近代以来历史小说创作的重大收获”。

纸质书不会消失将会成为奢侈品

二月河通过对熟稔的中国正统历史进行创作，在符合历史人物语境的前提下注入现代意识，满足了无数海内外读者对三位中国帝王——康熙、雍正、乾隆的幻想。同时，他注重史诗般的气势磅礴和正反两派脸谱式的刻画，角色对决行云流水。在他看来，读者无疑是第一位的，作为作者千万不要把他们当成学生，把自己当成老师。要实实在在和读者平等相处，把自己的真实理念通过作品曝给读者，就会在真实的领域里获得回报。

你每天的生活与写作是如何安排的？你曾提过每天要做到“五个一”：一小文、一字画、一首诗、一盘棋、一散步，现在坚持了吗？

刚退休后的生活很不习惯。过去一直忙，忙家庭事务、社会事务，退休后闲了下来，有个调整过程，有几年不想写。但完全闲下来并不好，完全去锻炼身体，我也做不到。现在“五个一”也还在做，但不是那么严格，随心所欲一点，也画画，也走路，也写文章。休整了五六年，今年才动笔，觉得比原来的身体状况还好一些，不过每天老婆都催着我少写一点。她比较注意我的健康，害怕我摔跤生病。

你的一生哪段经历对自己写作最为重要？

我有过10年从军经历，在部队我很爱看书。没有书看的年代，《辞海》《二十四史》我读了很多遍。因此部队首长把我调到团里办黑板报，并当上全团的新闻报道员。在军营的10年，我先后入党、提干，被评“全国自学成才奖”。没有部队的培养，就没有今天的二月河。

33岁～53岁之间是我创作的高峰期。我的第一本书《康熙大帝》出版，读者承认了我的写作能力。随后我接二连三写了康雍乾系列。创作是不能停的，它就像火车是一节一节的，停下一节就不连贯了。整体的思维，宏观的把握，对长篇小说来说是比较困难的。像我们聊天，想起什么说什么，但写长篇不一样。昨天写乾隆到枣庄，明天写乾隆要命令刘墉处理山东国泰事件，那么枣庄和国泰事件会有什么联系，你得考量，如何让读者感觉到它们的联系。

你写作历史小说，是事先积累了大量历史知识，还是一边写一边扒资料？

在写康雍乾系列之前，我就读了大量的史学书籍，总体的历史我是知道的。例如康熙8岁继位，15岁智擒鳌拜，19岁决意撤三藩，23岁收复台湾等，小说整体的时间和故事脉络我是知道的。写康雍乾，按时序写比较方便。因为康熙在位61年，乾隆在位60年，要是前后综合写，且别说写，看小说的人都看糊涂了。以时间顺序写，读者在阅读时也不会感到吃力。

我写小说的时候查阅资料很少。整体方向不需要查阅，所有的人物和事件都是围绕这些大事件在发生，时间顺序不会错。写作时要掌握人物个性，具体的小故事，要在写作过程中感受。人物的总体特征不能变，有变化需要解释。比如你今天是婉约型的，明天却突然变成暴烈型的，写作过程必须是个解说过程，比如他是个平和的人，这一次实在受不了，所以爆发了。你必须有个合理的交代和解释，要获得读者的认同。你写书是给读者看的，首先要考虑读者的阅读需要。读者的阅读层次不同，阅读能力不同，接受能力也是不同的。

你和小学生讲，和大学生讲，要根据他们的文化定位、知识定位和各人感受定位，要符合书中的人物。读者在阅读过程中能感受到这个人物连贯一致的个性特征。比如苏麻喇姑这样的人就不可能有喜剧性的结果，她从小没爹没娘，在宫里寄人篱下生活，如果是男性还可能在官场有发展。她又爱上一个伍次友，伍次友其实是个不可爱的人，虽然有些读者不这样看，觉得他豪爽大方，但实际上，在一个男性为主体的社会中，女性爱上这样一个人等于被抛弃了。这就预示着她的命运不会得到很好结果。苏死前，听说伍死在江南，让人将自己的骨灰撒在汉水，随着汉水可以流到长江，这也是一种回归的理想。小说人物的个性和命运还得和当时社会给他规定好的命运一致才合理。但也不能说人物性格没有变化，也可以有变化，突然受到某种刺激会变得激动，比如摔杯子，这种个性和原来似乎不是一回事，但人们看起来很合情合理。我就曾看到有个很平和的人，因为不停有人劝酒，不胜其烦，一怒摔了杯子。所以，写长篇小说，要注意人物个性的走向。

另外，这个人在书里写的诗词，要和人物个性命运相合。文如其人，比如苏麻喇姑，她如果写出“好风凭借力，送我上青天”就不符合她的个性。你书写起来省事，但别人看起来就不省事了。你不能图省事儿去掉一些符合人物性格特征的细节，有了这些细节才像这个人。

这么多年来，你一直住在这个小院，相对简陋些，似乎你对物质生活要求是极低的，甚至有人感觉你还是一个农民。你是怎么看的？

我没有感觉我的生活简陋啊！每个人的追求不一样，我对生活要求很低，吃饱穿暖又有空调就好。我怕热，也怕冷，所以要有空调。吃饭很简单，粗茶淡饭就可以了。

当年你是进入过作家富豪榜的，生活这么朴素，那么多的稿费你都花在什么地方了？

我的稿费分几部分：一部分留下来用于我和老伴养老、看病；一部分支援一下女儿；一部分作为社会资源，用于捐赠希望工程、下岗职工、穷困学生等。基本是这三个方面。

这么多年你用于捐赠大概有多少呢？

有100多万吧。

你只有一个女儿，你很疼爱女儿是吗？

我不追求物质享受，女儿也不追求。我女儿在北京301医院，她从没说过“爸爸你要多挣点钱”，天天都劝我多休息。外界传闻我有多少多少钱，都是他们估算的。那些钱，在北京买不了个像样的房子。

你在南阳住了四十年了吧？按影响力早该“进城”过现代化生活了，为什么你还偏安一隅？是没有机会还是你不喜欢大城市？

第一，南阳很宜居。无论空气湿度、海拔的高度、所处的纬度，都比较适合人居住。第二，南阳市委市政府和南阳市民都对我有眷恋之情。前几年，我早上出去散步、买菜，有人肩上骑着孩子，看见我赶紧把孩子从肩上放下来，热情地和我打招呼，并对孩子说“这是你二月河爷爷”。我买菜回来，手酸了把菜放在路边菜贩的摊子上，卖肉的、卖菜的都会站起来要帮我拎回家。有时候买菜，卖菜的看着我挑菜不吭声，等我挑好了，就不要我的钱要我拿走，当然我一定会付钱，但这种亲情，你在别的地方是感受不到的。我连续多届是党代表、人大代表、全国劳模、先进工作者，享受政府特贴，诸如此类的荣誉，南阳市能给我的都给了我。

以你的影响力，在北京或上海，这些荣誉也会有吧？

也许会有，但不会有这种社会亲情。

南阳对你的“帝王系列小说”写作提供了什么资源？假设你没有生活在南阳，还有那么强大的文化与历史气场吗？

南阳文化资源很丰富，但对我的写作来说，作用并不大。这种资源起到的作用，是使南阳拥有了一批文化人，比如过去的乔典运、孙幼才，现在的周同宾、廖华歌、马本德等，我和这一群人在一起生活得很好，很舒适。你去那些大城市，追求的也不过是舒适。不光是国内的许多大城市，加拿大、美国、日本我都是可以去的，我都主动拒绝了。我不去，我觉得在这里生活得挺好。

南阳对我的创作，主要是这种文化氛围影响，举手投足都是文物。南阳市文化积淀的形成和整个中国楚汉文化的形成是一致的。在一个地级市里面涌现出这么多的历史人物，从百里奚、范蠡、文种到诸葛亮、范仲淹，这一批世界级的政治家和思想家，出现在南阳，与南阳的文化积淀有很深的关系。我生活写作在这样的环境里面，就感觉自己生活在一个合适的文化氛围当中，从这角度上来说，南阳是适合创作的。但我整个写作是以清代为主，主要参考的是《清人笔记》等清代的历史资料。我不生活在南阳也能写出这几本书，但是在南阳心态安逸、舒逸，感觉很好。

写作苦吗？都说当年你是为了争口气而写作，对于这样的经历，现在释怀了吗？

在写作当中，我就感觉很舒适。一个段落写下来，就有成就感。晚上写到三点钟，到街上转一转，看到街上有人打扑克，几个人围在电线杆下，脸上贴着纸条、夹着夹子，怀里抱着砖头，也折腾到三点钟，其实和我写作一样辛苦。但大家喜欢，就乐此不疲。我追求的就是这个喜欢。我心想，我就是写一麻袋废纸，也比这个有意思。不是争不争口气的事，是写作本身就给我带来了乐趣。

你的作品被盗版的数量很大，你介意吗？

我不介意。写书是给普通读者看的，一般的读者能够读我的书，对于我来说，本身就是一种满足。我写的文章没人看，那才是一种悲凉。图书的命运由读者去决定，今天的读者不决定，那明天的读者、后天的读者、将来的读者，总有一天会拿出他们的决定的。你的书不好，给谁谁看？比如有些作家，将自己的书摞在自己的车后面，走一个地方发一个地方，等于是在散发自己的书。我的书，是读者从口袋里掏出带着体温的工资来购买的，让自己和亲友阅读，所以盗版的阅读者也是我的读者。从阅读层面讲，都是我的上帝。那么我写书，就是给他们看的，盗不盗版，无非是我拿到稿费没有。别人阅读到我的文章是一种满足，于我这里也是一种满足。这就够了。

你的很多作品已经成了经典，回过头来自己是怎么评价的？你最满意哪部作品，有没有留下什么遗憾？许多作家在作品再版时都会进行修订，如果现在让你修订，你会怎么做？

这个问题是最难回答的。因为这几本书，下的力气我自己是知道的。《雍正皇帝》在《雍正王朝》电视剧出来后阅读量高增。《乾隆皇帝》下力气最大，出了六本，但从读者表现来看一般，改编起来很困难。如同一棵树，枝枝杈杈很多，给影视剧改编者造成一定困难，这不怨人家。只能说，我们整个社会层面对文化的认知之间有差异。所以我最满意的书不好说，但雍正皇帝系列（《九王夺嫡》《雕弓天狼》《恨水东逝》三部），是我年富力强、没有干扰的情况下写的。不像现在，今天有人采访，明天有人签书，那时候没有人采访，我一天到晚在家写作，写的书含金量相对高一点。

修订出来的版面，没有成功的。《红楼梦》后人修订30多个版本，都不成功。根据这种经验，我自己的书写成什么样就是什么样，错了就错了。我发现多处错误，但我没有进行改动，我当时错了现在改了，能算你当时没错？有错，读者在阅读过程中能读出来你的错，也是一种提高。让读者去阅读，让读者去识别，让读者去审定，将来读者要是能改正，我求之不得，要是不能改正，一代又一代的读者从中能吸取一些教训，文化上的遗憾对他们也会有一定的启发。

有人说，有华人的地方就有二月河的读者，由你作品改编的电视剧在海内外的热播让你成为畅销作家，说你的红得益于电视剧。对于改编成电视剧，你怎么看？是市场还是时代决定了你的红？

那其实是读者对我的书不是很了解。其实《雍正王朝》和《康熙王朝》电视剧出来之前小说已经好评如潮了，并获得了不少奖项。《康熙大帝》曾获河南省优秀图书奖和河南省第一届优秀文艺成果奖，随后电视剧才播出。1995年《雍正皇帝》获湖北省优秀图书奖，根据《雍正皇帝》改编的60集电视剧1998年才拍摄完成，在中央电视台播出。只是电视剧出来后，好评达到高潮。

电视剧和图书各有各的好处。图书的对象主要是读者，电视剧的对象主要是观众。观众性别、年龄、文化层次都不一样，都可以在电视剧里得到不同程度艺术上的满足。但电视剧有些毛病，比如某些固定模式：雍正在太和殿带领文武百官朝拜上天，这是不可能在历史中出现的，我的写作中也不可能出现这样的失误，但电视剧的制作者的主观意识在这里得到展示了。

那你觉得电视剧和图书，哪一方面会流传得更久？

《雍正王朝》和《康熙王朝》现在还会在央视播出，从这个角度来说，电视剧起到了替我的小说广播和宣传的作用，等于天天给我做广告。看了电视的观众很可能会对书感兴趣，再去买书，看了原著的读者可能又会想看电视怎么演的，观众和读者会相互促进。再一个方面，电视剧扩大了我的读者群，从男到女，从老到小，不分阶级、层次、受教育程度，电视剧都能让他们得到不同程度的满足。

怎样界定一部小说的好坏？你曾说过你的小说绝不影射现实，那么文学作品是不是应该关照现实，负起它的社会责任？

看什么类型的文学作品了。写报告文学，写当下最热的扶贫致富，写高铁，不影射现实是不可能的。当代题材的，必须映射现实。写古典题材，只能是按照当时古人对社会文化的思考，尽可能把今天的文化思考融合进去，让人们从中得到理解，得到启迪，受到启发。不要刻意去引导。看中央反腐，二月河就写反腐；看中央要搞生态建设，二月河就写栽树。不能这样去跟风，要尊重当时的历史，如实按照历史的真实去写，讲究历史的真实和艺术的真实。这双重真实加在一起读者才能真正认同。

所谓历史的真实，就是说你今天到我家来，你的后人将来知道这个事实。艺术的真实就是，你是个艳丽型的还是婉约型的，是长发还是短发，是穿的白衣服还是红衣服，这样的细节，别人做不了主，需要作者去揣摩和研究。

如果不影射现实，那么你小说里的人物塑造，有没有受到现实的影响？尤其是那些帝王形象，包括这些帝王的精神世界与情感生活，是完全

克隆历史呢，还是结合现实社会的感受和体验进行了重新创造？

我对帝王的精神生活有基本了解。但也不能说克隆历史，我的书和电视剧你应该是看过的，雍正这个角色，剧里面有些人的思维已经带有现代意识，从这个角度来说，只能是作者对他们产生了影响。

你如何理解封建社会中的女性？

我是从整个封建社会中的女性地位来写的，女性不但政治上没有地位，经济上也没有地位。女性只能依附男性生活，只能凭借自身条件，比如容貌来获取男性的宠爱，如果你长得不漂亮，还要争取一些东西，实际上是一种悲剧。从中国这种情况看，过去的文学作品中，女性塑造成功的也不多。传统中国女性不太好写。中国封建社会的女性生活在夹缝中，神权、族权、夫权，所有的社会权力都可以压迫女性。法律对男性和女性的要求也不一样的，对女性要求看似很简单——三从四德，实际上是背负着山和别人在赛跑。

在你的作品中是如何展现她们的？有没有满意的女性角色？

我在小说中展示的女性，其实是有一些悖逆思想的，比如周培公和阿锁的恋情，本身就违背了当时对女性的道德要求，你还要把阿锁写成一个好人，其实已经有了今人的意识。实际上当时的社会不会给女性提供这样的机会，这样的女性不会大批地出现。

《红楼梦》中贾探春和王熙凤这样的女性，是想和男性一争长短的。像王熙凤这样的女性，长得漂亮，行政工作能力很强，社会不允许她担任政府行政职务，作者就给她个大观园来管理，她喜欢放债，喜欢经济的流通，她个人还有相好的——贾蓉，她不信神不信鬼——这是西方女性的特点——只能是在康熙以后，中国开海禁，中外有一些交流，中国人才有了一些这样的意识。我在中国其他的小说中，还真是没有读到过这样的女性。像贾探春这样的人物，和《儿女英雄传》里的十三妹有点相似，但十三妹到最后变成了一个世俗的妇女，一心一意帮着丈夫相夫教子，彻底变成了服从的奴隶典型，这种典型也不为我所取。我只取像阿锁与周培公那种故事，两人在豆腐脑面前认识，逐步产生感情，无声地恋爱。要按三从四德来说，阿锁也不是那样的。

网络小说以及改编的电视剧如今十分火爆，比如《甄嬛传》《琅琊榜》等，这些都是架空历史的小说。历史小说不是历史，是否应该以历史为基础?

你当玩意去看就好了。人家本来就是当个玩意在说，当游戏在做，你却和人家认真，那怨你自己。

你觉得会不会影响一部分孩子，让他们把戏说当真呢?

孩子们一时可能会当真，等到他将来阅历多了，看了史书，再看《甄嬛传》，就会有个比较，有个认知。不要把孩子和观众都看成傻子。

多年的创作你获奖不少，心中最向往哪个奖?第三届茅盾文学奖初评时，《雍正皇帝》以历史小说第一名入围20部候选作品，但最终还是和奖项失之交臂，你对茅盾文学奖有什么看法吗?

我获得过几个省里的奖项，没有获得过茅盾文学奖。虽然参评了，也不是我要去参评的，是长江文艺出版社报的。对这些奖项我是尊重的，获得这些奖项的作品、作者是值得我去思考的，包括莫言的诺贝尔文学奖。关于获奖，也不过是几位评委格外看重他，有一批或者几位重要的读者起作用。我只能说，我没有给任何一个奖，任何一个评委，送过一根烟，倒过一杯水。没有。对我作为作者的社会人格和作品人格，我自己是认可的。别人获得这个奖，我不作任何评论。我没有因此弯下过腰，没有赔过笑脸。

奖项、评价、市场等等，你写作最看重什么？

我最看重读者市场。读者是这一部书的生命原力所在，今天读者认可你的书，说明你的书生命力还在，明天读者还在看你的书，说明你的书有了历史价值，如果后天的读者还喜欢你的书，说明你的书历史价值比较深。仅此而已，这里面没评论家什么事，评论家也是读者。

你还在创作吗？有没有写其他帝王的计划？

帝王系列我写不了。我现在的身体状况，不允许再进行大规模的创作了。

作为一个以小说为主的作家，近年来你似乎散文随笔写得多一些，你对散文随笔写作有哪些心得？

千万不要把读者当成你的学生，不要把自己当成读者的老师。要实实在在和读者平等相处，把自己的真实理念通过自己的作品曝给读者，读者就会在真实的领域里给你回报。

你还兼着哪些社会职务？在体力下降的情况下，为什么还兼着这些职务？

一个是河南省文联名誉主席，这不是我要当的，是省里的决定，我如果不去当这个主席，会感觉过分矫情。我是河南省和南阳市培养起来的作家，在省市领导面前，永远是下级，是个学生，以下级和学生两个角度来观察，都应该把这个职务担承起来。另一个是郑大文学院院长，现在我是院长、博士生导师，带了五个博士生，偶尔我去郑州或是他们来我家，并不是经常性地讲课。我可以借这个机会和年轻人多接触，也没有什么坏处，我也很乐意。

从出身讲，我也是半个红学家，所以我不能忘本。《红楼梦学刊》前几年有困难，我还捐献了30万块。红学会主席说："解放寄款和别人寄款不一样，别人可能是公款，解放寄的是自己应得的稿费，你们谁能做到？"红学会前几年还有人说我，会长说了此事后，没有人再说我了。

你用微信吗？年轻人似乎都热衷于用手机阅读，你对这种阅读方式的改变有什么看法？从历史发展的角度看，你认为纸质书会不会消失？

手机阅读我不支持，一是对眼睛不好，二是不利于记忆。你看他似乎阅读量不小，但到我们面前，我长篇大论给他背一段史记《列子·汤问》，背一些古文，他立刻就不行。但你要说哪个字不对，手机一翻立刻答案就出来了。这是手机的优点。我反对主要因为手机阅读对身体健康不利，且在提高人的基本素质和阅读能力上有缺陷。

纸质书不会消失但会不停受到影响，随着阅读习惯的改变，会对纸质书有更大的冲击。再过二十年，还有一批人看纸质书。纸质书现在就是奢侈品，可能将来更是奢侈品。但还是有人要看纸质书的。

你能对青年读者推荐几本书吗？

我原来也爱看书，但现在看电视都困难了，我不会打字，写字得一个个抠，写多少字没有要求，身体不行就不写了。我推荐的也是老书，比如《王子与贫儿》《悲惨世界》《红楼梦》《聊斋》等，这些书可能老了点，但永不过时。

设问人：曾碧娟 作家，《南阳日报》编辑

凡一平

凡一平，原名樊一平，1964年生，广西都安人，广西壮族自治区作家协会副主席，广西民族大学硕士研究生导师。著有长篇小说《跪下》《顺口溜》《老枪》《上岭村的谋杀》《变性人手记》《天等山》等六部，小说集《撒谎的村庄》等八部。根据其小说改编的影视作品有《寻枪》《理发师》《跪下》《最后的子弹》《宝贵的秘密》《姐姐快跑》等。曾获《小说月报》百花文学奖、《小说选刊》双年奖、广西文艺创作铜鼓奖、广西青年文学独秀奖、壮族文学奖等。

无论生活创作我都有慈悲心肠

凡一平在影视作品巨大利益的诱惑面前，对小说的创作从没有松劲。有一段时间，他以为自己可以“盖棺定论”了，但是某年重回出生和成长的那片土地，又觉得不能就此封笔，于是把目光转向了上岭村，“写了多部关于上岭村的小说之后，我才发觉我复杂的灵魂，变得简单和纯粹，甚至觉得创作才刚刚开始。”

你自诗歌起步。听说你的诗歌发表与邵燕祥有关？

我幸运地遇上了一位“伯乐”，得到了当时《诗刊》副主编著名诗人邵燕祥的重视。邵燕祥之所以如此认真对待一位年轻业余作者的投稿，不仅由于他高度的责任感和认真的工作态度，还因为他读中学时就向北京一家报纸投稿，第一篇散文就是在一位副刊编辑的扶持下发表的，他深知一个青少年作者的第一篇作品的发表是个很大的鼓舞，往往会影响这个人的一生。《一个小学教师之死》经过编辑的精心删改，将五十六行的诗句压缩成了四十六行，很快就发表了出来。发表时，编者还在尾部附加了一条小注：“这首诗的作者是一位十七岁的学生，他的父母都是有三十多年教龄的人民教师。编者对诗稿做了一些删改。”《一个小学教师之死》的发表对我来说的确具有相当重要的意义，使我相信自己能够成为一名作家。

写了十二年诗歌也发表了一定数量的诗歌作品之后，后来是一种什么动机促使你转向小说？

当我发现我擅长于叙事后，我就果断地转写小说了，但是我仍然喜欢诗歌，我读的诗歌一点也不比我读的小说少。第一篇小说是《岁末》，是短篇小说，发表在《金城》1983年第4期，稿费30元，那时候我一个月生活费只要十元就够了。先短篇后中篇，逐步有经验和自信后写长篇，前四部主要写的是我感受到的都市生活。从《上岭村的谋杀》开始有变化，它是我第一部反映农村生活的长篇小说。

1993年，可以说是你中短篇小说创作的第一个丰收年。《浑身是戏》《认识庞西》等清一色的当代都市生活题材，简洁而富有弹性的叙述语言，灵活多变的艺术结构，让读者耳目一新。1995年，你的长篇小说《跪下》由时代文艺出版社出版，被评论家誉为“当代都市生活的长篇画卷”。

这是我的第一部长篇小说。出版社在出版《跪下》时，做了一个简介，称：“《跪下》是一部社会都市小说，其思想艺术及语言均为国内一流，具有很强的可读性。”但是我自己并没有信心。那厚厚的一摞书稿，仿佛是一个沉重的包袱，使我感觉烦恼和沉重。因为我不知道有哪家出版社愿意出版它，我非常不自信，不自信的原因在于我弱小的知名度和关系网。我不像那些知名度很高并且八面玲珑的作家，只要写出作品，不愁出版不了，就像皇帝的女儿不愁嫁。我很害怕我的作品不能打动出版社，对于我这样默默无闻的作家，要敲开出版社的门，只能靠过硬的作品。也就是说，让出版社觉得有赚头。那时候我甚至想，只要不要我自费出版，我就满意了。当我把《跪下》的故事的梗概复制二十份寄给二十家出版社的时候，我的心就像条件低微的征婚者，迫切地等待着愿意将其明媒正娶的知己！

当时代文艺出版社率先答复我的时候，我毫不犹豫地把书稿寄了过去。半年之后，《跪下》出版了——当我手捧著作，看见封面上的美女和版权页上的印数（20000册）时，我知道我的书被彻头彻尾推向了市场，并且知道出版社赢利了。

《变性人手记》运用荒诞的手法，叙述了一个相当荒诞离奇的故事。评论家黄伟林认为，凡一平这一时期的小说表现了转型期人们的身份焦虑，小说中的人物为生存和追逐利益，在生活中变化而“浑身是戏”。

我并不认为《变性人手记》不如《跪下》的效果。尽管后者的发行量大于前者，但是它给我带来的好心情不如前者。因为后者不能也不会谈条件，而前者终于可以谈条件了，不管那样的条件或合同及交易方式是否恰当，但毕竟是双方谈判后同意的结果。我终于敢于正视市场对于作家的打击和挑战，或者说我终于有了市场意识和觉悟。我不再感到被谁亏待和剥削。介入市场，我的心反而出奇平静和平衡，面对市场的喧嚣我不再装聋作哑，尽管市场的喧嚣依然使我茫然困惑。

之后，你还创作了《顺口溜》《老枪》等长篇小说，你的选材与自身的生活变化密切相关吗？

创作《顺口溜》和塑造彰文联形象的目的很清楚，就是力求体现以人为本。它要探讨的主题是，知识分子在物欲、权欲和色欲面前，如何保持自己的气节和操守。文学是人学，这是老生常谈的创作定律。为文学画廊奉献鲜明、生动的人物形象，是一个作家的理想、追求和使命。“彰文联”是不能留下去的，这点自知之明我还是有的。人贵有自知之明，这很重要，从某种意义上来说，这何尝不是一种气节和操守？

《上岭村的谋杀》是一部可读性与现实性紧密结合的作品，你把背景放在了家乡，并且上岭村也确实是你生活了十多年的村庄。书中的人物是否也是现实中的人物？为什么将乡村的名字和乡人的名字直接用于作品？

《上岭村的谋杀》与上岭无关。我只是借用了与我祖籍有关的名字、环境和外壳，写了一个我蓄谋已久的又与乡亲无关的谋杀故事。我这么设置和处理，是我太想让外人知道上岭这地方了，她风景非常优美，我的乡亲淳朴善良却又十分聪明、机智、幽默和乐观。

促使自己正视成长背景和内心世界，是出于怎样的考虑？为什么写作这么多年后，才开始正视和书写自己生活的土地？

我曾经用了四部长篇小说对我的都市生活进行批判和解剖。但我还是觉得我已经不天真，不干净了。我要如何才能找到真正的自我？我为什么变成了现在的我？我能变回去吗？而我认为最纯净的家乡这么多年也在变化着，我的村庄生态越来越好，我的乡亲也变得比以前富裕了，但是欢乐却比以前少了很多，这是为什么？我必须重视这个现状，就像审视我自己一样。

这部小说构思和写作用了四年时间，你提到写作过程是既沉重又激动，为什么？

2007年某天，我回到上岭。此次归来距离我上次的返乡，相隔了十一年。这次的返乡，对我的触动非常的大。我亲切而隔阂的上岭，熟悉而又陌生的乡亲，让我关切、疼痛和沉重。我沉重的原因是我既往的农村生活和现实的农民命运，总是像磐石一样压迫着我。它压迫了我很多年，无论我是在金光大道的城里还是在纸醉金迷的经历中，它始终是我挣脱不开的梦魇，忽然有一天，我找到了撬开磐石的杠杆和角度，为此我激动不已并且不遗余力。

你所说的“撬开磐石的杠杆和角度”是指什么？为什么你说是“获得了一次艺术的跨越和心灵的救赎”？

因为我写的是小说，不是新闻和报告文学，所以不能记流水账，我要把大量的生活素材变成艺术作品，这就需要杠杆和角度，具体地说就是切入点。这非常难。但我还是找到切入点了，就是一个村里的恶霸自杀又被认定是他杀的案件。现在看来我这个切入点是正确的。

我写了一部内容与我以往作品不同的小说。“心灵的救赎”是指我以往的小说总是背离我成长的土地和河流，我愧对让我无愧的农村生活。而我现在的笔触调转了方向。我回来了。所以我解放了，得救了。

故事中尽管写谋杀，却没有真正的坏人。因为你给出了令人信服的答案，书中的每个人物，必须那么做。对于笔下的人物，你是怀着怎样的一种情感？

我曾经见过一个我认为是坏人的人，他说：“我有今天是因为我太善良了。”所以人是多元的或复杂的。无论是创作还是生活，我对人都是以慈悲心肠去对待。

《上岭村的谋杀》被列为“八桂学者广西民族大学文学创作岗最新成果”，这是怎样的一个项目，能否简单介绍一下？

“八桂学者”是中共广西壮族自治区党委组织部科教兴桂战略的一个重要项目。经过层层选拔，2013年把文学创作岗设在广西民族大学，由作家东西为团队负责人，团队成员有黄佩华、李约热、朱山坡和我。我们五人在五年时间内，每人要写出两部长篇小说，一共十部，用这十部长篇小说再次展示广西文学的创作力量和成就。用东西的话说是，“射十次门，总会有一次漂亮的进球！”

我是一口气读完《天等山》的，和之前你的很多作品一样，充满悬念，有温暖，有爱，这些都是触动我的因素，但是对你来说，似乎并未太构成挑战，在《天等山》的创作中，你有何独特的体会？

《天等山》是我《上岭村的谋杀》之后的长篇小说，我本以为写完《上岭村的谋杀》以后再也不写长篇了，因为我觉得“谋杀”已经是我最好的小说了。我已人到中年接近老年，脑力和体力提示我不要再写长篇了。但是鬼使神差或者天意，我情不自禁又写了《天等山》。写作的时候，仿佛如得神助，一气呵成，就像一个打字员。五月份写完，上海文艺出版社八月就出版了，九月就卖出了电影版权，真的非常顺利。从《天等山》我有了新的觉悟，一个作家满足名利之后的写作，一定要顺应“天意”，其实是尊重自己的内心。

《上岭村编年史》中的不同章节在期刊上发表，引起了很大反响。《长江文艺》主编何子英认为，其中的中篇小说《上岭村丙申年记》不仅挑战读者的阅读和审美经验，同样也是作家本人的自我挑战。

我尊重的是自己的内心，是对文学的追求，也想不断地挑战一下写作的难度。描写人机结合，这样的选材很超前当然也很冒险。它不仅挑战作家的想象力，同时也挑战写作技能：故事情节如何铺排，细节如何呈现，甚至性爱的伦理尺度如何把握，等等。

《上岭村编年史》中出现了《上岭村的谋杀》中的被谋杀的韦三得，是不是很容易引起人的某些联想？

我说过，2013年出版的《上岭村的谋杀》是我正视自己生活的土地的一部长篇小说，它使我获得了一次艺术的跨越和心灵的救赎。而《上岭村编年史》是我延续“艺术跨越”和“心灵救赎”的又一部长篇小说，它产生的灵感来源于我的一个短篇小说《风水师》。我为这个六千字的小说居然看了数十万字的包括《黄帝宅经》在内的风水书籍，更多的是思考人生的荒诞和沉浮、人性和命运。

你说自己在构思回忆录了——虽是笑谈，但还是很想知道，回顾你这么多年的创作，如果请你分阶段分析，你认为自己的创作经历了怎样的变化？

1994年前是一个阶段，1994至2001年是一个阶段，2002年后是一个阶段。我从小在红水河边长大，红水河对我来说是神圣的，神圣到让我害怕，这就是我一直在回避它而专写城市小说的原因。我2005年发表的《撒谎的村庄》其实才是我对我敬畏的乡村、故土奉献的试探之作。我早期的创作是写我生长的农村生活或底层生活，但是我一心想进入城市。当我进入城市以后，我拼命地写我渴望、挣扎、矛盾、喜欢而又排斥的都市生活，花费了十多年，用四部长篇和无数中短篇，成为评论家眼中或笔下的“新市民文学”作家。有一段时间，我真的以为我可以归类或“盖棺定论”了，但是隔了十年后的某年，重回出生和成长的上岭，重新接触想念我甚至已经开始骂我的乡亲，我觉得我不能就此封笔。我必须转向，就写上岭。写了多部关于上岭的小说之后，我才发觉我复杂的灵魂，变得简单和纯粹，甚至觉得创作才刚刚开始。

创作已非常成熟，技巧也不成问题，那么你的写作是否已顺风顺水，不存在任何瓶颈？如果遇到瓶颈，你又是如何突破的？

真的，我现在的创作已经不存在任何瓶颈了，因为我的写作，已经不图名不图利，不在乎评论家的褒贬，更不在乎获奖与否，而是尊重内心和良知。我突然发觉这样以后，作品更能获得读者的喜爱和评论家的好评。2015年后我的作品频频被各种选刊转载和获奖，许多大学生毕业论文写研究我的作品并因此找到工作，就是佐证。

地域对你而言，是形成了丰厚的营养还是也存在一些局限？

是营养不言而喻。局限在年轻的时候有，我认为的地域就是我经历的地方，但随着阅历的增长和思考的深入，地域对我来说就是一个符号，比如上岭，看起来越缩越小，其实是个非常广阔的天地。

你的创作有没有具体的目标？能够谈谈你在写作上的基本立场吗？

作家就像房屋设计师，客户至上，但也得有自己的坚持。我的写作是从心灵出发，写自己想写并且在非写不可的时候才写，要写得好看、耐看，要写出好看、耐看的小说。

你怎么评价自己目前的创作状态？

我发现自己身上有好几口井。目前有一口井正在井喷。

作为全国人大代表，你认为这一身份对自己的创作带来怎样的影响？

当选全国人大代表后，我即开通了微博，通过微博征集民意。另一方面，我根据深入生活所获得的对民生和社会的感知，以及对文学领域的熟悉，在会议期间提出关于文学艺术、民生的建议。作为第十二届全国人大代表，五年来，我的身份不断在作家和代表之间转换，中间突然发觉，其实身份是可以统一的，只要你具备悲悯之心，写作也好，为国为民献计献策也好，你的任何作为，都名正言顺。

尽管有诸多很有实力的中短篇，我想可能读者对你的印象更多的是来自影视作品，比如《理发师》《寻枪》等。你第一部被改编成影视的作品是什么？是与谁合作的？有怎样的机缘？

我的第一部被改编成电影的作品是中篇小说《寻枪》，被改为电影《寻枪》，也是陆川的导演处女作。他不是第一个喜欢上《寻枪》的导演，也不止一个导演看上《寻枪》，但他是喜欢得最执著的一个。陆川为剧本整整苦熬了两年，始终没有放弃，这恐怕是其他导演所做不到的。陆川为什么特别喜欢《寻枪》？我想主要除了小说有一个通俗而又脱俗的故事外，陆川发现了小说的意义，就是“枪”象征着一个人的生命或精神支柱，有的人“枪”丢了以后，拼命去把它找回，而有的没有找到。我知道陆川是在为这个意义而激动、奋斗。他同样有马山寻枪的精神，不然就不会有电影《寻枪》和陆川。

与影视结缘，对自己的创作带来怎样的影响？如果以影视改编为界，此前和此后的作品风格发生变化了吗？为什么你的作品那么有影视缘？

我曾经说过，没有影视，我的生活一穷二白，但是没有文学，我什么也不是。我创作的原则始终如一，那就是从心灵出发，要写得好看耐看。我追求小说的好看耐看追求了三十年，许多小说达到了好看耐看的目标，这可能就是有影视缘的原因。

你的小说《寻枪》，虽然故事的表面说的是一个警察的“寻枪”过程，但我觉得应该还有另一寓意：似乎是偷枪者比丢枪者更有“寻枪”的欲望。不知电影能否真正表现出这样的主题。还有你的小说中有一个独特的细节：就是警察从街上买了一把仿真枪，最后又用这把仿真枪从凶手的手里换回了真枪，可见你对“寻枪”的主题处理颇有幽默感，不知电影是否保持了这种幽默的叙述风格？

这个问题很深入，因为它触及了小说本质的另一面，也是我小说意图不轻易被人发现的地方。小说的偷枪者是警察的战友，在战场上被地雷炸没了男根，他渴望着像正常男人一样活着，拥有尊严的武器，但是他永远都无法做到。他痛恨耻笑他的男女，所以他杀了李小萌，还要杀和李小萌通奸的周小刚、还有镇长。于是乎，周小刚拼命寻求保护，镇长跟派出所借枪。这是小说最具震撼力的地方，但是电影没有这样的表现。电影里的偷枪者是一个卖羊肉粉的市民，他的家人因为被造假酒的周小刚所害，所以他才要偷枪杀周小刚，却误杀了李小萌。

尽管小说的震撼力被削弱了，但电影不乏幽默的叙述风格，结尾的马山灵魂出窍，走向观众。姜文妙不可言的哭笑能让人回味不已。

也有一些作家和读者认为当前的影视创作见不到文学性，认为只有读“文字”，才有文学的想象力，而读“画面”则会减弱读者的文学的想象力。

我从来都不认为影视创作见不到文学性或没有想象力，恰恰相反，影视创作是最需要想象力的！我们通常所谓的文学性只是指语言和叙述，而忽视故事的编造、情节的设置，和人物的安排，好像这不是文学的因素和内容。事实上后者的难度比前者要大得多。现在的小说为什么不好看？我觉得是因为故事没有编好，也如作家东西所说，是被作家自己的小说叙述给害的。没有好故事的小说只能吸引评论家，而不能吸引读者，更不能吸引影视制作人。我以为创作者，在创作的时候，要常常想象自己是读者，是观众，这样写出来的作品才容易被读者、观众接受。

你如何看待文学和影视的关系？

我常觉得我写的小说像是种子，或像是鸟蛋，被别人拿去播种或孵化，然后长出奇异的花草或生出怪诞的鸟来，比如《跪下》《寻枪》，又比如《理发师》。它们从发表和卖掉版权以后，就仿佛不再属于我，而属于演绎它们的编剧、导演和主演——当这些富有创新精神的人们把我的小说拿去改造成电视剧、电影之后，我就像老实巴交的农民，看着自己的亲生骨肉，被送到别人的家里生活和抚养，等再见到他们的时候，我发现我已不再是这些孩子的父亲！我的孩子变异了，我和孩子的关系已经疏远，甚至已经认不出是自己的孩子了。而那些将孩子拿去培养和打造的人，也俨然以父亲自居，因为他们有足够的实力证明养育的功劳，最高的荣誉和报答应该属于他们。这是不甘寂寞和清贫的写作者的宿命。这就是影视和文学的关系。

设问人：舒晋瑜 作家，《中华读书报》总编辑助理

王　蒙

王蒙，1934年生，河北南皮人。主要作品有长篇小说《青春万岁》《活动变人形》《这边风景》等，中短篇小说《小豆儿》《组织部来了个年轻人》等。近几年又陆续推出小说集《奇葩奇葩处处哀》、中篇小说《女神》、学术著作《得民心得天下：王蒙说〈孟子〉》，在八十多岁高龄仍然保持着旺盛的创作精力与很高的文学水准。曾获茅盾文学奖、意大利蒙德罗文学奖、日本创价学会和平与文化奖等。

语言文字是符号化的硬通货

评论家王干与王蒙，在秦皇岛北戴河创作之家进行了一场有关文学的对谈。这是自1988年冬天，在北京朝内北小街王蒙家中进行的十次对谈之后，两人最新的一次对话。转眼间二三十年了，谈及当年的故事，王蒙感慨，世界太小了。而言及网络、电视等媒介对文学的冲击，王蒙认为，虽然文学的受众不及其他广泛，但它的高度、影响、纯度、思维的强度，它对人精神能力的推动程度超过一切，同时他又担忧浅思维的阅读、浏览代替了对文学的欣赏，呼吁大家读纸质书。

当年，我们俩在北京你家里进行了十次对谈，本来叫《文学十日谈》，后来结集出版了，就叫《王蒙王干对话录》。这本书本来是应上海文艺出版社之约我们俩才对话的，但他们迟迟不出，后来漓江出版社出了。我们对话的时候，是1988年，到出版的时候是1992年。

出版是1992年了吗？

我查了一下，是1992年。当时我28岁，你54岁，比我现在还小，时间过得很快。我现在还记得当时我们对话的时候是在朝内南小街46号。

北小街46号。

现在北小街46号的屋子没有了。

修路给拆了。

北小街46号你住过，好像夏衍先生也住过，之前还有黎锦熙。

黎锦熙，那个语言学家，现在台湾用的那个注音符号，是他发明创造的。而且他还教过毛主席，他年纪不一定有毛主席大，但是他教过毛主席课，应该是在湖南省立第一师范学校。他是个学问家，解放后在中国大陆，申请入党，跟时代靠拢很紧。他有个女儿跟崔老师（崔瑞芳，王蒙夫人，已去世，王干注）是同班同学，他女儿身体非常好，但四五十岁患癌症去世了，所以我对黎家有很深印象。还有原来北京市委文艺处干事，后来编戏曲杂志的钟红，美女型，血统是黄兴谱系的。她是黎锦熙的继女，她母亲是第二次结婚嫁给黎锦熙的，前边什么情况，咱就不了解了。她在北小街46号也住过，就是钟红女士，钟红是那个常常也用笔名扎西多的……经常在《读书》发表文章。

扎西多我知道，写小说的。

不，不是她，扎西多是钟红前夫后来结婚后生的孩子。她管钟红叫阿姨，听明白这个意思了吗？

听明白了，有点复杂。

因为钟红原来的先生是叫查汝强，我认识，他是北京市委的，当过学（校）支（部工作）科的科长，刚一解放的时候，那时候科长比现在局长都厉害得多，我就不多说了。后来他是社会科学学部还是哲学研究所的负责人，也是很早就因为脑溢血去世了。后来钟红和查汝强先生分手。这个查先生后来结婚，有了扎西多。

查建英。

就是查建英，所以这个世界太小了，是吧。呵，那个小院现在已经拆得干干净净，我就觉得很有趣，这里头各种人物都有关系。张承志说过，他喜欢旧房子，旧房子才有故事。

我想，是2002年吧，当初小院拆的时候，我在人文社工作，经常路过那儿，非常感慨，曾经想写文章呼吁不要拆，我想，北京是一个古都，文化古城，这么有故事的一个小院居然就这么拆了，要是放在其他城市……

要是都保护这种小院，北京就太多了。

我们在那个小院对谈了十次，当时我们每次谈的时候都是谈一个题目。当时约定是这样的，第一次我主讲，下一次你主讲，我们这样像轮流对谈。再有一个，当时印象特别深，你工作特别忙，我记得外事活动也特别多，有两次，一次是陪阿曼总统，阿曼吧好像是。

这个记不清，没陪过阿曼元首，陪过希腊总统。

我记不清了，你还说他送你红枣，我还吃了外国友人的红枣。还有一次是陪日本首相竹下登，你忙里偷闲打电话给我，我当时在《文艺报》借调工作，住在地下室招待所，叫43旅馆，因为是43路的终点站。那招待所现在还在。你还找到招待所电话，有空就打电话，说，“王干，明天下午咱们再谈一次怎么样？”当时我很幸运，能够跟王蒙老师对话，学到很多东西，二三十年来对我的人生、写作、工作都很有帮助。

这个事还是很早，我还没有到文化部去上班之前，就有福建这一带出版社约的。他们组织了一批人对谈。

还有三刘：刘再复、刘心武、刘湛秋。

对，刘再复、刘心武、刘湛秋。还有谁？反正说出一本对话，我答应了他们，但文化部当时非常忙碌。还有我觉得有趣的是，我并没有很多机会和你接触，是有一次胡乔木向我介绍你，他在《读书》杂志上看到你一篇谈莫言的作品，对其作品有所批评，但也有很大的肯定，他觉得写得有些道理，跟我提到这个事，现在回想起来就是，我们的谈话毕竟是谈话，可以随意一点。比如说有一些是从事写作的人很犯忌讳的一件事，就是谈论和自己同时期的写作者。因为写作人很要命，文章是自己的好。如果你谈到的那些写作人被表扬不够，歌颂不够，致敬不够啊，他恨你一辈子。所以我们就谈得相对比较随意，比较敞开，后来也有负面影响，但是我觉得没关系。有人对你谈的某一点很愤怒，这也没有关系，不是每个人都经得住别人提点儿什么异议。我们的评价也可能不对，很可能。二三十年时间过去了，现在回想，比如说，陈忠实先生去世，全国反应非常强烈，我们那个时候呢，没谈到《白鹿原》吧？

书还没写出来呢。

还没有出来。那时候陈忠实的情况是什么呢？他很早已经被《人民文学》注意到了，等到“四人帮”倒台，国家进入一个新的形势后呢，陈忠实也曾经有某些困扰，有很长一段时期他在写作上也很艰难。所以那时候我们不可能谈论《白鹿原》。

1988年陈忠实刚开始写《白鹿原》，才刚开始写，所以他的《白鹿原》我们自然无法提及。

不不不，他是毛主席去世以前，他在《人民文学》已经发表过文章了。

我是说《白鹿原》的写作。

白鹿原是1988年写的。

就是说当时他在全国还不是特别知名，用一个不适当的比方，陈忠实当时还属于一线半作家，没有特别重要的作品，还不是真正一线作家。但是呢，确实是《白鹿原》以后他便成了全国的重要作家。

我现在回想起来，贾平凹也谈得太少，甚至没有谈到，当时他没有像后来一个长篇又一个长篇。

他写了一个长篇叫《浮躁》，前面还写了一个长篇叫《商州纪事》。

贾平凹他一开头就受到注意，是因为他得奖的《满月儿》，那是写的短篇，是清新型，孙犁风格，甚至还可以联想到刘绍棠、浩然某些这一类写农村新事物、新现象的短篇。

清新之作。

但是我也感觉到，这些年事物有了许多变化。但似乎这些年也还有些没什么变化，具备相对恒久的有意义的东西。比如说我们里边谈到走向世界，而且咱们用的一个在当时很各色的题目，《何必走向世界》。其实不是说不走向世界，而是我们根本不用把它当一个口号，你把作品写好了，它走到什么程度就是什么程度，千万不要生硬地为走向世界而费心。费心写不出好东西，甚至变成对外部世界的迎合，或者是装腔作势，不见得有好的效果，像这些问题现在仍存在。有一些作品包括文学作品因角度而产生的不同的看法，产生的一些歧义，这些问题、歧义也还存在。二三十年说长也长，说短也短。但是好像这二三十年当中，中国在文化生活、文学创作上，它也有一些大家经常关注的地方并没有特别的改变。那时候好像路遥也没提到吧？路遥《人生》出来了没有？

《人生》已经出来了，《平凡的世界》第一部刚出来不久。

当时陕西作家也非常引人注目，我的印象是。当然了，你说二三十年了，有些作家都已经作古了，仙逝了，就是陕西也很多呀，陕西邹志安、京夫、路遥、陈忠实，还有一些我们谈到的作家也去世了，刘绍棠、陆文夫、高晓声。

还有张贤亮、汪曾祺、林斤澜。

对，人数挺多的。也是过了很长的时间，让人有另一方面的感慨。这个期间我回忆起来呀，最突出的，反正我觉得是贾平凹的这种创作的可持续性，每两年一个长篇，而且都有相当的影响力。他在读者里影响不小。

他属于票房保障作家之一。

对，他票房很好的，我知道的啊，因为我现在阅读量跟过去不能相比了，我觉得在写作上，从受读者欢迎来说，我印象比较突出的，一个是贾平凹，一个是迟子建。迟子建那个时候好像也还没崭露头角。

迟子建当时在鲁迅文学院读研究生，和莫言、余华、刘震云同学，属于新秀，不过，1997年夏天我已经写过她的评论，后来开玩笑说，是第一评。当时她刚刚发过三个小说，《沉睡的大固其固》《北国一片苍茫》等。她很小，才二十五岁。按今天的概念还属于“少年写作”的范畴呢。

迟子建这一段的写作，也比较受读者欢迎。我觉得她特别善于用比喻，对生活有一种应该说是新鲜的和甘甜的感受，让人觉得她在生活里带几分甘甜，所以她也很能抓住一些读者的心。我弄不太清，你在人文社工作过，我认为他们的小说都能卖八至十五万册，我这个估计对吗？

每个人不一样，有的多一点，有的少一点。贾平凹确实是难得的，他的写作就是属于可持续发展的典型，差不多每两年一部长篇，他还是手写。

什么？

手写的。

手写，他不是按，不是敲键的？

不是敲键盘敲出来的。他的作品很有市场的，当然除了郭敬明、韩寒以外，贾平凹的发行量一直是比较高的。

他还不能跟那种所谓的畅销书作家比。

迟子建也是属于码洋比较高的作家，但是，按照目前的行情，单本可能卖不到二十万吧。

卖不到二十万?

卖不到,累加起来可能会多,如果一本新书一下子是很难到这个数字的。

那个,它是五六万?

正常啊。

这是你当时的印象。

啊,我当时的印象,我离开人民文学出版社也有五年了,那么现在整个图书市场又下了一个台阶。贾平凹自己也讲,以前他爱跟出版社讲版税,十万册、十五万册、二十五万册,现在他说"我不讲了"。他是说写一本书,挣的钱太少了,他写字画画比这收入多得多。但即使这样,贾平凹、苏童、余华,他们都是有票房价值的。

余华有票房价值。余华票房价值很高,但是他出版得少。

是少,但是余华一部出来基本十万以上,他《兄弟》有几十万销量。苏童呢也不错,刘震云的票房跟他身份有关,他又是导演,又是编剧,又是作家,又跟华谊兄弟跟娱乐圈比较近,所以刘震云的作品也很叫座。现在看来,茅盾文学奖对小说的推广作用是很大的。像你的《这边风景》,我听小朱(《花城》杂志社主编朱燕玲)讲有多少,十几万册?也很不错。

是这样,那个平装版大概十九万册,加上精装,差不多二十万册,第一次就印了十万册,当时还比较看好,到它获茅盾文学奖的时候,第一次印刷了以后还有三万多册放在那儿,一获奖那三万册也一抢而光了。然后又印了九万册,前后分了好几次。书店都特别慎重,因为怕压得多。出版社还印了一万册的精装版。差不多一共二十万册。说明茅盾文学奖还有一定公信力和市场作用。茅盾文学奖作用是十万册，诺贝尔文学奖是一百万册。我跟莫言谈过，莫言说不止，因为还有各种国内外版本，影响比较大。总体来说，图书下了一个台阶，相对来说，中国大陆情况算好的。因为现在一是受网络、电脑、手机冲击，一是受多媒体冲击，有很多东西影响，比如现在谈《红楼梦》，很多人没看过书，但看过电视剧。其他媒介反过来对文学有一种挤压，但是在中国，毕竟它的用户基数大。

中国相对还是有重文的传统。如果从产业角度来说，纸质书籍的出版远不如电视剧、电影的生产，甚至网络的推广影响力大。但它还有一种重要性在这里。我举个例子，2014年10月15日习近平同志召开文艺座谈会。他讲文艺实际上主要是讲文学，说明文学在文艺甚至文化生活当中，它有一种非常重要的地位。我觉得这事很有讨论的趣味。文学最不直观，是稍微费点劲的。你看《红楼梦》原著远不如看电视剧轻松，出来一个个挺漂亮的，又有音乐又有笑声，又有眼泪，又有大观园的风景。但为什么我们还是把《红楼梦》作为重要的文学作品呢，就因为语言是思维的符号。孟子说，眼睛能看，耳朵能听，用现在的话说就是能获得听觉的系统。而心呢，是可以思想的，当然现在谈心思索不如谈脑子思索，解剖学问题我不用讨论它。

语言的东西代表思维，只有在读书时，思维活动才进入最强度。看电视剧可以打盹儿、聊天、品尝美味食物。但一边打盹儿一边看书，一会儿就睡着了；一边看书一边聊天，与你聊天的人会非常反感。你要是这种态度，我这就走了，我就不接受这种侮辱，你跟我聊天你看什么书？我觉得这个很有意思。所以文学在中国仍然显出作用，各国都有吓唬人的话，比如小说消亡、文学消亡，这都是胡说八道、造谣惑众。

你刚说到文学和其他艺术，我现在也有个观点。文学通过语言文字作为工具来塑造人物形象、命运，写历史现实。现在电影影像也是非常发达的，比如，你写某处风景，人家摄像机做出来的风景已经很完美了，但我们还是欣赏小说里的风景描写。这就是刚才你讲的，影像可能是直接给我的，是没经过思维再加工再生产过的那个图像。我们大脑进行思维，对文字，要再生产再加工，你给的那个图像是你的，我这个图像是我想像、拼接、组合出来的。

就是孟子那话，图像给的是眼睛的感觉，不是内心的激动。

从这一点讲，比如性描写，很多电影、电视拍得很完美，很漂亮，很有激情。但它跟语言、跟文字相比，有一个最大的特点，缺少心理深度。再如写性心理的时候，影视呈现的画面有动作、有音响，都是立体效果的，但是却表现不出人物的内心活动。描写人物的心理活动，语言文字的表现力绝对是超过影像的。

语言文字是符号化的审美。你对一个情节的感受，对一个东西的兴趣，对一个东西的向往，或者对一个东西的怀疑，它用语言文字表达的是符号，所以各个民族，它的文字符号并不一样，汉字尤其和别的字不一样。另外视频音频多媒体以至于戏剧舞蹈，它们也有它们的符号，我们说音乐有音乐语言，舞蹈有舞蹈的语言，但它们不如文学的语言这么概括。而且符号化之后，它有一种间隔，还有一种纯净。符号化，描写食色、痛苦、自杀，或是庆贺的场面等，没有噪音、没有气味，没有雅的或者不雅的气氛，既不会有香气，也不会有臭气，而在现实生活中，各种芜杂、混乱、无厘头的信息随时出现，时时分散人们的注意力，时时扰乱人们的思绪。比如我们在电影电视上看到热恋中的一男一女，非常感动，有的时候我们也是看得目不暇接的，说笑、追逐、拥抱、调笑等。但是他既然是一个活的人，即使最美的人，你在非常美丽中你看到的是他的某种苦难。我不知道我说这话你能体会到吗？

你看到他眼角上的鱼尾纹，你看到他眼皮上的皱褶，可是小说、诗歌里没有。当我们说执子之手、与子偕老，这个“老”字非常神圣，非常庄严，非常动人，你不可能从老字上看到衰老、丑陋、萎缩。可你呈现出一个活生生的老人的话，就是再好的演员，再帅的老人，但毕竟是衰老，比如九十多岁的秦怡，你不能不佩服她，但是她仍然是衰老的。所以文学的弱项就是它的长项。它不可能把所有东西都呈现给你。它写一个美女，你不会从文字里看清她的每一根头发。你不可能从文学的描写里头闻到她身上或者她使用的化妆品的气味。所以文学的所有弱点变得最“人化”。

怎么理解“人化”？

马克思最喜欢一个概念，就是“人化”。某种大自然的人化，到语言文字中，它把世界高度人化，或者用马克思的原话，叫做人的本质化，但是他这个词德语原文怎么来的我也说不太清楚。我的感觉，千万不要相信文学会消亡。它的受众比不上其他，哪个都比不上，你说个相声也比看书的人多。但它的高度、影响、纯度、强度，思维的强度，它对人精神能力的推动程度超过一切。

文学还有一个特别，它靠语言文字，语言和文字这东西它是一个硬通货，比如说大家听交响乐，很多人不懂，这时候你就要给他讲一讲，交响乐主题是什么，四个乐章，第一乐章是快板，第二乐章是行板，第三乐章是回旋曲，第四乐章是什么什么，你用语言在给他转述，他才明白。所以，找语言文字找到的是硬通货，可以来回兑换，可以更有利于传播。你觉得网络上的文学作品对这个文学事业或者文学生活有哪些启发或者有哪些问题?

文学的危机感以前来自报纸、电视，现在有了网络、多媒体。我的观点是网络也好，多媒体也好，现在看对文学可能不是一种阻止或者扼杀，它可能给文学插上翅膀。我估计你现在看报纸的时间也很少了。

也不少，还可以。

我看得非常少了。

有很多报和我约稿。

约稿啊，你看，我原来每天看几张报纸，现在基本上看不到一张报纸，但像80后、90后，他们基本不看报，多少天都不看一张报的。所以现在手机微信也好，网络也好，它很重要的特点，就是所有网站都有文学板块。我们目前的网络文学其实分两块，一是写好了传上去，比如你写了《活动变人形》，好多年以后贴上去，以前大家不知道，哎呀这个东西写得这么好啊，所以这是网络，其实是网络传播的文学；二是在线写作，目前比较流行，以唐家三少为代表的一批，它相当于什么呢，相当于从前说书，惊堂木一拍，说话说什么什么，最后留个悬念第二天听书的还要来，等王蒙先生这一拍。那后来为什么说书先生没有了，一个很重要的原因是出现了报纸，报纸后来就连载小说。1930年代，张恨水他们就是。

哦，太多了。解放初《人民日报》都连载小说——《新儿女英雄传》。

今天很难想像。连载小说作家，最著名的是金庸。他每天要写，读者明天要看，而现在你看，报纸上连载小说很少了吧。几乎没有了，到哪里去了？它其实转移到网上去了。所以网络写手他充当说书人的功能。再过十年，还有什么文学不上网么？网络就是个载体。我打个比方不一定恰当。如果拿古代比，网络文学像“三言二拍”，像“话本小说”；纯文学或者正统文学更像诗词，要讲究押韵、讲究平仄、讲究立意等。网络文学重视阅读市场，打赏，什么叫打赏呢，就是付费阅读。比如我看到王蒙先生有篇散文好，我打赏。网络写作有两种收入方式，一种是预定一场定期开演，一个月给你多少钱，然后我每天可以看，属于打包性质的；还有一种就是按照兴趣，不喜欢看就不给，也可以给三块，你看高兴了也可以给一百块。

给小费一样。

也不是小费，它这个有点像艺人卖艺，因为你不满意也可以不给钱。

小费原则也是可以不给，但形成规则后就不好意思不给。我给过，最高二十块（美元，下同），少的给两块。

这个很有意思，现在强调面对面，点对点。以前我们文学期刊的作品，是没法与读者直接交流的，我很喜欢某篇小说，我要写封信表达也不知道地址，也不知道是北小街多少号，等从出版社转到了作家手里，作家回复再转出，黄花菜都凉了。现在网络最大的功能就是及时交流。这有点像说书，说“好”，鼓掌，赏钱，“啪”一块大洋。网络其实是跟观众更加直接交流。这个直接交流对文学反而是个好事。前不久我到四川，有个司机接我，接的时候就说：“王老师我能不能停几分钟”，我说“当然可以啦”，我说“你要上卫生间吗？”他说某某的小说今天应该更新了，“我要看一眼。”他就是用手机看几分钟。所以当时我知道，网络文学很火，不是炒作。

我听你讲的这个我还得到很大安慰，因为文学是很宽泛的概念，不管什么载体载的都是文学。最早还都是口头文学，像一些传说、故事，按最早的庄子的说法，差不多就是现在的段子。在酒肆茶馆，无根之言，引车卖浆之流，所谓传的各种段子，各种故事。有的确有其事，有的夸张离奇，三人成虎。但是你说的是它的普泛性和一致性。但载体对文学内容有点关系，尤其中国的书写，要用毛笔，字很好，字太差就没人看了。写诗也是这样，目前为止，网络给人的感觉是浏览性的，不完全是阅读。我记得几年前，长沙出的《书屋》杂志引用国外资料，说在网上读的速度和拿着纸质的速度是不一样的，网上速度更快，往往一目十行，飞速翻过。有时我担忧浏览、浅思维代替认真的阅读。或者对情节的关注，谁死了没有？代替了对文学的欣赏。从我个人来说，我到现在还是呼吁大家读纸质书。我上小学时，北京师范附属小学，那是很好的学校但是有个特点，就是不允许看连环画。那时没有网络，能让小学生如痴如醉的就是连环画，凡是喜欢看连环画的都是考不及格的。好些看连环画的跟现在网瘾一样，所以我觉得这是很有趣的一个问题。

设问人：王干 作家，评论家，《小说选刊》副主编

王跃文

王跃文，1962年生，湖南溆浦人，湖南省作家协会主席。主要作品有长篇小说《国画》《梅次故事》《亡魂鸟》《朝夕之间》《龙票》《大清相国》《苍黄》《爱历元年》等。曾获鲁迅文学奖、湖南省青年文学奖、湖南省文学艺术奖等。

在生活中不能做戏子

仅拿所书写的领域把王跃文的小说界定为官场小说，那无形中是十分片面的。王跃文表示，一个伟大的作家在他虚构的世界里应该什么都有，西游记是穿越小说吗？红楼梦是青春小说吗？这些名著之所以能留传下来，并非他们写了什么内容，而是他们用什么手法，让作品从内涵到外延跳出了时间之外，具有相当的社会洞察力与历史穿透力。

王老师，谢谢你接受我的采访。你基本每隔几年就有新作，似乎建立了一套属于自己的写作速度。你一般在什么时候写作状态最好？是否会随着年龄的变化而变化，每天的写作和生活如何安排？

晓澜，很高兴接受您的采访。我的写作状态很从容，但并没有从容的写作时间。假如时间更充裕些，我也许会写得更好些。过去在政府机关上班，我只能晚上写作。自从到了省作家协会工作，便改掉了晚上写作的习惯，晚上多用来阅读。我目前过的是上班族的生活，每天早上七点左右起床，单位有事就去单位，单位没事就在家里写作。我不算太年轻了，但尚无年龄方面的困惑，年龄对生活和写作都没有影响。

省作家协会主席其实有很多工作要做，这种繁忙的环境在一定程度上会制约你的创作吗？工作中的“王跃文”和作品集中的“王跃文”是同一个人吗？

我的工作同写作并不冲突。作家协会是替作家们服务的，那些工作都可以看作学习。比如，为作家们张罗作品研讨会，需要看别人的作品，有机会听多方面意见，自己也在其中学习。我力求做到为人与为文相统一。

作为长销和畅销书作家，你社会影响力大，人气足，兼有个体和公知的身份。这种身份是否会影响你的生活？看你在微博和粉丝互动很多，媒体人和你对谈也很愉快，你是怎么看待和处理与读者和媒体之间关系的？

我只知道自己是个作家，没有想过其他身份。我也不想刻意塑造自己某种身份。生活不是演戏，人不能在生活中当戏子。我同网友互动，同媒体交流，都见情见性。我甚至会同不讲道理的网友争执，有时也忍不住骂人。我的争和骂都是有道理的。有些人却不讲道理，他可以随口伤人，作家稍稍露一下情绪，他就教训你要注意身份。作家也是人，作家不能因为自己客观上成了公众人物，就成舆论上的弱势群体。我尊重所有的人，包括读者和网友，但我们都是平等的。

在微信上看到你晒了不少与老家有关的图片，回老家漫水（为旧名，现为万水村）多吗？是否也像湖南本土作家韩少功一样经常去村庄走走，进行一些实地调查，积累写作素材？

我目前没有少功先生那么多时间呆在乡下，但只要有时间就回老家看看。父母尚在老家，是我很重的牵挂。我喜欢故乡的山水，喜欢吹故乡的风，喜欢听故乡的虫鸣鸟叫。我睡眠很不好，但回到故乡通常会睡得非常安宁。只要回到乡间去，不用刻意采风或调查，活生生的岁月之风就扑面而来。

你的小说《漫水》中充满了诗情画意，《爱历元年》中那首孩子写给母亲的诗感染了很多读者。你的夫人张战女士是一位优秀的诗人，你还是三个孩子的父亲，其中一个儿子是优秀的摄影家，这种家庭氛围对你的小说创作有较大影响吗？很好奇，你在家中怎么扮演自己的角色。

作家间通常很少谈文学，我同夫人却是经常谈文学的。我们驾车旅行，我们一起散步，都会谈文学。我们并不那么一本正经地谈，但无意之间就会扯上文学话题。我们俩谈文学是愉快的事。我同孩子们的关系，更像朋友间相处。我基本上不会板起脸教训他们，当然我很生气的时候也会朝他们发火。但是，孩子们都很理解我，从来不会责怪我说话声气不好。我没有为孩子们定太高的人生目标，只求他们善良、勤劳、正直、有责任心。长沙方言里有很多粗鄙话，但我的孩子们嘴里吐不出一个脏字。倒是我这种受污染太重的人情急之中会说粗话，孩子们便会朝我吐舌头。

不少读者和评论家把你的小说看成官场小说，你怎么看“官场小说”这个定义？“官场”的意义似乎远远超过了“小说”或者说“文学”的意义。大众对“官场小说”的理解是否存在误读？你是否介意部分读者把你的小说类型化？

作家被贴什么标签，完全由不得作家自己。我反对任何标签，但也没有办法。听之任之吧。我们翻开《现代汉语词典》可以知道，“官场”二字其实是个贬义词。我记得旧版原文大概是：旧时指官吏阶层及其活动范围，贬义，强调其虚伪、奉迎、欺诈、倾轧等特点。《现代汉语词典》第6版在“贬义”前面加了四个字的修饰，变成“一般用于贬义”。可见，“官场”这个贬义词在最近二三十年用得太普遍太频繁，词典的修订者们不得不顺应时代了。但是，当人们用这个贬义词称呼中国一个人群的时候，意味就有些严重了。我们不得不承认，很多读者看官场小说其实是在看社会现实。可作家写作，未必仅仅就是为了揭黑幕。作家写作意图同读者阅读意图不同，这也是很正常的现象。今天的中国人太习惯从社会学意义上，或者政治意义上评判文学作品，这是非常片面和狭隘的。我并不介意别人对我的所谓官场小说的类型化界定，自己的争辩也是徒劳的。有时我会调侃：假如粗暴的小说类型化概念成立，那么海明威的《老人与海》就是渔业小说，雨果的《悲惨世界》就是犯罪小说，《红楼梦》则是青春小说，《西游记》则是穿越小说。

你是国内少有的能在多题材资源上挖金的作家，相对于他们的深掘一口井，你是多点开花，把现实官场题材、乡村题材、历史题材都拿捏得很好，写出了《国画》《漫水》《爱历元年》《大清相国》等优秀作品，这是怎么做到的？

我并不觉得自己有多高的文学才华，更谈不上什么文学成就。我的写作题材较为广泛，只因为我凡动心的题目就会认真完成作业。至于作业能打多少分，读者说了算。我的写作没有太多框框，更没有要流芳百世的焦虑，能做到的就是真诚而负责地写作。中国有很多优秀作家，我真心向他们致敬，但未必向他们学习。写作各有各的路数，作家需走适合自己的路。我在文学上是不怎么自信的，越是听别人谈文学头头是道我就越不自信。我的作品未必那么好，无法把自己的作品谈得天花乱坠。我很怀疑自己的欣赏水平。我也不敢妄自评论别人的作品。假如我的作品不受读者欢迎，我会认为这是失败。也许有的作品越是优秀就越是小众，但我不具备这种小众品质。

《大清相国》等作品处处有一股知识分子的担当气息，你的写作不仅仅是写作，不只是写本小说玩玩，而是有一种社会责任，用文学解决一些社会问题。

我不相信用文学能解决什么问题，文学没有那么神奇的力量。但是，我承认自己是个有责任心的作家。我创作《大清相国》这样的小说，既没有借古讽今的立意，更没有古为今用的野心。我想表达的仅仅是作为现代知识分子对先贤的敬慕，先贤身上的很多可贵品质太值得我们继承和发扬了。

相对于《国画》《苍黄》《朝夕之间》《大清相国》等官场题材小说，你好像更为钟爱那些取材乡土的"孩子"，包括早期的《雾失故园》《冬日美丽》《也算爱情》，中期《桂爷》《乡村典故》和2012年创作的《漫水》等，为什么？

我说更喜欢自己那些关于乡土的小说，可能是因为写作的时候心灵感受更加熨帖吧。我太熟悉自己那片故土了，写作的时候五官全都是张开的，各种气息流贯我的五脏六腑。写作《漫水》的时候正是冬天，我透过空中薄薄的雪花就能穿越乡村的整个四季，过去半个世纪乡亲们的故事都涌入我的脑海。《乡村典故》的创作冲动来自于一个真实故事，即有位老乡丢了一头牛的遭遇。那些世代耕种的乡亲们，就像村野无声无息长着的树，岁月的苦难只是让树皮多些伤痕，却依然沉默地挺立着。

乡土小说会不会不如那些"官场小说"受关注？

乡村小说不如所谓官场小说那么受人关注，这种现象非常正常。可以说，功利、浮躁和焦虑是极普遍的中国病。我们没有耐心关心自己利益以外的事情，我们静不下心来关注肉体之外属于灵魂的东西。我们被物欲奴役着，我们跳不出三界外。官场小说之所以受关注，只因它所写的生活让每个人都有切肤之痛。当然，我们关注自己生存空间并没有错。作家没有理由抱怨读者不爱自己的作品，就像厨师没有道理抱怨食客不爱吃自己做的菜。读者有选择的自由，听其自然吧。尽管如此，我仍要说，官场以外的小说我写得更好。

很多人把《漫水》拿来和沈从文的作品相比。我觉得，文学的比较其实毫无意义，每部优秀的作品都有其独特一面。《漫水》有一些沈从文小说的气质，但俗世的欢喜忧乐更浓，人情世故更多。

沈从文是伟大的，我并不敢同他相提并论。《漫水》出版后，确实有不少人将之与《边城》相比较，但我非常害怕别人说我的《漫水》像《边城》。齐白石先生说过：学我者生，似我者死。我宁愿自己的小说同沈从文先生的小说相差十万八千里，也不愿意我的小说像他的小说。像他的小说，我就彻底完了。沈从文只需要一个，多出半个都是多余的，都是毫无意义的。文学的残酷性就是如此。就像评论界屡有人说残雪是中国的卡夫卡，我觉得这丝毫不是夸赞。卡夫卡只需要一个，不需要第二个。残雪就是残雪，不是别人。我非常喜爱沈从文的小说，几乎读过他写的每一个字，气质血脉上也觉得有相近之处。

沈从文写《边城》，主观上是想写出一种“健康、优美、自然，而又不悖乎人性的人生形式”，可是，字里行间又多么无奈和忧愁！那是对宿命与孤独的不可抗力的哀愁！这也许就是人类的宿命！《边城》写得多么美而空明，又多么深刻！我写《漫水》时并未想起《边城》。漫水是我出生的村子，这个村子现在还叫漫水，我从小在村子里长大，我的父母现在还住在那里，那是我的乡愁之地。《漫水》是写我记忆中的乡村，也许我把记忆理想化了。我努力回到我记忆中的场景，像婴儿牙牙学语一样，模仿余公公和慧娘娘们说话。但是，我在向我记忆中的乡村做深情回望的时候，我并不想只是一味地抒情，我会忍不住进行理性的审视和思考，我想看清楚他们的来路与去路，也许在不自觉间还试图破解我的乡村的文化密码。如果一定要与《边城》相比，除了向《边城》致敬，我觉得，《漫水》在诗意与温情之外，可能更多一些冷峻的现实主义色彩。

你一直在记忆的乡村做深情的回望。记得你曾说："文学有时在远望，而更多时候是在回想。"你的小说创作一直这样，从所谓的"官场小说第一人"到乡村的回望和思想者，表面上看是回想，是退，其实是以退为进，退到故土退到村庄这样一个静谧的地方，去寻觅和思考。

写作是面向未来的，但多需退到过去而面向未来。或许，作家退得越远，面向未来的发声就会越辽远。创作需要某种历史维度，而退则创造了这种历史维度。作家可以放下当下生活的喧嚣，却不能回避我们走过的路。

是这样，写作的时间越长，越能感受回想的重要性。我发现，在你的作品里，《苍黄》等小说主要是以故事为叙述推动力，《爱历元年》主要是以日常生活为叙述推动力，《漫水》主要是以节奏和气韵为推动力，不同的作品有不同的写作方式，这是不同题材的需要，还是你不同阶段的回想和思考？

我的写作多为某种自然呈现，不同的小说有不同的主体风格，不同的结构方式和内在节奏。这些都不是刻意的，而是小说中的那些生活在笔端的自然流泻。总体来说，我的小说写的都是日常状态。每一个人的庸常人生皆可为文学，每一张平凡的脸上都刻着历史风云。

阎连科说，我们的作家现在太明白写什么和怎么写了，太清楚去处和路径，太知道写作的一切奥秘和弯曲，幽暗和光明。而你强调一种慢下来的写作，无论长篇和中短篇小说都是在朦胧混沌的状态下进行，正如你刚才说的，按照日常生活，自然而为，这种“野蛮生长”放养似的状态真的很奇妙。

我不是阎连科说的那种技术派作家。看有些作家的作品，不留神就被其技术迷惑了。有些小说读来似乎津津有味，但掩卷一想其实没写什么东西，或一件很简单的事被写成了花枝乱颤的小说。我要求自己的小说是充实的而不是空洞的，是真诚的而不是虚假的，是朴拙的而不是奇巧的，是能让大众动容的而不是曲高和寡的。

真诚朴实的写作越来越弥足珍贵。有些作家只要一部作品很成功，就会一直按照读者的诉求写下去。在你的“官场小说”如此红火，读者如此众多之时，你却突然转向乡土，除了考虑读者，你更多的是不是在考虑要翻新自己、挑战自己，写出另一种新的超越的可能？

我希望自己的作品能得到更多读者的认同，但不会为了吸引读者而扭曲自己，更不会刻意地迎合读者的阅读希求。我永远是我笔写我心。我与当代读者生活在相同的时空，呼吸着相同的空气，经历着相同的艰难，总之我相信自己同读者的心气是相通的。我的文学创作就是把我们共同的生活经验用文学呈现出来，这是我们一代人或几代人共同的记忆。

据调查，现在一年有近5000部长篇小说出版，同质化的不少，对于你这种持续写作的作家，会不会带来危机感，担心有一天读者不满意？

中国作家如果担心没读者，那就太没出息了。十几亿人口的大国，作家稍稍出众就会有自己的读者。我同国外的作家同行交流，他们知道我的盗版书动辄几百万册，惊得目瞪口呆。很多中国作家的作品发行量，等于有些小国的总人口。中国作家需要考虑的是自己好好地写，而不需为有无读者焦虑。

有评论家认为你的作品《爱历元年》描写中年危机，你认为中年危机的本质是什么？你是否会面临中年危机？

中年危机是客观存在的。年轻的时候，我也不理解为什么会有中年危机，只有自己进入中年才知道这个生理期是真实的。刚刚进入中年的时候，我曾以为自己得了抑郁症。我不停地追问生命的意义，追问自己生活的意义，寻找新的创作突破点，却找不到答案。那是一种内在的走投无路感，一种荒寒与虚无。我周围的朋友也有这样的情况。他们很多都功成名就，家庭幸福，却像一个个空心人，天天呼朋唤友，时时又说空虚寂寞，找不到内心真正的充实快乐。人过中年，生命短暂，人生的意义也许还没有敞亮显现。另外，父母开始老迈，孩子尚未成人，事业成败早已成局，过去的岁月有无意义也值得怀疑。中年危机是桩桩件件的事实，而不是玄妙的概念。我想把它写出来，也想在小说的写作过程中继续探寻。我想，孤独、荒寒和虚无，是不是就是人类真实而无法解脱的宿命？这种宿命感也许都在中年时期强烈地凸显出来而已。《爱历元年》涉及到很多话题，中年危机只是其中的一个。

的确，《爱历元年》是一面日常生活的镜子，反射出社会万象，还反映了中国社会几十年的历史变迁和人性的变化，有很多话题和内容值得探讨，那么这部小说是否达到了你自己的期待？

《爱历元年》离自己的预想有距离，但还算过得去吧。今后如有可能，我会对这部小说做修改或再创作。

你的小说里有不少地方突出命运的悲剧色彩，有宿命感，但不管怎么写，总还是给人一种光明，在冷峻之中衍生希望和温暖，不知道我的理解对吗？

同意你的理解。谁能把命运之类的东西讲清楚？作家的写作不必太理性，什么都想得清清楚楚是写不出好作品来的。做学术研究需要条分缕析，文学创作切忌如此。

你的作品蕴含深厚的传统文化精神，你的为人也很有儒家风范。我知道你经常抄写论语、唐诗宋词，熟读《鲁迅全集》《红楼梦》等文学经典，谈谈自己的阅读吧。

我抄《论语》因为喜爱也因为练字，读唐诗宋词为的是学习中国诗词的意境和简约文风，喜爱鲁迅除了文学原因也因崇敬先生的人格，而《红楼梦》则是我多年的枕边书。谈不上哪位作家对自己的影响深刻，但总体选择是读经典并反复地读。我不认为经典会过时，哪怕最古老的文体上尚觉幼稚的经典都是不会过时的。比如，人类最早的经典大多是原始语录体，《论语》如此，《理想国》如此，所有宗教经典更是如此，但这些经典都是永恒的。假如今天的作家仍采用语录体写作，只要能写出《论语》《理想国》或《圣经》，照样会是经典。

怎么评价自己近三十年的创作生涯？写到今天，你的文学野心是什么？

1988年8月8日，我的一篇小散文《书房小记》发表在《湖南日报》的湘江副刊上，这是我的文学处女作。这么算来，我从事文学创作三十年了。我是不由自主走上文学之路的。我从小热爱文学，但中年以前没有当专业作家的打算。2000年左右，我下定决心靠写作谋生。我至今都没有太多文学野心，惟愿自己把小说写得更好些而已。

木心说：“文学是我的信仰。”你曾说：“文学是一种与梦有关的事业。”文学到底是信仰还是梦想？问个老生常谈的问题，文学有用吗？

对我来说，用信仰这个词似乎还是太重了。文学看似无用，实有大用。很多时候，无用之用，是为大用。文学创作除了进入出版行业后才是一种经济行为，其他环节似乎不产生实际的物质利益。一个功利的社会会蔑视没有物质利益的事物，这是可悲的。人类从来不是仅仅依靠物质才生息繁衍下来的。人类如果没有灵魂，没有精神追求，这个地球上不过多了一种野生动物而已。人类的体格远不如很多猛兽，如果仅仅只是物质地活着，只怕也早就灭绝了。王尔德说：“我们都处在沟中，但仍有人在仰望星空。”作家应该是仰望星空的人。人类需要被照亮，也需要正义与光明引领，这就是文学存在的理由。任何作家的个体劳动都是渺小的，但文学的火炬靠我们所有作家共同举起来。

除了《漫水》，你最近还在创作同题材作品。这几十年，农村变化可谓翻天覆地，有没有试图用这些小说去思考一些乡村存在的现实问题？

我们过去都太习惯从社会学角度看待文学，读者和作家都很难逃脱这种思维模式。我的中篇小说《漫水》只是作家用文学眼光看待生活，而接下来的同题材长篇小说也是如此。我只会用真实的细节和故事勾画乡村变迁和时世流转，完成乡村和乡村人物的命运表达。

设问人：杨晓澜 《芙蓉》文学编辑

王　刚

王刚，1960年生，新疆乌鲁木齐人。主要作品有长篇小说《英格力士》《喀什噶尔》《福布斯咒语》《月亮背面》《关关雎鸠》，小说集《秋天的男人》，散文集《你给儿子写信了吗》等，《英格力士》曾获台湾中国时报十大好书奖，《喀什噶尔》曾获《当代》文学拉力赛年度长篇小说总冠军，编剧的《天下无贼》曾获台湾金马奖最佳改编剧本奖。

故乡总是让我们流泪

王刚曾经是《甲方乙方》《天下无贼》等电影的编剧，他说这些如果算经典的话，那么这种经典还会有。他多年前以长篇小说《福布斯咒语》引起轰动，回归了一个作家应有的位置，这才是他真正想要的。他说，回想起自己背着长笛走在乌鲁木齐的街道上，泥泞的地面在春天融化的雪水中处处泛着光，十几岁就发现自己内心里充满着莫名的忧伤，“如果你们像我一样从小就熟悉莫扎特长笛或者黑管协奏曲的慢板乐章，那你就会理解我说的是一种什么样的忧伤了。”

每一个优秀作家都有一个文学地理，你在新疆生活了很长一段时间，这里的生活给你的文学创作带来了什么影响?

故乡总是让有些作家流泪。如果他是一个伤感的人。我注意到布宁晚年时，回不了故乡，在法国塞纳河畔每天都暴露出那种可怜的伤感。而许多女人喜欢男人身上的这种伤感，因为女人喜欢，所以文学作品里的伤感就越来越多了。男人在作品里表达对于女人的渴望，有时用故乡，有时用伤感。有时把这两者加起来。

2013年的时候，我在新疆，我的故乡，离乌鲁木齐大概一百公里左右的距离，天山脚下，那儿是吉木萨尔的新地乡上小份子村。我发现了一个已成废墟的农民小院，在这里每天早上可以像我童年那样看到天山。因为我小的时候，每天把门一推开，就可以看到雪峰。由于现在那里也盖了很多的高楼，由于雾霾，于是我在乌鲁木齐不再能看见我小时候的雪山。由于城市建设，他们把大批古老的榆树给砍了，由于建公路，水都干了，留下一片水泥地。可是我发现一个跟我童年相对应的景色，于是我很快把那块地买下来，把那块废墟重新恢复，我就住到那儿去了。

当我住到那儿以后，我发现人回到童年时的故乡其实更加伤感。而且，更加渴望女人。你想象中的故乡和你想象中的女人其实都永远停留在你的想象中，它让你内心充满了动人的语言。

于是，我在天山脚下，内心里每天都流淌着伤感，故乡，女人和那些动人的语言。我写着《喀什噶尔》，我看着牧民放着羊，每天闲散地坐在山坡的草地上，我会在门前的小溪里洗自己因为成长成熟而渐渐变得肮脏的脸、眼睛，还有身体。那儿的蓝天，森林，河谷，流动的云彩，也在洗涤我肮脏的内心世界，让我回到那个属于我自己的少年青年时代。我早晨想喝牛奶的时候，哈萨克族的哈娃依就会把牛奶挤出来，以每千克5块钱的价格卖给我。我在那儿，当我重新读《静静的顿河》的时候，我发现他笔下的景色跟我眼中所看到的景色非常像。我有的时候，沿着我门前的小溪，一直要走到雪山的附近，仰头看雪山，不知道多少代人，富人、穷人都仰望过雪山，他们都没了，可是雪山还在那儿。

说实在的，我很喜欢你的这种“童年的忧伤”，我认为拥有这种忧伤的作家是很幸运的。你的最新长篇《喀什噶尔》虽然写的是少年，但那种忧伤、忧郁和疼痛感依然无法消除，这是你童年的忧伤还没有化解呢，还是你写作上的执着和偏爱？

十二岁那年我开始吹长笛，那是很女性化的乐器，它的声音里有一种难以言说的动情精神。我吹过巴赫、柴可夫斯基、莫扎特、鲍罗丁等许多人的作品，直到现在每当听到我曾吹过的莫扎特C大调和D大调协奏曲时，我内心里都充满了怀旧的情感。可是这么些年来，我在自己写过的小说和散文中却羞于提那些我所熟悉的西方作曲家的名字。就好像那一切真的很肮脏。

我知道“那些夏天，就像青春一样不回来”。我知道，那些春天，就像三十岁的日子一样不回来。在二十多岁的时候，我可以毫无顾虑地说起米沃什或者亨利·米勒，却羞于提到莫扎特，我怕自己作为一个少数派而被耻笑。我回想起那个少年背着他的长笛走在乌鲁木齐的街道上，泥泞的地面在春天融化的雪水中处处泛着光，十几岁的我在那时就发现自己内心里充满着莫名的忧伤。如果你们像我一样从小就熟悉莫扎特长笛或者黑管协奏曲的慢板乐章，那你就会理解我说的是一种什么样的忧伤了。

你还有哪些满意的作品是新疆给你的？从文学的角度看，新疆在你的眼里最美的是什么？这一片土地同时给你带来了什么困惑吗?

我写新疆的作品有《博格达童话》《英格力士》《喀什噶尔》。它们之间跨度有三十年了。新疆最美丽的地方就是那种我生在那儿父亲死在那儿的亲切感。走在故乡的大街上，每一步都会遇见熟人，他在你的记忆里消失了，现在又在你面前出现了。他们让你的每一次散步都特别有内容。这次回去，我几乎天天都在二道桥，在大巴札，那儿欢快的民歌，还有充满着牛羊肉味儿的空气，让我很享受。我们的人生其实很短暂，你看看《动物世界》里，那些成千上万的角马奔腾着过河的场景，就对许多事情不困惑了。

你的童年是在新疆度过的吗？1987年你发表了《冰凉的阳光》和《博格达童话》，即使现在看《博格达童话》也依然让我感动，那种童年的忧伤，让人有一种无法言说也不可解脱的疼痛感。直到在你的长篇小说《英格力士》中读到这么一句话：“童年的忧郁永远胜过风烛残年的老人。”想问一下，在你的童年发生了什么？你童年的忧伤又是什么？

《博格达童话》是写一个孩子亲手把自己无比喜爱的鸽子杀死，又吃掉的故事。里边有无数童年的细节，不是一个概念化的东西。里边还写了这个孩子许多年后都不敢承认内心里的羞愧。我的运气不好，我的童年充满暴力。我看见了很多大人在打，他们动粗的方式有时能发挥到极致。后来不让打人了，我们就开始折磨动物。

其实，当今的文学作品不缺少痛感，不缺少发泄式的批判，恰恰缺少的就是这种精神层面的情绪，想知道你的这种“忧伤”对于文学的意义是什么？你想借助这种忧伤表现一种什么样的文学理念？

苏联著名导演梅耶霍尔德说，如果在剧院里的排练场找不着他，那就去看看周围有没有人在吵架，他说他喜欢看吵架，他说那能更多地看清人的性格和本质。梅氏最后被人打死，而他的妻子也被人捅了四十多刀。所以，仇恨和爱总是在折磨我，我既渴望人类公平又怕看见人类流血，这也永远在折磨我。

我发现只要自己动笔写作的时候，内心里总是充满了软弱和卑微的东西。我感到莫扎特与我共同的忧郁包容不了属于每个时代的轰轰烈烈的所谓的大历史。忧伤总是让我不要忘记个人体验。当然，不仅仅是忧伤，还有狰狞、绝望、喜悦、冒傻气呢，这些因素都在化解那些概念的批判。人类活着，不仅仅是为了批判的，还是为了享受生活的。

涉及某些历史的小说很多，但一旦进入细节，进入人物关系的描写，往往就概念化，虽然写的都是当时的真实状态，但今天看来，总觉得很假，也很表面，缺少新意，而你的《喀什噶尔》却非常真实，是那种既真实又陌生，而且能够触动人心的真实。你在写作中是如何把握这种关系的？

许多人彻底被普世价值俘虏了，他们总是在表达他们的价值观永远正确。在文学观念和技术上，他们站在最现代的高地，在思考道德上，他们永远正确。我曾经说过，只要一个作家，他的作品里全是普世价值，那这个人就完蛋了。想象力这个词汇是我最讨厌的，什么叫想象力？不懂。但是，对于个人体验的变形叙述，是我觉得最重要的东西。

《喀什噶尔》和《英格力士》有自传色彩吗？还是真有这样的生活原型？你认为自传与原型之间的差别在哪里？

世界上最优秀的小说家，有许多都是撒谎高手。每一句话里，都有虚构成分。只是他习惯于撒谎，最后，他都忘了哪个是原型，哪个是虚构的人物。不敢真的说是自传，原型也模糊了。只是自己写完之后，过一年再看，看到作品里的那些活人，自己都乐。

《月亮背面》《福布斯咒语》，还有《关关雎鸠》则是你对当下社会的考察。《福布斯咒语》大约有70多万字，可以说写尽了中国地产业的黑幕以及富豪们并不光鲜的生活，引起了很大的争论。尤其冯石这个人物，让人联想到了王石，当然他肯定不是王石，取这个名字的时候有什么暗示吗？小说中的其他人物的名字都有什么讲究吗？

冯仑，王石，潘石屹这些当年风云无比的人物，现在都过去了。一个冯字，一个石字，加起来就是冯石。别人产生联想，是好事情。但愿这种联想能一直延续。可惜了，王石他们本身都已经快成云烟了。小说中的经济学家曾维宁，银行家周冰雪似乎都能让人对应联想，姜青——这样的名字算是开的玩笑吧？

有人认为，《福布斯咒语》这个人物填补了当代中国文学中商人形象的空白，你曾说："中国所有富有的资本家都有腐败的可怕历史，没有这些他们不可能到达今天的位置。"你是如何做出这个结论的？怎么理解你所说的中国商人的"原罪"？

谢谢你提了一个最好的问题。我曾经给远在美国的儿子写信说："儿子，我相信连你现在都很难想起长篇小说《福布斯咒语》，在这个世界上只有爸爸一个人还想念着它，它就是在这儿的海边写的。在这部小说里，有一个叫做冯石的商人，他是爸爸认真塑造的文学形象。中国人被金钱牵着走，走向富足，走向雾霾，一晃就过了三十年，文学上需要一个商人形象。爸爸那时还有文学野心，于是就写了《福布斯咒语》。"我这两年多次说过，《福布斯咒语》是我一生中最重要的作品，到目前为止，它的价值远远超过我的其它小说。现在已经不是一个看长篇小说的时代了，所以，注意我说这话的人不多。改革开放30多年了，我自己也经历过商人的圈钱生活。曾经死去活来，我知道自己了解这类生活，因为我体验过金钱的折磨和享受，用76万字去塑造一个文学里的商人形象。

我在小说开始做了伏笔，冯石去与姜青偷情时看到了她门口一双超大的鞋子，他想象他的德国情敌——姜青的外国男友肯定什么都是大的，自己什么都是小的，这让他总是受到压迫。可是，在小说结束时，他终于见到了一直在自己想像里的情敌，那个德国人竟然比自己矮，冯石与德国人他握手发现他的手比自己的小，发现这个德国人有可能什么都比自己小时，冯石终于开始彻底怀疑自己。像冯石这样的一代商人走向悲剧是必然的，因为他们活在这个时代，不可能正确。他们在挣钱的过程中，身后留下了一条长长的尾巴，他们摆脱不了这个。他们在夹缝中艰难生存。人民恨他们，知识分子恨他们，政府不满意他们，他们生活得极其恐惧。而冯石最后的结局，从一个崇尚市场经济的人，最终依附于权力，成为权力资本的变种，是有象征意义的。

这些资本家或者商人，以他们的方式聚拢了资本，如果没有某种交易，这些人很难获得任何东西。可能在过程中，有腐败（尽管王石在看了《福布斯咒语》之后说他绝不行贿），但是他们让中国一个又一个的地方发生了改变，中国的城市化进程，房地产商就功不可没。你看北京多少穷乡僻壤的地方，现在变得非常漂亮，这往往是在这些企业家圈了地后，才改变了一块块土地。所以商人们是功不可没的，从这个意思上讲，我们永远不要忽略一个事实：商人代表着更先进的生产力，私人公司、私有企业是我们民族的希望。从这个意义上，我笔下的冯石是英雄人物。他们的伟大贡献，中国人应该记住他们。企业家办好企业，就是对社会的最大贡献，愿他们好运。

一说到中国商人的形象，人们通常会想到庸俗、世利这些词，甚至有“无商不奸”的说法，历史上很多商人他们不仅仅拥有财富，还具备良好的个人修养和强烈的社会责任感，为什么今天的商人形象让大众感到不满意呢？你是怎么看待这个问题的？

不要对商人要求过高，那样会使他们变得虚伪。会让他们人人冒充成企业家的。其实，在我眼里，企业家、商人是一回事。一个商人挣钱了，只要能交税，又不骗股东，给他员工的薪水和福利还过得去，就是好商人了。国人就不该去打搅他了。我认为中国知识分子们总是对于商人提出这样那样的要求，是这个阶层不成熟的表现。反正像我这样的人，肯定会忍不住地批判他们，又歌颂他们。没有这样的商人，中国不会有明天。

继续说说现实问题，在《关关雎鸠》里，你写了网络时代的爱情悲剧，两个男女避开网络，试图用最朴素、最纯粹的交流手段谈一场恋爱，结果却被网络所葬送。你是如何看待网络时代的生活，包括网络时代的文学写作的？网络对我们的生活是一种扭曲还是一种推进？

网络时代作家基本没有尊严了，因为大家看小说很少了，特别是长篇小说，几乎没有人读了。在这个时代，作家遭受了毁灭性的打击。博客、微博、微信，所有这些东西都让长篇小说的生存更加艰难，所谓传统作家们如果还活着，当然是因为他们坚强，而且，他们似乎也无路可逃。喜欢写作的人都有病，是那种只有写小说写诗歌的人才知道的病。网络时代当然方便，但是，不安静了。骚扰你的东西太多，无情改变了人类的生活。你毫无办法。人类被自己的聪明推动着，顾此失彼，又患得患失，开始怀念风和日丽的时代，那时写信，人们盼望一封信，有时会从春天等到秋天。唉，人类很贪婪，什么都想要，又怀旧呀，又感伤呀，人类其实真是糊涂。

现在有个很火的概念叫“IP”。不少原创小说在未改编前就提前被影视公司高价购买，甚至小说还只是个概念或者一个开头，就被买走，这些可以改编为影视的蓝本就被称为IP。你如何看待当下影视公司对原创的疯狂争抢？对小说家来说这是好的时代，还是一个坏的时代？

我自己的小说从来没有“IP”过，听说有的网络作家被“IP”。争夺原创当然是好事，只是严肃的文学作品没有被争夺，中国有十几亿观众，这很不正常。当然，被争夺是由于作品与现实接近，与人们的心灵紧密相连。

如果没有记错，《天下无贼》是由著名作家赵本夫的同名小说改编的，《甲方乙方》是由王朔的《你不是一个俗人》改编的。你也是中国非常优秀的小说家之一，比如你的《英格力士》便获得了许多奖项和市场的肯定，想了解一下，由你自己小说改编的作品有哪些？自己改编自己的小说，会不会存在什么障碍？

我写的《月亮背面》被改编成电视剧。冯小刚导演的，王朔策划的，我编剧的。但是，这部作品的命不好，一直没能播出来。一个写小说的编自己的小说不难，就怕导演不尊重那小说。当时，《月亮背面》剧本几乎跟小说一样，冯小刚似乎对小说有着特殊的尊重，他是一个尊重原著作家远远超过编剧的人。以后，《英格力士》改电影，不知道为什么，听说陆川改了几稿，都没有通过。如果我自己改，也不是难事，但是能不能通过，我也不知道了。现在我也麻木了，不太想好事，自己的小说改电影，老是通不过，真倒霉。

你编剧的《甲方乙方》《天下无贼》已经成了经典，成为一个时期的艺术符号。你的编剧理想是怎样的？你认为现在为什么电影电视剧出不来这样的经典了？

我完全没有编剧理想，如果《甲方乙方》《天下无贼》算是经典的话，那么，这种经典还会有的。我心中理想的电影，是那些优秀的欧洲电影。意大利的《天堂电影院》，俄罗斯的《小偷》《情人》。

查询了一下你的经历，你在西北大学上过学，与贾平凹算是校友，你在那里上学的时候，正是陕西文学崛起的时候，随后就出现了“陕军东征”的文学现象，对全国文学冲击很大，当年文学氛围是怎样的？对你的创作起到了什么样的影响？

当时在学校里，与陕西当地的作家接触不多，贾平凹那时到学校来过，讲过几句话，他在上边讲，我们在下边听着。真正与他见面，是若干年后在《当代》杂志的会上。他说：“王刚，你咋是个胖子？跟想的不一样。”陕西出大家，还有一个陈忠实。《废都》《白鹿原》真的是伟大的作品。

说到上学，记得你1990年从鲁迅文学院研究生班毕业，你的同学中间就有莫言、余华、严歌苓、迟子建、刘震云、毕淑敏等等，包括你在内，都是从鲁迅文学院起步，如今成了中国文坛杰出代表。你能谈谈那段经历留下来的文坛佳话吗？现在鲁迅文学院还在招生，对现在的青年作家你有什么建议？

我们那时长篇小说还有人看，毕淑敏大姐是个大夫，她曾经在我病时送药来，现在想想都感动。她曾经对我说：“写长篇小说作家就无法隐藏自己的任何地方了，哪儿别人都能看到。”余华和洪峰他们喜欢踢足球，很勇猛的样子，可是，有一天，进修班里一个新疆哈萨克族的学员，带球过人，我看到他们都本能地躲开了。迟子建说话少，写东西多，但是特别喜欢买零食吃，我们都吃过她买的零食。严歌苓好像不到一年就出国了，她不住在学校，当时身材很漂亮，只要她从操场走过，男人们总是会在后边看她。莫言当时就鼎鼎大名了，听课时总是望着前方的讲台，也不知道他听进去了没有……唉，今天青年作家们没有赶上那么好的时代，如果真有这方面的爱好就继续写吧，如果不爱了那就抓紧时间干别的。就像马云说的，一不小心还成了马云呐。

说说《你给儿子写信了吗》这本随笔吧。你曾说过："对于年轻人来说，感觉到悲伤、孤独、抑郁等，都是自然现象。他们是否说英语并不重要，是富是穷也不重要，是文明还是粗野也不重要，我只希望他们有好运，每天感到快乐。"我非常认可这句话，但是这种观念似乎不合时宜，与大多数家长对子女的期待和希望大相径庭，他们更愿意望子成龙，希望自己的孩子将来出人头地。你可否以自己的教子经验谈谈这个问题。

写给儿子的信他未必读，也许就是自己的宣泄。自己写自己的，以给儿子写信的名义。确实有话想对儿子说，但是，他已经懒得听你说话了。其实，我是一个非常自私的人，在儿子成长过程里，关注点完全不在他的身上。我在给他的信里说："儿子，爸爸年轻时以为自己只爱自己，除了爱自己，不爱别人，现在渐渐开始老了，才发现除了爱自己以外，还爱别人，其中就包括你。"这话是对儿子承认错误呢，是用文学语言忏悔呢。记得与他聊天时说："爸爸在你小时候，家里吃饭，喝点酒，就会骂中国人的人性弱点，骂那些压迫自己的强大的力量，骂教育制度，骂电影电视剧，骂环境污染……"儿子当时打断我说："那总比骂我强呀。"

因为，对儿子不太关注，我想的都是自己的事，所以忽略了对他的教育、教诲，忽略了他的成长，这才让儿子因为我的自私而得救了。如果，我天天关注着他，不那么关注自己，那儿子可能倒霉了，会让他童年少年时代玩得很少。人最需要玩的时代是童年、少年和青年时代，这个时候没好好玩，那人生就是悲剧。父母对于儿子那种伟大的关注会让他生不如死的。儿子小时候，接到他妈妈的电话，"在哪儿呢？""在网吧呢。"他身边的同学非常惊恐，"你竟然告诉你妈'在网吧呢'？"由于家长的麻木，儿子得到了阳光雨露。

其实，教育孩子不太有用，孩子天生的性格决定了一切。他数学好，就是好，学不懂的孩子练也没有用。我只是做过一件事情，只要我在家，儿子睡着了，我就会到他屋里用录音机放一盘英文磁带，并按上重复键。让他睡着了，听一夜的英语。

设问人：兴安 评论家，画家
李金哲 《青年报》记者

王祥夫

王祥夫，1958年生，辽宁抚顺人。著有长篇小说《米谷》《生活年代》《百姓歌谣》《屠夫》《榴莲榴莲》等，中短篇小说集《顾长根的最后生活》《愤怒的苹果》《狂奔》《油饼洼记事》等，散文集《杂七杂八》《纸上的房间》《何时与先生一起看山》《以字下酒》等。曾获鲁迅文学奖、林斤澜短篇小说奖、赵树理文学奖、《小说月报》百花文学奖、《上海文学》奖、《滇池》文学奖。另外美术作品曾获中国民族美术双年奖、亚洲美术双年奖。

生活的面目一如做菜

作家王祥夫的小说向来忧伤而宁静，有时还不乏“满纸凄楚”，这源于他体察的主体是底层百姓。他永远怀着一颗悲悯的心与他们站在一起，但是有时心有余力不足，只能通过文字诉说内心的苦闷。“往往书写起来，一如厨子做菜，苦的里边要给点甜，甜的菜却要来点苦。”他说这似乎是个隐喻，因为生活就是这般面目。

王老师好，很多人评价你的小说时，都认为有一种内在的“底层关怀”或者“草根视野”，但实际上你的小说并不局限于“底层”和“草根”，人物的身份和背景都很多元，我个人更倾向于使用“边缘群体”这个词，对此你是否认同？你是从什么时候开始关注这类题材的？

写作以来，有一点可以肯定的是，我对官场不感兴趣，也从来没有写过这方面的小说，在心里，有一种说不出的抵触，这种情绪从何而来，简直是说不清。我小时候住的那个院子有个色彩缤纷的名字，叫“花园里”，只这三个字，质朴而又让人感觉里边有色彩。这个院子是20世纪60年代专门用来给干部们居住的，曾经住过一个正市长，四个副市长，还有银行行长和许多位局长，那时候的房间结构都很小，我家住两套，是门对门两套，虽说两套房，加起来还不到一百平方米，但当时能住上这样的房子很不容易。那是一个不那么封闭的时代，我说不封闭，就是说那时候人们还会东家西家地串门喝茶聊天，夏天的时候还会在院子里乘凉说话。有一件事我总也忘不了，就是我们院子里姓孟的副市长，他妻子每到月底都会到我家来借粮本一用，为什么，因为她有四个儿子，都在生长期，特别地能吃，但那时候都是吃供应粮，她来借粮本也就是要去买议价粮，议价粮都是粗粮，是正常供应之外的份额，你可以买也可以不去买。要是放在现在，相信一个副市长太太不会到处去借粮本买议价粮，那个时期，人与人之间的关系很清明也很友善。市委的一辆老华沙车，负责接送住在这个院子里的市长和副市长，一般干部，比如局长，是没有专车的，但他们可以享受公车待遇，也就是可以骑公家的自行车，到退休的时候车子要交给公家，我父亲当时就有这么一辆。

你一直保持着旺盛的创作力，而且作品中的观念和价值取向都能和时代保持同步，这很难得。你是如何做到的？丰富的写作素材又通过什么途径获取？

能够做到这一点和想做到这一点应该说是要有个方法，这个方法就是让你能够和这个时代保持很好的联系，我的方法是：一、有自己体味生活的点儿和供自己长期观察的小说模特；二、千万不要让阅读停止下来，这个阅读不单单指看书，还包括看新闻，面对这个世界，要把眼睛睁开，把耳朵支楞起来，不要让心睡着，像一只狗一样时时刻刻警醒着，虽然你看它好像是睡着了，其实它什么都明白，作家就应该这样，作家要像狗一样保持某种警觉。

我个人比较喜欢看电影，但国产片我拒绝看，国产电视剧我就更不看，我一般只看国际大片，比如这些年又看了韩国的《绿洲》《恐怖直播》，还有《海上钢琴师》《汤姆在农场》《不一样的天空》，好片子会让我立马激动起来。

当作家，面对生活与稿纸，就怕你激动不起来，如果激动不起来那就完蛋了。生命力和激情都源于此，你没激情，别说小说好看不好看，人都没意思了。可以肯定的是，作家一定应该是柴米油盐中人，应该是世俗的，他若不世俗就无法知道世事，但他一定要有琴棋书画的另一面，也就是精神层面的东西。形而下，形而上，二者合起来才是作家应该具有的状态。拒人千里之外的作家肯定不会是什么好作家。时至如今，作家也只是一种行当，一种职业，这么说一点都不过分。每个作家，我认为都不要把自己看得太重。

你的小说大多是短篇，汪曾祺曾说过这样的话，“一个短篇小说，是一种思索方式，一种情感态度，是人类智慧的一种模样。”你本人也说过，微小的、转瞬即逝的东西特别能打动你。这其实涉及了“思索方式”和原始素材之间的关系，以及呈现方式的问题。

我是作家画家同体的这么一个人，但我画画的时候总觉得自己不过是一个线条和色彩的机器，而不觉得自己有什么比别人更好的地方，当我坐下来写短篇小说的时候，那种感觉就来了，我只有在写短篇小说的时候才觉得自己是个艺术家，这很奇怪，但这种感觉很撩我，如果哪一天我没这种感觉了，也许我就停笔了。这么说吧，写短篇小说的时候，我会有种种冲动，甚至会流泪。我父亲去世的时候我还小，居然流不出眼泪来，这很怪，但写小说会，情不自禁其实是一种好状态。

你的小说主要是叙事，也就是所谓的“讲故事”，并在叙事过程中潜在表达个人的理解和观点。有关“讲故事”，现在有两种观点，一种是小说就应该老老实实讲故事，另一种是小说不应该只讲故事，对此你怎么看？

两种说法其实都对，一个好的作家，我想他是能够把这两者相加在一起的，他应该有这种本事。既讲故事，又绝对不仅仅是一个故事，写小说往往是这样，一开始，总是急于把一个故事讲给读者听，而到了最后，他要做的事是把故事在语言和叙述中埋藏起来，能把故事埋藏在文字里的小说家才是真正的高手，只取其一，不完美，是缺憾。

说到叙事，公认你的小说从节奏到语言，都是“有味儿”的，有人会拿你跟汪曾祺作比较，认为你们一脉相承，传统的风骨很足，那么在你看来，你和汪曾祺最大的不同是什么？

我和汪爷是不一样的，我们的出身源渊都不一样，虽然在爱好上有相似的地方，比如他喜欢画，比如他喜欢唱京剧，比如他喜欢下厨房，这些我也都喜欢，比如做菜，你下次来我可以下厨房给你炒几个。但我和汪爷的出身又都不尽一样，我的父亲是古玉大玩家，专事收藏商周古玉，可惜他四十九岁那年就早早离世了。

父亲喜欢玩儿，喜欢打猎钓鱼什么的，皮夹克、双筒猎枪，还有双筒望远镜是他日常出去玩的装备。在阅读上，他喜欢读侦破小说，而我的母亲却只喜欢鸳鸯蝴蝶派，好了，也不知道是怎么回事，越是他们喜欢的东西，到头来我就越不会喜欢，为什么？恐怕心理学家也说不清，但有一点，我在阅读上要比父母高那么一点，比如说我喜欢托尔斯泰，托尔斯泰起码要比张恨水有分量。

我和汪爷相近的地方还有就是喝酒，但我是喝快酒的，不喜欢一杯酒吱咂半天。从文学这面看，我是古今中外的都看，只要好就都看，我看书的习惯是反复看，要看透，喜欢一个作家往往就会把他的东西都找来看。和我有一样经历的人一样，我们都是先从中国古典文学进入文学这个领域，然后才接触外国文学，但就我个人而言，我到了后来又慢慢喜欢起咱们的古典文学，比如我这几天又在重读王实甫的《西厢记》，真是好人物好辞章，说到元杂剧，没人能超过王实甫。

早些年你也有过一段对“先锋文学”的尝试，当时为什么放弃先锋写作，开始转型到后来的风格？有人说“先锋”更多是体现在精神层面，而不是仅仅局限于对文本形式或结构的创新，你觉得自己现在的创作中是否还保留有一些“先锋”的影响？

早年我热衷于文体实验，我把先锋小说视之为是一次超大型文体实验，那个时期的作家其实都是从这条路上走过来的。当年我写的那些小说后来出了一本集子，书名叫做《油饼洼记事》，我希望自己有能力把人们司空见惯的故事用一种新的叙事方法写出来，那个时期我的小说，比如《好峁杂录》《小鼻村记事》《棉花》，等等，都相继发表在《钟山》《人民文学》《上海文学》这样的刊物上，这些小说，我现在想想，有好评而没影响。我在一次对话中，是和评论家段崇轩的对话，他说我早期混迹于“先锋”的那些小说有玩弄技巧的倾向，这话说得可真是太对了，玩弄技巧的小说都不会是什么好东西，不管你是什么派，都是要有思想作为旗帜的，所以，现在再看看那个时期的小说，真是烟花寂寂。好的小说，一是要有生活真相，二是要有自我。自我是什么，其实就是你对生活的看法，而不是合唱，一场浑乱的合唱。

说一下你的长篇小说《米谷》吧，到目前为止你一共有几部长篇小说？你会给《米谷》打多少分？

哈哈，这可是一本出炉不久热腾腾的东西！如果把我的《米谷》算进去，再把小长篇《风月无边》算在一起，我整整出版了十部长篇小说。说到长篇小说，我顿感羞愧，几乎没一部有大影响。这让我心有不甘，在我的写作计划中，我还要好好写一部长篇，但我怀疑我的长篇方法是不是在哪里出了毛病？我的长篇《种子》流露出一种怒气冲冲的情绪，这真是一种可贵而不可复得的情绪。我现在太四平八稳，很生气我怎么不会怒气冲冲了？而《米谷》，只要你读过，你就会觉得这部长篇除了悲悯，更重要的是它那无法排遣的怒气。我给这部小说打75分，如果打不及格，我也不情愿，而实际上，我以为它已经得了高分，因为现在的小说大多在麻木中行走，能达到60分的小说已属罕见。这么说会得罪我的同道，但小说除了人物事，最重要的还要有情感，是谁把我们小说中的情感抽走了呢？面对现世你麻木不仁只能以技巧把你的小说进行下去，这是不行而可笑的。我希望朋友们看看《米谷》，它是一个苦难的容器，之中，还有冲冲怒气。

你曾经说过，“我不太满意一写底层就满纸凄苦。”但我在读《米谷》的时候，确实感受到了满纸凄苦的意味，这与你曾经的观点矛盾么？

我个人认为《米谷》这部小说不可能在国内获得任何奖项的原因就在于它的“满纸凄苦”，但它又可能是我出版的所有书籍中最重要的一本。我小说的调子，向来忧伤而宁静，但《米谷》这部长篇就不宁静了，有点骚动的意思在里边，这骚动的情绪浮在情色之上，或者又可以说它是在下边托着情色，这部小说的好看在于写情色而不会让人起情色之念，有90后作家对我这么说。这也许是对我的一种批评或安慰，我的许多小说都是写中国底层，从技术操作上讲，一如厨子做菜，苦的里边要给点甜，甜的菜却要来点苦，这似乎是个隐喻，因为生活就是这般面目。

包括《米谷》在内，你的小说有很多令人印象深刻的女性形象，有人认为这是你“女性视角”的体现，但是这些女性如“米谷”，又如《半截儿》里的“蜘蛛”、《月桂》里的“月桂”，她们或者为了自己的男人“被堕落”，或者外貌欠佳、残疾，为男性甘愿自我牺牲，你怎么看待自己小说中的“女性视角”？

在生活中，我对漂亮女人往往熟视无睹，你别笑，这与我的小说一定有关系，我个人的审美是喜欢清水挂面式的女性，干干净净清清爽爽那种，被人过多关注的漂亮女人我往往不会关注，而那些不漂亮的，不会被人们多看几眼的，甚至是残疾的，往往会让我情动于中，这也可能与我的弟弟是一个残疾人有关。我的弟弟，从小没有走过路，他现在可能都不会知道太阳是方的还是圆的，他毕生唯一的愿望就是把自己封闭起来，像一个茧，把自己封闭起来让世人谁都看不到他，但是，他又希望别人都知道他的存在，不要忽略他。他拒绝学习，他把电饭锅和电话都视之为仇敌，我问他为什么，他的回答极为好笑，他说：“学会了打电话你们就不过来了，有什么事打个电话就完了。”“那么，”我问，“电饭锅呢？”他马上很生气地回答我：“要是我学会了自己用电饭锅你们就不会给我做饭了，我不学！”这让我愕然。从我弟弟出发，也许，有这种可能，我笔下的女性都被一一嫁接了。我盘点一下，在我的小说里还真没有美丽的女子，没有，几乎没有。什么是美？我有自己的解释，放在女性身上，我不要求她们杰出不凡，只要求她们对事对人做到合情合理合适就好，而做到这三点其实是很难的。我对女性是尊敬的，我爱人是很漂亮的，她年轻的时候是我们那一带最漂亮的，也许因为这一点，我不会再关注她之外的那些漂亮女人，审丑其实是作家的任务，我的视角其实也很“女权”。

为了销售量，出版机构会使用一些商业手段来宣传推广图书。我在网上看了《米谷》宣传文案，比如“她们是乞婆，却错觉自己是皇城中心的女王；她们将肚皮变成泔水桶，却仿佛吃下的是满汉全席”“当肉身搁浅于尘世，灵魂又将皈依何方？”感觉与小说风格不是很搭，出版方在写宣传文案时与你沟通过么？你又是怎么看待这种图书的营销方式的？

这个我不知道，这些词我也是第一次从你这里听到的，我是一个比较低调的人，这么说也许不对，但有一点，我比较烦事，我现在很少出席签售活动，几乎不去，也很少为自己的新书马不停蹄地到处奔跑，也许有些对不起热心的读者和出版界的朋友，但我就是这样一个人。现在办画展，我的第一个条件就是不要开幕式，开幕式一定要取消，你不取消我就会把展览取消。2016年加上2017年，我算了算，我出版的小说散文集二十多部，这还不算画册，报纸想要报道一下，我一想就烦了，马上拒绝。以前我曾热衷于这种事，那时候我还年轻，会主动找记者，但现在不会了。现在我只想静静地一个人在那里读读书画画画儿，但有时候还是会跟朋友们出去轰饮，大杯喝酒大口吃肉很快活。但你让我在很多人面前讲一些自己听来都觉得不像是自己的话，那真是一件难受事。你问我怎么看待现在的图书营销方式？我认为这个简单，就是不要太夸张，和读者见见面，回答一些问题，家长里短的那种谈话方式我比较喜欢，做人不要太装，比如你在那里口口声声说我是大师，我自己就很难受，现在是一个没有大师的时期，所以图书营销方式最好文化一些，而不要太商业化。云南的那种据说可以壮阳的萝卜就毁在营销宣传之上，是太过头了，让人们的期望值一下子高过喜马拉雅山，结果反作用是现在根本就没有多少人去买它。我希望图书营销方式是文学的而不是商业的，一句话，可以商业但不要太商业。

这些年一些国内作家的小说改编成电影，收获了很好的口碑，你对小说改编电影怎么看？你觉得自己的小说适合改编成影视么？如果有影视公司提出要购买你的小说版权进行改编，你会有什么具体要求？

我的小说，尤其是我的短篇小说极其不合适改编成电影或电视剧，我也不热心，虽然有人买了我的两个短篇小说，《房客》和《音乐》，他们要把这两个短篇小说套在一起改编成电影。他们要我给出意见，要我参加改编，我会吗？我还没那么傻，我个人认为这只是挣了一笔钱而已。除此，没什么可兴奋和可宣传的。另外，我也不会参加到电影改编这件事里边去，一是浪费时间，二是改编到最后你都会怀疑那是不是你的东西。一句话，不参加不心烦，这是我对小说被卖掉去改编电影的最好态度，你想不心烦，就不要去参与。

通常来说，作家都有创作局限性，但你写小说，也写散文、随笔、诗歌，还有评论，每一种文体都风格各异，各有各的味道，之间的关联性并不大，你到底是怎样做到的？

作家走到后来，谁走得远，或谁深得人心，起决定作用的是他的综合修养，我不敢说我好，但我修养比较综合这是事实。我从小画画儿，直到现在天天起来第一件事就是写两幅字画一张画；我唱过小戏，是小生，我发表在《人民文学》上的小说《演出》就是写这个；我喜欢做菜，会别出心裁；我是十年资格的摄影师，画面感还凑合。我喜欢的东西太多，为了不分散精力，现在我对自己用减法。只写小说和散文随笔，报告文学千字几千元我都不会去接；旧体诗是我的所爱，我是我们那里旧体诗研究会的秘书长和副会长，是既喜欢读也喜欢写，但现在不怎么写，因为太浪费时间；我从小画画学篆刻，刻了许多章，但我现在不再刻章，也因为太浪费时间。我的聪明在于我知道我应该做什么，有所不为才有所为，我现在真的很单纯，只鼓捣小说散文这两样。我以为，只要你用心别太分散，你肯定会有好看的东西写出来。不分心，努力地入、入、入，入到小说里，入到散文里，写作等同妖精修炼，妖术超绝是功夫和修练的总和结果。

这些年除了文学创作，你还经常全国各地办画展，画家和作家这两种身份你更喜欢哪个？

有人说我是书画与文学同体的这么一个，我喜欢这种说法，这不矛盾，反而是相得益彰，用小说养书画，用书画养小说，很滋润。你问我作家与画家这两种身份我喜欢哪个，很奇怪，说到作画我很鄙视自己，画画儿的时候总是想到金钱，感觉自己就是那么一个挣钱的机器，而惟有写作，尤其是写短篇小说的时候我才觉得自己是个艺术家，我喜欢作家这个身份。

你的画作通常会署“珊瑚堂”落款，有什么特殊含义么？

喜欢珊瑚的颜色和那种温润，但我很少戴珊瑚，珊瑚不能贴身戴，珊瑚最怕汗，如果戴在衣服外边，是不是有点娘？没人喜欢一个大男人娘来娘去，我喜欢珊瑚真是有点莫名其妙。

你的作品主要还是通过传统途径发表，而现在是个谈论“粉丝经济”和“流量”的时代，你在写作时想过自己的“目标读者”这个问题么？是否考虑过创作一些符合年轻一代读者阅读趣味的作品？

我写作从不考虑这些，这也许已经是一种习惯，说到写小说，一般情况是我自己认为怎么合心就怎么写，你不看，自有人喜欢看，我的真正粉丝就那么几个，我真心感谢他们喜欢我的小说。齐白石老人曾用过的闲章里有一枚是“知已有恩”，喜欢我的小说的读者真是有恩与我，面对他们，我惟有把小说写得更好才不愧对。而写散文随笔就不太一样，我特别在意我的散文和随笔，越小的文章越难写，怎么说呢，散文与随笔可以说是作家考级的问卷。

你怎么看待现在“碎片化阅读”的现象？

我都不知道这句话是什么意思，不谈也罢，还请你原谅。其实我想我以前的阅读就是碎片化的，我的那个碎片化读书是没有系统和条理，跟我坐而对谈，你就会发现我其实是一个条理很乱的人，一会儿从这里跳到那里，一会从那里跳到这里，你紧跟着也许就落下了，这是我的毛病也是我的优点。我在文学上原来是个没有系统的人，到了学校教书以后才知道系统的坏处要远远大于好处。我不问你那个“碎片化阅读”是什么意思，但我认为我的阅读在某个时期就是一大堆碎片，很难收拾的碎片。

你使用微信主要用来做什么？朋友圈一般会发什么内容？你觉得社交软件让人际关系变得更远还是更近了？

我既讨厌微信又离不开微信，这比较麻烦，有一阵子想停了它，是停了几天，才知道它实际上很好。人际关系更近更远似乎是一个艺术话题，哈哈，你让一个人离你近得不能再近的时候也就是你们两个该分手的时候到了，要知道，只有离你远的人才会急忙忙向你走近。其实，你用微信不必考虑这些，问题是一个人活在世上要有个中心，这个中心就是你要努力做的事，你要是明白你想要做什么事，明确了就好办了。微信只是物，你不能为物所累。

设问人：王恒腾 作家，评论家

尹学芸

尹学芸，1964年生，天津蓟州人。主要作品有《慢慢消失的乡村词语》《菜根谣》《士别十年》《我的叔叔李海》等，根据小说《一个叫素月的女人》改编的电视剧曾在中央电视台播放。曾获鲁迅文学奖、梁斌文学奖、孙犁散文奖、林语堂文学奖、《北京文学》奖、《小说月报》百花文学奖等。

文学能维护人起码的精神高度

生活也许充满了平凡和无趣，但是尹学芸总能找到趣处或痛点，并把这些生活的点滴用文字搬到纸上。尹学芸曾经有些自豪地说，眼睛跟眼睛不一样，就像心灵和心灵不一样，那些美丽的瞬间源于发现。她的故乡是蓟州古城，山清水秀，古韵悠然，如果细分一下，她出生在山区最底的洼处，俗称“下洼子”人，但是岁月逶迤而过，耐得住寂寞的她更容易拾得沉淀，也更方便使用眼睛甚或心灵。她说：“你不在别人的目光下，别人就容易在你的目光中。”

你从事写作已30余年，佳作频出，涉猎的范围包括散文、诗歌、小说等，我很好奇，你创作的动机和动力分别来自于哪里？你被称为“现实观察家”，你是怎么形成自己目前的写作风格的？

我出生在天津市北部山区县的洼区，那个地方名叫蓟州，是史书上记载的千年古县（蓟县），曾产生过《三字经》里的人物和“渔阳鼙鼓动地来”的典故。城西有座独乐寺，牌匾是明代严嵩手书，这是可以确定的。正殿的匾额落款是太白——唐代一干诗人喜欢到蓟县来是一定的，因为有诗为证。2016年底撤县建区，千年古县从此走进了历史。但对于我来说，我笔下这座叫“埙”的城市，永远在时间和空间中定格。比如，“李海叔叔”远从大山深处走来，就是从埙城外围的国道南下，去我的家乡。也许坐标不甚明显，但在我心里，它这样活着。

我一直想说，蓟县是整个大中国的缩影。有高山、平原、大洼、库区，从20世纪50年代开始有小范围的移民。不仅有移一代、移二代，现在又有了拆一代、拆二代。行政区划解放前后一改再改，但属性一直没变。我这样说是什么意思呢，是想说我身处的这个环境，是个完整的社会大环境。这个城市又很小，轻易就能看到舞台中心。人在背景中特别容易凸显。“支桌麻将，好凑人手。”所以有人说我善于写人物，也许这是原因之一。

其实，我说出生在洼区不是很准确。准确地说是南部洼区边沿上的一个村落，在我的笔下称为“罕村”，坐落在津围公路不远处，可以让李海叔叔从容地自远而近走来。明确一下方位，有时对解读和熟悉作品有好处。比如，我经常说村庄三面环水，只有南边有条通天路。有时读者会纳闷：为什么要这么写？生活就是这样的构架，你不写自己熟悉的也难。

很多作家都是半路出家，我想我不是。我从会认字就喜欢讲故事，听别人讲，自己也讲，然后幻想着有朝一日自己写的字能变成铅字。这在我，更像一种命运。第一次听张爱玲说出名要趁早，我心说，那是你没出生在靠山屯。一个乡下孩子，父母都是农民，周围没有一个从事与文字相关的人，要实现作家梦，得需要多少机缘和巧合，得耗费多少时日和心血。偏偏，我又没走寻常人的路，高中毕业刚满十七岁，就着急八荒地来到了生产队。后来才知道，很快就要包产到户了。这半年小社员的经历，也不知能抵几页课本。每天上工的钟声一响，我第一个到派活的地方，坐在放倒的电线杆上，与姐姐们一样，手里拿着针线。那是我此生做过的唯一一件针线活，要为不知哪位做双鞋（也许是自己）。

针锥也学别人在头发上抹一抹，然后在鞋底上穿针引线。那肯定是只非常难看的鞋底，手艺都不怎么敢示人。我那么想活成一个与别人没有分别的人。我会的，别人可以不会。但别人会的，我一定要会。

写作就是这样一点一点嵌入了生活。开始在《蓟县文艺》发表诗歌和小说，那是文化馆的一本内刊，后来逐步走进《天津日报》和《天津文学》。我不单没有野心，我甚至不存奢望。一切都按部就班，没有潮起潮落。我总是写我能写的，干我能干的。看到的，感悟到的，跟随岁月的更迭和变迁，进入一种再寻常不过的角色。偶尔往外地投稿，也能发表，但一直也没建立起良性循环关系，让世界认识并记住你，真的很难。像我这样的作者太多了，我身边就有不少。当发表变得毫无障碍，时间已经到了2016年，在这一年中，我发表了14部中篇、3部短篇。几乎覆盖了所有约稿的期刊。很多读者隔空喊话，说阅读的速度跟不上我发表的速度。他们要想尽办法，到处买刊物。

对于我来说，写作更像一种生活方式，很多年里，我甚至很少想功利这回事。作为偏远山区县的写作者，远离大都市，其实也远离了名利场，只要你不出挑，你的写作永远是默默无闻。这种状态对心性、品格和意志都是考验。但好处是，人一直是潜在深水里的感觉，想要漂浮都难。我想我能坚持，除了喜欢，还是喜欢。

“社会观察家”的称呼来自中信。这让我好好回想了下几十年来所走的路。岁月逶迤而过，寂寞中更容易拾得沉淀，也更方便使用眼睛甚或心灵。你不在别人的目光下，别人就容易在你的目光中。创作风格的形成肯定不是刻意追求的结果。于我而言，这样写而不那样写，很多时候属于灵机一动。

你的众多创作背后是否存在一个母题？

应该说不存在同一母题。这大概与我的经历或者性格有关。我一直是种率性写作状态，从无计划，也无规划。想到哪儿，写到哪儿。写到哪儿，算到哪儿。老百姓有句话叫天养人。说的是过去的土地靠天吃饭。多下几场雨，秧苗就活了，就丰年了。遇到大旱，可能颗粒无收。

创作与其何其相似。

有人将《李海叔叔》与鲁迅先生的《故乡》作对比，认为不论是《故乡》中的“我”还是《李海叔叔》中的“我”，都是时代变迁中的知识分子形象，并且都存在性格中的“污点”，那么你这篇小说是有意在批判知识分子吗?

关于李海叔叔的各类解读已经很多了。我也留意到，有评论家把这部作品与鲁迅先生的《故乡》做对比，评论家王春林说：“不管是故乡中的‘我’，亦或是《李海叔叔》中的‘我’，都属于知识分子阶层。就此而言，也如同鲁迅先生一样，尹学芸也还是把批评的矛头对准了知识分子阶层，挖掘和批判知识分子皮袍下面藏着的‘小’。”

坦率地讲，批评家的眼睛何其尖锐，总能透过脉脉温情的文字表象看穿肌理。我初写的时候，其实没想那么多。可在修改和完善的过程中，逐渐有了重心和总体把握。李海这个人物不孤立。小说发表以后引发热议，有知名作家，有业余作者，也有普通读者。我发现一个有趣的现象，很多人都说，家里也曾有过这样一位李海叔叔。甚至有个湖南读者留言，他的叔叔就跟李海叔叔一模一样，总是估摸着他父亲发工资的日子来讨酒钱。而父亲又慷慨，每每看见叔叔，一家人都心惊胆战。我想这部小说之所以能打动人，是触发了很多人共同的情感记忆，那段共和国的日子饥肠辘辘，所有的李海叔叔们莫不与此相关。

距闰土生活的时代，已经过去了将近一百年。日新月异的改变中，大概不含幽灵这个物种。乡间的传说中，幽灵不老甚至不死。它很像痼疾或者顽症，在一代一代人的灵魂里驻足。闰土和他的“老爷”如果活到现在，不知都会变成怎样的人物。按当下的规律看，应该不难想象。

我还基于一个朴素的创作理念。在日常阅读中，第一人称的作品占有很大比例。我发现了一个有趣的现象，很多书写者在对“我”的描述中，总是有些情难自禁，那种代入感经常让人莞尔，你会发现，他总是在小心地规避着什么。这个现象让我警觉。所以处理“我”这个人物时，我丝毫没有手软。

现实生活中造成悲剧的原因各有不同，但我相信作家有独特的敏感，对你来说，今天这个时代的主要特征是什么？它所展示出的显性的和隐形的问题是什么？面对这些问题，文学及其创作者能够做什么？

你说的这些问题我其实很少专门去考虑。但拿到这个采访提纲我还是认真琢磨了一下。这个时代越来越具有不确定性，尽管很多时候我们稳、准、狠，或者越来越高、精、尖，你会觉得，构成命运的元素越来越摇摆。从计划经济时代走过来的人都深有体会，那时的日子简直是凝固的，一天跟一年没有什么两样。一年跟十年也没什么分别。有些人家冬天和夏天穿一套衣服，只不过，夏天把棉絮掏出来，冬天再塞进去。我从十多岁的时候就参与集体劳动，那是麦假或秋假，跟着大人去地里拣玉米、拾麦穗，是为了享受地里的那份热闹。有社员专门从远方的河里挑来水供大家饮用，为防止奔波时水往外泼洒，会在水面上放一朵麻叶——跟荷叶相仿佛。从场院，到地里，再到家里。这是很多人的活动半径。村里唯一的变化是，谁死了，或者谁出嫁了。而且没有什么嫁得好与不好，大家唯一关心的是，你嫁的那户人家是不是贫农。生活没有意外，命运也很少有。但冷不丁会有一个好好的人得了癔病（其实就是神经错乱），现在想，肯定是她或他的心灵遭受了难以承受的重创。但那时不会这样想，大人说，那是被黄鼠狼迷住了，我们便从她或他身上找符合黄鼠狼的特征。眼睛黄了，喜欢追老母鸡，哭的时候像小孩。至于造成悲剧的原因和隐情，不会有人关注。

这个时代应该是文学的时代，社会给文学提供了更多的可能性。小说就是不确定因素的集大成者，很多社会事件比小说更像小说。经常有作家感叹，小说都不敢这么写。文学创作者也越来越懂得关注人的心灵。不管别人怎样，我是在尽最大可能书写我的认知和生活。我的生活和感悟只属于我自己，没有谁能代替。我不写，就不会有人替我呈现。就如李海叔叔这样的主人公，在我的意识里潜伏了若干年，若不是衍变成艺术形象呈现给读者，就与这个时代擦肩而过了。

你的书《我的叔叔李海》包括四个中篇小说，其中《李海叔叔》这篇主要讲述了两个家庭之间的人情往来，小说本身也是作者和读者进行交流的一种形式。但今天人际交往有了新的形式，那就是通过手机和互联网。你怎么看新形式带来的变化？文学，在这个人与人频密交流的时代里，其价值何在？或者说，你认为文学的存在在维护着什么？

新书的四个故事互无关联，它们也是偶然走到一起，成就了这本书。虽说信息时代人们对读书这件事越来越有隔膜，但喜欢读的人，喜欢读纸质书的人，还是大有人在。他们在社会的各个阶层隐匿。大概也是人以群分的缘故，我身边的很多朋友都是纸质书的爱好者。有个在哈尔滨银行工作的朋友已经去世了，有些书买不到，他就用打印机打印下来，自己装订成册。他说他一年读的书，比他的身量还高。我今天谈起他，也是想表达怀念，我们有很多共同的朋友在一个朋友圈。

大家也都知道，60后的作家撑起了一个文学时代。有时我会想，除了那些生活在大城市的人在童年和青年时代读书有些便利，很多生活在小城镇或乡下的孩子，接触书籍的机会都非常少。我十多岁的时候都不知道世界上有杂志这回事。第一次接触的十六开本的“大”书是《河北文艺》，我至今都记得里面有首儿歌是写抗旱的：“一对水罐两头栓，挑担水，上南山，咯吱咯吱走得欢。社员南山正抗旱，我送担水去支援。浇一瓢，绿一点。浇一担，绿一片……”还记得里面有个小说写矿工，说塌方被堵在矿坑里，却发现墙壁上有血书：某某某是叛徒，他出卖了工人大罢工……当时被震撼得山摇地动。记忆能储存得这样牢固，肯定不是因为写得好，而是当时物以稀为贵。

我想说的是，即便是童年和青年时代有限的阅读，也奠定了一个人基础和走向。读书有一种仪式感和庄重感，能强化一种向内的力量。有次我下乡，在一个大堤上看到一个看杏园的漂亮小妹拿本戴尔·卡纳基的《人性的弱点》在读，那是一个有着大太阳的午后，整条大堤上只有她一个人。一大片杏林，杏子已经泛黄了。这个场景会让人生出感动，我们短暂交谈，交换了微信。后来，我还给她起了名字叫青杏伊人，她现在都还用着。

你如果说文学有多重要，很多人肯定不同意。但换种说法，对有些人很重要，估计就没有异议了。我七岁上一年级，到初中毕业的时候，读了147本小说。那是靠我记在一个小本子上的书名数出来的，现在我也很怀疑，当时是不是记错了。那应该是1971年到1977年间，小学五年制，初中两年制。从哪里淘换了那么多的书我自己都觉得成谜。关键是，那些书都没在我的脑子里留下特别的记忆，它们单只把我变成了一个小书虫。

文学维护着一个人最起码的精神高度。一个读小说的人，肯定是个善良的人。

文学能对复杂的世界给予相应的解释。

你经常从多个维度来分析社会现实，有着敏锐的现实关怀，善于抓住人的生命中的痛点，你最近一段时间比较关注的社会事件有什么？

我的创作更贴近生活和现实，这是由经历决定的。创作强调生活的重要性，这一点，写得年头越久，体会越深。没有哪段生活是白费的，没有哪一段人与人的交往没有意义。认识一个人，就是认识了一个世界。文学让我变得温柔，开阔，包容。受委屈的时候不会那么难受。不会刻意为难谁，也不会刻意为难自己。喜欢看世道人心像自然一样改变颜色。对一只秋虫都心怀悲悯。我总能看到自己前进的脚步，文学让人生有明确的目标和方向。

我当然是关心社会事件的。有些事件搞不清楚我会找朋友弄清原委，但我的创作不依赖社会事件。我喜欢写寻常人的正常情感，觉得这更具有普遍性。像《士别十年》这样的话题，不只是属于主人公郭缨子，也属于生活中每一个人。十年中肯定会有所改变，我也正经问过朋友，他给我的回答是，能喝酒了，惰性大了，看见领导会笑了。

这其实也是一种痛。只不过，很多时候我们变得麻木且习以为常。但有个体的清醒者，年龄越大，越拒绝浑浑噩噩。假如文学是一盏灯，创作者便是星星之火。我曾经被文学这盏灯照亮过，我也期待这盏灯能照亮更多的人。

每一部小说都是一个未知的世界。这跟拍照有点类似。拍群像时摄影师经常会喊：插空。就是找两个人中间的缝隙，站在那个位置，可以最大限度地显示自己。写小说就是填补生活中的缝隙。只是，准确地捕捉和把握，不是为了显示自己，而是揭示给读者。

获第七届鲁迅文学奖都有什么感想？

获奖在个人的生活中是大事，意味着你的创作得到了更广泛的承认。甚至一方土地上的人们都觉得是荣耀，毕竟天津已经有二十年没有获奖了。我获了这个奖，当然也是高兴的。但说心里话，这份高兴沉甸甸的，因为自然而然会想到使命和责任。想到会给随后而来的创作增加困难系数，因为读者会对你的文字有更高的期望值。所以获奖是动力，也是压力。

你为什么拿这个小说参评鲁奖？

首先说明一下，鲁迅文学奖四年一届，是一项浩大繁杂的系统工程。全国有一两百种文学期刊，四年发表的中短篇小说简直多如牛毛。所以鲁迅文学奖评委会不接受个体参评，而接受集体报送。比如，各地作家协会、出版集团、文学期刊都是报送作品的主体，他们把四年间出版的优秀作品报送上去，顺带也做了初评委的工作。你如果想让自己选报的作品入围，那一定是期刊或出版社出版的优秀作品，这毫无疑问。

中篇小说《李海叔叔》发表在《收获》杂志2016年第1期。小说发表的时候即在读者中引起了强烈反响，并在当年的收获排行榜中名列榜首。被专家评委誉为“写尽人世间种种微薄的艰难和微薄的善良”。就在最近的领奖期间，还有一同获奖的作家告诉我，当初他注意到这部作品，是因为另一位知名作家的推荐。“最近《收获》有个小说特别好，你不妨看看。我看了以后果然非常好。”他这样告诉我。事实是，普通读者的反应更强烈些，因为他们觉得故事和人物都离自己的生活很近。有许多朋友留言说，生活中也有这样一位叔叔。

所以《收获》杂志拿这部小说去参评我不意外。好的作品一定与你的生命和生活息息相关，很庆幸我的生命中拥有这样一段生活，而且伴随着时代的变迁和个人的成长，这让作品显得厚重。能在文学长廊增加李海叔叔这一知识分子形象，也是件值得庆幸的事。

你看别人写的书么？你喜欢看什么样的书？

阅读在生活中占的比重特别大，我不喜欢看电子书，对纸质书更有感情，而且喜欢回头去看过去看过的一些经典著作，经常有再去看哪本书的冲动。比如，我最近一直想重读一遍《红楼梦》。这对时间是个挑战。每年出版的书籍浩如烟海，对自己的胃口而又能被自己发现的并不多。所以有的时候出差，甚至不愿意冒险看本新书。那年去湖北，带了福克纳的一本书。去新疆，带了陀思妥耶夫斯基的《罪与罚》，都是许多年前看过的。

这些经典的好处是，你总能在字里行间有新的发现。而这种发现不单会让人愉悦，还让人感到温暖。

当代小说看得也非常多。看同时代作者的作品，有时也能间接丰富自己的生活。

现在很多作品都紧跟时代热点，你却坚持写小人物，为什么？

作家与作家之间的创作风格会有天壤之别，这跟生活、阅历、积淀，甚至为人处世之道都密切相关。有人愿意紧跟时代热点，我则愿意沉下心来，细细品咂岁月风尘中的凡人过往，在生活的缝隙捕捉有意义、有意思的人和事。在历史的长河中，人都是一粒微尘，能为此作一个形象保留，也是作家的责任。每一个人在自己的生活中都不可或缺，所谓的小人物都是相对的。小人物并不真的“小”。

你的小说故事人物都是真实的么？

创作是生活的投影，我常说一句话，生活提供什么我就写什么。但这是笼统而言，具体到每一个个体，肯定就是来源于生活而又高于生活了。生活中经常能碰到有故事的人，经历能写一本书。但，实际操作时你就会发现，再丰富的人生也难以构成一部完整的作品，还要依靠作家的想象填充。当然，这个想象填充一样来源于生活，只不过要旁逸斜出。但生活中的故事和人物会触发你，一句话，或一个细节，也许就能诱发你完成一部作品。所以创作来源于生活再正常不过了。创作离不开生活，生活是创作的源泉和沃土。

文学创作有没有社会责任?

这毫无疑问。也许作家在书斋里不会因为社会责任而提供作品，但作品一旦走进市场，便成了公共产品。作家应该有社会责任意识，为自己提供的公共产品负责。

或许因为经济的冲击，小说家编剧化的问题越来越严重，你怎么看待?

人活在这个世界上，各有各的责任和使命。你不能说瓦匠就只能做一辈子瓦匠，做木匠就是错的。我年轻的时候试过写电视剧，但吃过两次盒饭，就发现自己不是那块料。文学事业神圣而伟大，但对个体而言，仍然是生活方式而已，对于很多人来说，不过是谋生的手段。但有远大抱负的另当别论。我最近换了新单位，拐出来就是条步行街。我特别喜欢整条街的烟火气。一出门，就是小商小贩的摊子。卖煎饼、毛蛋、铁板鱿鱼、炒螺蛳、烤白薯，煮玉米、馅饼子，真是应有尽有。我愿意看食客吃东西，很多都是时尚的人，围在一个脏乎乎的板子上，把麻辣烫吃得津津有味。也愿意看小老板，忙的时候投入，闲的时候自在从容。有时半天没有一个食客，也看不见他们着急。有知情人告诉我，他们每年都有十几万的收入，这个说法让我心安。

有天我没在单位吃早饭，分别考察了山西抻面和酱香饼，最后还是选择了肯德基，要了杯豆浆和油条。想起我有次去扬州和镇江，对街上的小吃摊着迷，每晚都溜过去，几乎吃遍了一条街。这里有心理因素，值得好好想想。

要成为作家，你觉得最重要的是什么？

人的禀赋在个体之间有很大的差异。有人善于动手，有人善于动脑，有人善于长跑。曾观摩了一次国际马拉松，有很多感受。那些选手有的很小，只有十几岁。有的很老，年龄最大的七十六岁。按照寻常人的理论，该颐养天年了。还有装了义肢的残疾人，他们万里迢迢自费来跑一场马拉松，除了热爱，找不出别的理由。

热爱是对天赋秉性最有效的开发。

文学创作也一样。在这个浮躁的时代，创作需要枯坐书斋，更显其清冷寂寞。但真正热爱的人是耐得住这份寂寞的。唯其耐得住，才能在这个领域有所斩获。你不负天，天亦不负你。对于作家而言，天底下没有白付出的辛劳。没有哪段生活是白费的，没有哪一段人与人的交往没有意义。生活在你创作的场域无孔不入，就像随手记下的一些文字，早晚会用得着。

你现在身兼数职，还有时间写作吗？

我一直在基层工作，基层是没有专业作家这样的岗位的。当年我评职称，想走作家系列，就横竖走不了。当时还想不明白，现在终于知道是怎么回事了。所以我一直是个业余作者，有一摊自己的工作，这在我也很习惯。获得鲁迅文学奖以后，也有朋友替我惋惜，甚至问我愿不愿意当专业作家。我觉得，工作也是生活的一部分，而且因为工作可以多接触一些人，多认识一些事物，这对写作都是有帮助的。后来，我转岗到旅游局，等于又给创作打开了一扇窗。全域旅游是个新概念，我多了解些，也对创作有好处。

你现在在地方政协和旅游局任职，是名誉上的还是要做具体工作的？

我在政协是兼职，实职是安排到旅游局当副局长，原来一直分管开发开放和对外宣传。后来因为要写长篇，组织上也给了一定的照顾。我能取得成绩，与这方土地的滋养分不开，也与组织上的关心和关怀分不开。这不是客气话，我从村里的小姑娘一路走到今天，过去的县领导、现在的区领导，包括单位的领导都很关怀和照顾，所以一个人的成功不是偶然的，要借助很多外力。

设问人：王艺妃 北京财新记者

方　方

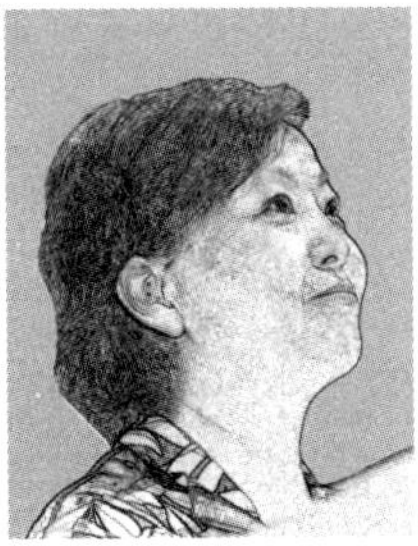

方方，1955年生，江苏南京人。著有《大篷车上》《十八岁进行曲》《江那一岸》《一唱三叹》《行云流水》《水在时间之下》《武昌城》《涂志强的个人悲伤》《惟妙惟肖的爱情》等六十余部，其小说《万箭穿心》被改编成电影。曾获鲁迅文学奖、全国优秀中篇小说奖、《小说月报》百花文学奖等。

遗忘是为了好好生活

方方认为，只有遗忘才能好好生活，不想跟尚不知道的命运抗争。“我觉得，对于庸常者，不必要求太高，他们能照顾好自己的生活，能够正常生存下来，就可以了。毕竟面对生存，他们的智力和能力都有限。所以不必要求他们每一个人都去记住。”

你如何理解特定时期中，穷人和富人之间的关系？

无论穷人还是富人，都是人。是人就有人性天然存在的问题，或者说，是人就有天性中的善与恶。而这些善恶的存在，是不分穷富的，并且它是随外在条件的变化而变化的。穷人和富人中都有大善人和大恶人。所以，在我眼里，他们的差别不在于穷富，只在善恶，更在强弱。当富人强势的时候，穷人会有更多的无奈，反过来也一样。但穷人翻身处于强势时，富人的无奈一点也不少于曾经无奈过的穷人。而这些强势的背后，或是权势撑腰，或是武力撑腰。所以作为写作者，我的立场也会有变化。我经常会更同情弱的一方。因我知道，人性之恶，在于它一旦有强势背景支撑，这种恶就会放大数倍。

对于不堪回首的历史，你选择了遗忘，并且在小说中多次强调只有遗忘才能好好过生活，以你的个人经验，为什么是遗忘而不是和命运抗争？

选择遗忘的不是我，而是小说中的人物，他认为，只有遗忘才能好好生活，不想跟他尚不知道的命运抗争。我觉得，对于庸常者，不必要求太高，他们能照顾好自己的生活，能够正常生存下来，就可以了。毕竟面对生存，他们的智力和能力都有限。所以不必要求他们每一个人都去记住。但是，这世上的所有事，还是得有人去记住它或是记录它。这种人，我们通常叫他们为精英。他们为什么成为精英？就是他们要对社会承担更多的责任。由他们来记住，由他们来抗争好了。对于平庸者来说，遗忘正是他好好生活的唯一道路，否则他就是精英了。

历史需要客观评价，而小说则是虚构，有读者反馈从小说中看到了真实的历史，令他“触目惊心”。你如何看待写作者以及读者认为文本所展现的历史事实就是真相的问题？

我既没有想要还原历史的想法，也没有想要说服读者的企图，我只是按我自己所知之事，如实记录。怎么记录在我自己，如何相信在读者本人。我也不需要别人觉得我认为的真相，就是他必须认同的真相。每个人所知真相，都与其自身素质离不开的。这素质包含其成长背景，知识结构，生活环境等等要素，这些要素构成一个人对这个社会事件相信哪些和不信哪些的选择。这都不是一个作家所能完成的。

你出身知识分子家庭，高中毕业后，曾做过4年底层搬运工。随着命运的安排，你成为恢复高考后的第一批大学生，这些经历是否决定着你作品中有很强的使命感？

所有人的成长背景和人生经历都对其创作有影响。但是我的作品是否有使命感，这是你的说法。我写作时，是从来没有使命感的。而且我也不知道什么是使命感。我只是尽力去完成一篇我想写的小说而已。所以，我也从来没有要去改造社会的念头，或是用我的作品去反映某个问题。这些都不是作品能做到的事。我只是写我自己想写的小说，它是什么，以及产生什么样的作用，都由读者自己去体会。每一部作品的完成，都需两个人。一个是写作者，一个是读者。如此而已。

你如何看待写作者与阅读者阅读层次之间的关系？

有时我写完了可是我的阅读者不一定可以读得懂。它是和阅读者的能力，受教育背景，知识水平相关的。你的阅读程度低，你对有一些小说完成的程度就低。我们小时候读托尔斯泰的作品，那些关于革命的内容，你哪里想去看。我小时候看《林海雪原》，中间翻得最旧的是少剑波和白歌谈恋爱的部分。这和阅读者自己的文化有关系。所以有一个说法是接受美学，有接受者本身的关系。

有评论认为，你的创作没有站在市民立场而是站在知识分子立场，你认为你的创作立场是什么？你如何看待一个作家与批评家之间的关系？

我不介意别人怎么说。但写作者的写作立场至少不是这样分配的。在我的想法里，它只有善恶的立场，而不是族群的立场。我认为，一个作家不存在要怎样处理与批评家的关系，大家都是写作者，写的东西不同而已。他们写他们的，我写我的，写得好的，彼此互相欣赏，写得不好的，彼此懒得一阅，不就行了吗？

1982年你开始创作小说，1987年发表的《风景》被评论界认为“拉开‘新写实主义’序幕”，并成为中国“新写实”派的代表作家之一。很多作家都很讨厌标签化，你如何看待“新写实”作家这一标签？

我以前持无所谓的态度，觉得评论家为了方便评论，总是需要萝卜白菜这样简单地划分一下。但近几年，我觉得挺好。“新写实”是“批判现实主义”的一种提法，他们本质上应该是差不多的，只是提法上显得温和一点。

《风景》中你以亡婴的视角来看待家庭，这很像《萨特自传》的方式。在20世纪八九十年代的创作过程中，你是否也有受到过诸如萨特、波德莱尔、博尔赫斯等作家的影响?

我肯定受过很多作家的影响，我年轻的时候，正是“文革”当中，不上学，人很闲，主要的事就是阅读。但这种阅读是默化潜移地进入到自己身体里，成为一种生命中的文化营养的。所以，我受到的作家影响，就不止是你特指的这三个人。但坦白地说，我写《风景》的时候是1986年，发表是在1987年。不少译本并没有出版。还真没有看过《萨特自传》。而波德莱尔的诗倒是我很喜欢的，因为在写小说之前，我写诗。

你批判的文字，让读者在阅读上有痛快之感，但也有作品因为太悲观被指消极。比如2013年你创作的《涂自强的个人悲伤》，有读者认为“简直觉得生活没有希望”，你如何看待读者的这种反馈？你曾承认自己是一个悲观主义者，怎么看待当下弘扬的“正能量”与文学之间的关系？

我的确说过自己是悲观主义者，现在仍然是。并且这种悲观感随年龄的增长和对社会的认知，更加深浓。但很多小说，读者的感受，经常也有他们自己的角度问题。他应该明白，这只是小说，并不是一个社会的全部。这小说只是告诉他，这个人的命运走向是这样的。或许还有，这不只是他一个人的悲伤等等问题。但如果他换一个角度或换一种思维方式呢？哦，这个社会原来有这么多不公平的事，那么，我们现在重要的事，就是要努力去改变社会这些不公平之处。正像人们常说的，半杯水，乐观主义者看到了，高兴地说：“太好了，还有半杯。”悲观主义者看到了，沮丧地说：“唉，只剩半杯了。”所以，能量的正负，经常在自己内心。而内心的东西，是与他的成长背景和他的教育背景，以及他自己的努力状态等等有关的。

你对历史的思考，让我想到了诺贝尔文学奖得主白俄罗斯记者阿列克谢耶维奇。她凭借亲历者和反思者的双重身份，将采访者发自内心的告求以非虚构写作的方式予以呈现，不仅还原了真相还引发了广泛的社会思考。在我看来，你和她有着很多相似性，比如都有着对人类天然情感的怜悯，都试图记录历史反映事实等等。你是否也想过，用非虚构或者口述史的方式来记录和反思历史？

我非常喜欢口述史这样一种记录历史的方式。我自己倡导并组织过出版这类的书，这是非常有意义的事情。因为一个人的记录，总是片面的，而无数人的记录，便如一人一只手电筒聚焦在一块巨石上，这块石头，在无数光照下，轮廓一定很清晰，而一个光点，却是看不出什么名堂来的。你提到的这位作家，我也很佩服，但我目前还没有计划这样做，因为我的兴趣点至少目前还在虚构文学上，也就是说，我现在更喜欢做的事情，还是写小说。

你创作的60多部作品，都体现了不同时期的思考和观察。你认为作家如何通过写作达到自我思考的提升？

写作是件非常自我的事。这件事的确需要一个人的原创能力。我想，我是属于原创力比较强的人。因为的确有些人，原创能力很弱。你提到了思考和观察，对于写作者来说，这些太重要了。但为什么大家都思考和观察，却不一定都能写出好作品来呢？所以，有时候，写作它就是一件神秘的事。

如今越来越多的中国故事被翻译到国外，比如莫言的作品、麦家的谍战小说、刘慈欣的科幻小说等，你的作品也被翻译为多种语言销往国外。据你了解，翻译到国外的中国作品“待遇”如何？中国文学与世界文学相比，是什么样的状态？

我还真不关注这些。我无法准确地描述世界文学是什么样子，因为我没有外语能力，所以我不能比较。但仅从翻译的文本上来看，我觉得中国文学一点也不比外国文学差。外国人看中国人的小说，远不如中国人看外国小说来得热情。我想这个跟国家的国际社会地位相关。就像大家，不太会关注不丹、尼泊尔、蒙古这些国家的小说。中国在国际社会的地位越高，关注中国小说的人就越高，就像中国人热爱西方小说一样。

你有不少作品被改编为电影，比如《万箭穿心》《桃花灿烂》《埋伏》《行为艺术》（电影名字叫《蓝色爱情》）等都改编成了电影，其中还获得第15届电影华表奖优秀故事片等奖项。你怎样看待小说改编电影这种方式？未来是否希望更多作品被推向荧幕？

我觉得在编剧的创造力很弱的情况下，用小说改编成电影是个好途径。至少，在开拍之前，已经拥有了好的框架，而不需要编剧不着调地乱编并且他们还编不团圆。小说至少给了他们一个现成的东西。他们只需要换一种创作形式就行了。我对影视界拍不拍我的东西，也是无所谓的。他们找来时，如果很尊重人，并且你能看到他们的认真，我就会同意卖掉版权，如果找来的是油腔滑调者，又没什么诚意，也都懒得搭理。目前我还有好几部小说电影版权已经卖了。我以前在电视台电视剧部当过几年编辑，我知道影视界是些什么样的人。

自2006年来，每年都会评出作家富豪榜，一定程度上说明了读者对作品的喜爱程度。你怎样看待这份高人气榜单？

上这个榜单，说明钱多，是一种荣幸。没上榜单，说明作品质量还在水准线之上，是另一种荣幸。后面这个荣幸一点不比前面轻弱。我对榜单也没什么兴趣，觉得这就是娱乐之一种，不然文学界也很没趣是不是？不过，尽管如此，我也很少关注这份娱乐。因为可能我经常有比这更有趣的娱乐，所以，我会不记得关注这些。

与你有关的2014年和2015年的两起文坛之争，一个是批评某诗人“跑奖”，一个是质疑某诗人违规晋升。后来，你再一次公开致信广东高级人民法院院长龚稼立，诘问“作为公民，我的批评权在哪里”？似乎你想要把文坛陋习一揭到底，如今现实情况是否有了改观？

我一向都很散漫，从不是好惹事的人。但我当过工人，多少有些江湖气，如果有人惹我，更或是打上门来，我一定会接招。绝对不会猫在家里不出来，然后找人哭诉，诉尽千般委屈。我是懒得也不屑做这种事的人，所以我自会选择直截了当上战场。我根本无意去改变什么文坛陋习，因为自有文坛以来，这陋习就在那里，估计上千年历史都有。我才懒得管哩。只是他们招惹到我，我就要自卫反击，如此而已。

有人认为文坛应该去官本位化，削减作家协会之类组织的行政职能，让作家和作品走向市场。你觉得这种方式是否有利于净化创作环境？

继续说大实话，我从来都不管这些事。我所认为的只是：作家协会不应该是现在这种办法。它不应该是一个庞大的机关，拥有着一堆对文学无兴趣，也跟文学没关系的人。文坛不存在官本位的问题，存在官本位问题的是作家协会。

设问人：李金哲 《青年报》记者

邓一光

邓一光，1956年生，重庆人。出版小说集二十余种，著有长篇小说《家在三峡》《走出西草地》《我是太阳》《红雾》《组织》《想起草原》《一朵花能不能不开放》《我是我的神》等九部。曾获鲁迅文学奖、郁达夫小说奖、林斤澜短篇小说奖、《人民文学》长篇小说奖、《小说选刊》年度奖、柔石文学奖中篇小说金奖、《作家》金短篇小说奖等众多奖项。

自然是人类最后一个上帝

邓一光多年前迁居深圳，宣称过去忽略了都市生活，如今虚心补课，开始“城市认知史”工作，这份工作的内容是建构一座“自己的城市”。他认为，文学传递的不是真理的形态和过程，没有必要去抓住那只兔子，它可能是月亮使者。这种联想能力，很可能形成于人类建立自己的思维能力的同时，甚至在有形文学出现之前文学就出现了。

你自20世纪80年代开始从事文学创作，出版了9部长篇，20余部中短篇，斩获数十个有影响的文学奖项。2009年你迁居广东后，新作迭出，堪称“光”速，奇怪的是，它们全都是中短篇，似乎创作中短篇对你而言是易如反掌的事情。

短篇更依赖虚拟和想象，这符合我在南海的生活体验。

你是指，你现在失去了对长篇架构的控制，只能抓住短促的生活体验？

我的生活的确停滞在一次想象和现实的渊薮上，时间有点长了。我的进化总是出现问题，要么太缓慢，思想进化好了，身体已经退化了，牙也掉了，痴呆症也出现了，发达的思维只能以不甘的角色登场，制造出一大堆毫无意义的无良或悲哀；要么进化没那么慢，但我走错了方向，成了一只进化丛林中的刺猬，满腹怼气或“自嗨”。

你这样说感觉很奇怪。你曾说，你的写作从来都是因为困惑开始，问题想明白就不写了，写作是你解惑的一种方式。

现在我恰恰生活在纠结的海岸线上。雨天里我等着日出，日出后我盼望着雨点到来，这是一座潮湿的城市，潮湿到任何想象都能够蔚然成林。在我生活的城市，没有人抬头看天空，它被叫作天际线，那里仍有鸟儿飞过，但它们不再是伙伴，那是唯一通往未知的无人之境，由得人在灵感中任意往来，但没有人试图飞去那里。如果可以，从云层的上端看下去，一座长达21天阴霾不散的城市，它是怎么活过来的？至少需要一瞬间的勇气，才能通过一个泥沼般的时代。你看，我总在困惑，它适合短篇表达。

你这么说，让我想起你谈到过《你可以让百合生长》创作时的一个细节，合唱团小女孩们“全被磨没了精气神”，直到“一个小女孩伸手把旁边同伴拽了一下”，你立刻意识到“生命回来了”。这有点像专业摄影师，守在暗处，等待最好的光影出现那一刻按下快门。

赫舍尔为达盖尔银版技术取名“摄影术”时，原意是“用光写作”，赫舍尔一开始就否认摄影仅仅是复制现实的技术。摄影把事物归类，具象为无须讨论的物体，文学则从这些物体中抽离，形成情感和观念世界，让人质疑、讨论和挑战那些习以为常的表面人生，更容易接近人生的荒唐性，同时理解它。生活中的事物不仅仅是具体的，也是观察者的某些主观概念，没有任何事物是不容置疑的，代表着确定无误的事实，否则任何观察都无法完成无形而内在的规律。

比如，你可以表现作为建筑和体制的城市，却无法表现人的城市，你可以表现某些阶层的城市，却无法表现某个人的城市，你可以表现歌唱着的女孩，却无法表现回到她身体中的本我冲动或冲突。说到底，生活不是拿来辨认的，而是用来理解的，只有表现为情感体验和价值观时，它才有了意义。

所以，灵感不是一星火花，而是一台功率强大的发动机。

而且，它是有脾气的，像受了惊吓的兔子，跑掉了就再也不肯回来了，甚至连判断的机会都不给你，连藏拙的机会都不给你，你不知道在什么地方错了，它就彻底错了。但这不等于说你拿灵感一点办法也没说。在桑塔格看来，艺术具有一种能够脱离现实语境的能力，把很多看似没有逻辑和彼此毫无头绪的事物堆积在一起，形成新的语境，这能解释人们和灵感的交互关系。文学传递的不是真理的形态和过程，你没有必要去抓住那只兔子，它可能是月亮使者。这种联想能力，很可能形成于人类建立自己的思维能力的同时，我甚至有理由认为，在有形文学出现之前文学就出现了。

很多人奇怪，怎么你到了深圳之后作品风格大变。原来读者熟悉和喜欢的《我是太阳》《我是我的神》那种豪迈，川剧变脸一扫，变成了《深圳在北纬22° 27’～22° 52’》《家乡菜，或者王子厨房的老鼠》，可以说颠覆了你自己，让人有些陌生化。这种转变有没有经过什么挣扎?

温水煮青蛙，恐怕没有挣扎。

你到深圳是否也像多数移民，把城市与人的生活做了假想对峙，你写下的第一篇小说《我在红树林想到的事情》，是否是一种意向表述?

更多是一种关联。最初的印象是这座城市山如处子，植物妖冶，它们就像特洛伊城里的宝藏，它们才是改变这座城市最终命运的魔咒，而我就在这座茫然不知的城市里和它们毗邻而居，诱惑的毒药在我客居这座城市之后一点点地发作，逼迫我不断说出对它们的迷恋或诅咒。

红树林，多好听的名字！红树林。红树林。白天属于人，晚上是介壳和鸟的世界。我在那儿待过半个晚上，听植物气根、介壳动物、鸟儿，以及海潮的梦呓和呼吸声，我猜如果不考虑光合作用，红树林可能更喜欢黑夜。没问过。要不问问？我侵入了谁的世界？我在黑夜里和谁说话？当时就是这些念头。

你在“深圳系列”第一部的代跋《消失给你看，或死给你看》中说，“任何城市和任何时代都存在至少两种城市和时代认知，一个是现实的城市或时代，一个是想象的城市和时代。”这可以看作你的城市文学主张？

城市无所不能，城市有局限，两个观点都没有错。城市是现代话语集中表达地，可是，你很难在那么多生猛的话语中轻易找到一种话语，能提供同一信息，形成共享网域，消除社区与个体、商业与行政、金融与科技、城市精英与罪犯之间的天然对立，消灭“文化种族”概念和区域概念，从而使城市统一在一个话语下。

商业语言和经济语言，难道不是现代城市的主流话语？

经济的确重新定义了话语标准，赋予了多数公众服从并通过的通域信息交互平台，但人们必须接受商业对话内容和形式的统治，付出自我价格和价值的比特币，无论关乎意识形态还是日常生活，是一种或者若干种商品话语，这个代价很大。在制式化的标准要求下，多元诉求和体验遭到限制甚至消灭掉，人们作为人类赖以存在的与自己、与他人的社会环境和精神环境被简单归纳成一成不变的经济格式。看起来，因为实用功能需求，一个在城市里生活的人，他的信息交互欲望更强了，也更便捷了。可是，只有对城市一无所知的人，才会相信话语是中立的，城市的中心地位不是强化了而是削弱了人在传统语境中与现实的定义，你在只有一种话语的城市里很难驱动你的欲望，完成你真实的情感和精神话语交互。

所以，你的故事中大多数主人公是城市的孤独症候者，甚至是空中楼阁的建造者。

你相信城市的税务执行官和流浪猫狗领养者、罪犯和新能源技术推广者、星星儿童和城市艺术双年展策展人之间，他们能找到同一语境，形成话语互动？城市的确为人们提供了功能条件优裕的巨大社区，但在这个社区里，却住着几百万上千万稔熟掌握城市功能技术，彼此间却视同路人的陌生人。而且，人们最好满足于这个，不要突破表面，进入到深部，因为不是每个人都能梦想成真地成为政治、知识、商业和科技精英，真的有机会去制造或探究城市内部机制和精神性，就算那样，内里的扩展欲望也会让你不由自主成为城市功能的一部分，是个人体量难以承担的。

这就出现了一个问题，人们生活在城市里，等于生活在两种语境中，一种是作为城市人的种种城市文明构成的功能语境，比如城市发展、环境保护、通货膨胀、就业政策、社会福利、医疗保障、战争和犯罪等。

这个完全不需要你费心思考，你也不是其中拥有闪光智慧的话语决定者和精神关联的梦想制造者，不是政治正确的道德多数派，城市有一套自成体系的政府工作报告机制，你甚至连主体回应都没有资格做出，只需要认同，或者不认同但身不由己。

另一种是作为个体生命的私人语境，文学关注的那种现实挣扎者和沉默者的环境。

你无法对个人语境这种持续、连贯和永恒的努力做出规定和归纳，你有多大的脑容量，就会有多少连你自己都控制不住的想法，这个才是需要你思考和决定的，是个体话语赋能而不是祛魅。话语促成行动，语境的匮乏，或者语境与个人精神生活的失联，使得城市人面对交换话语过剩和话语对象疏远的吊诡局面，面对失语亦即精神无家可归的命运，意味着人们将不断丧失个人话语的训练、个人话语的程序、与自然世界和宇宙万物的有机联系，最终失去人生意义的思索，慢慢丧失作为个体生命的能力。

我明白你的意思，你在强调个人语境的建立和困境，就是你在一开始说的，你要在故事中建立自己的城市。

故事不等同于社会学文本。故事承载的不是康德“美是道德的象征”这样的命题，而是席勒“整体的人”这样的审美命题。如果我给你说一件事情，我用公共语境告诉你，城市交通存在着巨大隐患，你会下意识地说：“哦，这和我有什么关系，我每年三次乘南航外出组稿，每天搭乘地铁往来于出版社和居所之间，就算地铁被落后的城市管网淹没，我也会使用便捷的共享单车，那只会让我的瘦身计划小雀跃地得以实现。”

但如果我换一种话语，我给你讲一个关于城市血管肿瘤的故事，告诉你有个叫张小张的少年，他拿到了“柴科夫斯基国际小提琴比赛”入场券，他在前往机场的路上搭错了车，在另一个车站遇到了一位自称他学姐的女孩，那天下午他们一起过境去了离岛，十年后他成为一个洗钱组织的市场拓展主管，用曾经在演奏《精灵舞曲》时完美地控制着绝对音准的左手漫不经心地签下一笔导致金融界噩梦的大单，这笔大单甚至影响到作为故事的阅读者的你的生活，你会不会对城市交通的功能和某种隐秘能量产生兴趣？会不会敏锐地意识到，在城市的技术媒介外壳下，有很多蛰伏的隐喻等待被某种话语揭示？

事实上，现代交通网线的日益发达并没有为人们提供出普遍较之过去更完美的自然世界经验和情感体验，互联网和旅游生活更像一种象征性人生，人们的自然生活经验越来越退让给个人的封闭小世界。就是说，城市主流话语在使用功能上是超能的，在情感上却是无能的，更多时候它在个体身上产生负能，故事会弥补上情感的缺失。

这就是你在你的故事中反复提证，并由故事的主人公经历的城市隐结构。

文学的一个原则，就是这个世界没有任何一样事物是独立的，没有任何当下与过去和未来没有联系，没有任何人没有意义。城市明白这个，但城市有强有力的文化，同时具有建立在感官和概念上的巨大的创造力和活力，这个活力遮蔽了真正的人的活力应该建立在精神层面中这个事实，它不希望人们在脱离制式化的关联信息中耗废掉光阴，形成一个又一个清晰的、具有连续性和完整性的个体，它会削减不确定和不可控的意义，制造大量碎片化信息来掩藏人们与自己生活的潜在关联和规律。要是这样，工业和科技带来的数字化好处就没有了价值。正是在这个前提下，无数“自己的城”的建立过程就有了非凡的意义。故事会建立个人与自己历史的联系、自己的历史与社会历史及自然历史的联系。

你曾说：“城市不乏另一种隐结构中的森林、河流、草原和沙漠，不乏遮天翳日、浪淘风簸、一碧千里、动物凶猛……”“人之外的那些生命，所给的教益更多。”你总是把“人”放到整个自然界里，而非仅仅任其沉浮于人类自身的历史长河，让人顿感海阔天空的精神大格局，意识到城市也是生物界的一环，只不过这里比较特殊，人为的规则起着更重要的塑形作用，这和我们习惯中的城市小说不一样。

城市不是工具，而是媒介话语，正如宇航媒介不是工具，而是外太空话语，人类正在尝试把所有可能的梦想装进城市这个无所不能的载体，送往人类历史的无人区。罗兰·巴特说，神话把历史变为自然，与之相比较的部落历史、乡村历史、城镇历史，城市简直就是梦幻的制造工厂，穷尽所有想象来描绘它都不为过。可是，每一座城市都与其他城市不同，为什么你会对澳门着迷，而对珠海毫无感觉？它们同山同水，唇齿相依，只隔着窄窄一道水泥筑造的拱北闸口，所有城市功能都一样，但却是两座完全不同的城市。这就是城市隐结构中那些一代又一代消匿者留下的文化记忆，它们反过来塑造了城市。

很多读者惊讶于你在城市故事中大量使用动植物意象，以及隐藏在那之后的强大隐喻。如果用一种动物或者植物来象征自己，你会选择什么？

不同的时候会有不同的选择。前世为鸟，后世为鱼，大致这两种吧，这是我对自己轮回的想象。有时候我觉得这是危险的，它让我相信自己有一种能从躯壳中逃遁的能力，让人感到害怕。

你对人类社会与自然界的互文关系保持了敏感的关系。你在《簕杜鹃气味的猫》里说："公园刚建时没有经验，植物选种不对，比如桂花树耐热性差，大面积种植很难养护，这些品种要不断置换，就像很多早年来这座城市闯荡的人，他们也是选种不好的植物，他们在这里生长过一段时间，要么死掉，要么迁移走。"

海德格尔说，诗是人类最后一个上帝。其实自然才是，人类不是自然的产物和子民吗？在一个文化跨界的时代，小说在艰难地与哲学、美学、宗教、科学，与诗歌、戏剧、电影、音乐、绘画、雕塑做着互文，但归根结底，小说并不提供广博的公众化信息，而是要必然性地提供出人们最初认定它时就赋予它的禀性，诗性。它最终要追问人类精神中那些超意识形态的植被生长和进化情况，比如变异和尊严。

在你的深圳系列中，总能读到一种悲悯，或者说你的小说诱发了阅读者的悲悯之情，你的深圳系列小说的主人公有许多是不被城市的辉煌史所记载的数字以外的“他们”，这是一种文学担当。你曾说“我猜在我之外，这座城市有两千万个理想，如果它们一起升上天空，这座城市会有多么丰饶”，这句话让我非常感动。

纪念碑是人类文明的产物，不少是文明垃圾。历史不断在重复着一件事情，就是铲除纪念碑上的文字，对一个又一个文明堆积重新阐释。这是另一个话题。城市是按文化进化论建立生态学的，评价体系和汰出机制简单实用，你若不能创造城市辉煌史，你就不能从城市进程的榜单中胜出，你若不是标准上的公务员、商人、教师和医生，你就不是成功者，而是生活的失败者。在这套评价体系中，多数人并不是胜出者，城市越是高度发展，被它汰出的多余人越多，所以，大城市总是盛产失败者，它刺激了更多人加入成功者队伍。

能具体一点吗？

试试这个，我现在需要对你做一个辨识，看看你是不是一位合格的城市人。

怎么辨识？我是不是一个合格的纳税人，有没有遵守法律？

那个太麻烦。你只告诉我，你是不是优秀编辑，别的由智慧城市数据库解决。

我组的稿、编的书大多有不俗的码洋，不少是获奖作品。

好了，你在城市的正评判体系内。数据的事你不用说，那是统计结果，结果从来不会被打开。至于你生命中其他内容，如果不能作为材质帮助城市发展，比如构成娱乐材质或价值观共情材质，那就不在这个评价体系里，你自己收好。所以，连《音乐之城》这种主流电影都要用一个爵士乐梦想和两段星空蒙太奇来表达主人公的理想伤感，那是文学提供的，城市并不主张，但它发现其实也可以利用这个，在批判明星之途中的放弃者亦即失败者的同时，完成一次大众情感疗愈，说到底，资本主义和社会主义都有星空。

但我建议你在了解这个事实后别感动，任何城市都不会让两千万个理想升上天空，只有在包括精神失常在内的个人意识中，灿若繁星的生命才会发生。你最好听到这种话以后沉默，给出你的理性判断，然后做出你的表达——在你的生活之地，你也是理想的源发地，你也是数百万或数千万人之一，你拿你的爵士音乐怎么办。

《台风停在关外》里，有一句“我想每天晚上回到一个叫作家的地方，也许它是租来的”。《我们叫做家乡的地方》里，“我”把姆妈接到我在深圳租住的单间，“姆妈头一次站在‘家’里的样子，我一辈子都忘不了”。这里“家”用了引号，有一种措辞暧昧，但文中的“我”毕竟还是将它称为家，而不是其他替代的词。

家最早的本意是房子，指用来祭祀祖先和家族开会的地方，养着用作祭品的野猪，那以后，祖先、家族、家塾、家谱、家风、家规、祭祀、祭品这些古老内容产生了。家的现代故事，在于含义究竟发生了何种嬗变。清明节刚过，知道消防部门有多忙吗？几乎所有的社区路口、马路边、公园附近都有一堆堆装在废筒和脸盆里的冥币点燃，每个城市都有数十万个这样的祭祀点，城市管理部门到处忙着阻止这种怪异的祭祀行为，你不觉得这是家的变异故事？

城市靠土地扭转和经营，提供了人类史上最大的房源，创造了最大的社区，也改变了家的语境，或者说，赋与了家以新的形态和意义。你现在去城市里看看，除了原住民，很难再看到原有的家的形态，更不要说亲人、亲情、家乡这些精神内容，它们全都发生了巨大的演化，而你在城市史文献中看不到这些，它们被数字化了，那是城市话语，你看不懂。

你的小说里常常出现深圳地名，地名不仅仅是我们在城市里兜兜转转GPS定位输入的字眼，而经常会根据情节的发展产生延伸义。比如《如何走进欢乐谷》《光明定律》《离市民中心二百米》《万象城不知道钱的命运》《与世界之窗的距离》。

人类在尚处穴洞画时期，文学就超越了观察和临摹，表达了人的愿望，它一开始就不是关于知道的原始记录，而是关于理解的记录。文学的材质来自现实，但除了包括地名在内的文明形态，它还与个人的精神世界有关，与个人的上帝有关，因此它不是现实的重现，不是除了知道什么也无须做的客观世界，而是重新定义现实的可能和意义。

换言之，外在的地域符号与内在的人物性格及心理养成，两者互为表里，加上时代性，构成人物生活、思维、习惯等内容，形成人物的文化心理结构，成为自觉的文学表达意识的手段。对城市的想象力是小说家面对的考验，小说家会在故事中对包括地名在内的现实城市进行拆分、解析，然后重新叙述和建构，使其成为个人意识中的这一座城市。

你的第四部“深圳系列”小说集《宝安民谣》，其中半数篇幅使用了方言，能看出你在这部小说中新的切入点。粤语、潮汕话、客家话语系不同，思维模式也有自身的特点与局限，对不熟悉方言的人从字面看几乎不知所云，你如何让读者进入这些语言体系？

重要的是我怎么让自己进入方言体系，而不是读者怎么去读它。旅行者1号携带着一张录制了55种人类语言的磁盘，包括粤语，它完全没有考虑怎么让外星球生命解读这些语言这个问题。在一座原住民不到居民零头的城市，我常常陷入“这是哪儿”的追问，至少前两年我一事无成，直到有一次，我回曾经居住过的社区，去找一匹熟悉的猫，看到那块熟悉牌子，上面写道：不要捕捉野生鱼虾。我盯着“野生”两个字看了很久，心想，这就对了。当代故事对真实性做了全新定义，故事语境的真实决定了人物的可信度，这牵涉到表达的真诚，可你必须意识到，情感的真实不是真理，有时候它恰恰是谎言，因为任何语言在传译过程中会改变它的内容，失去一些重要内容，你只有让人物自己完成表达，而不是先理解，再表达，这就是旅行者1号的做法。

设问人：林菁 花城出版社译文编辑室副主任

东　西

东西，1966年生，广西天峨人，广西壮族自治区作家协会主席。著有《东西作品系列》八卷，包括长篇小说《篡改的命》《后悔录》《耳光响亮》、中篇小说集《没有语言的生活》《救命》、短篇小说集《我们的感情》、散文随笔集《叙述的走神》、剧本·访谈集《天上的恋人》，多部作品被改编成影视剧。曾获鲁迅文学奖、华语文学传媒大奖、《花城》文学奖杰出作家奖等。

热爱是抵制诱惑的利器

篡改，一个不怎么光明正大，甚至令人嗤之以鼻的词，却成了作家东西最新长篇小说创作的主题。在东西看来，生活中存在着篡改，而这些篡改为的不就是“改命”吗？故事主人公，不仅要改变自己的命，还要改变下一代的命，“改变命运”似乎正成为我们一辈子唯一的奋斗目标。

每位优秀的作家都有一部惊艳读者的中篇小说，比如莫言的《透明的红萝卜》，余华的《活着》，苏童的《妻妾成群》，而你是《没有语言的生活》，这可能将成为你写作中的一个高峰。只要谈到你的小说，这部标志性的作品是无论如何也绕不过去的。一个哑巴、聋子和瞎子组成的家庭，当时给我的印象很深刻，一个作家写出这样的代表作是幸运的，这种幸运是如何降临到你头上的？

1994年我和余华、韩东等签约广东作家协会青年文学院。他们都有代表作了，我还没有。于是憋着一股劲，想写一个代表作。可是，代表作不会从天而降。这年年末，我回乡过年。姐姐告诉我，年前村里来了一个听不见的，他帮大家做事，大家给他饭吃，给他酒喝。可怜的是，你讲什么他听不见，叫他锄地，他去劈柴，叫他割草，他去割菜。他的行为让我产生联想，就是指令和结果相悖，可以写一个小说。回城后，我开始动笔，取名《哑谜》，但写着写着，发现不过瘾，盲人有作家写过了，哑巴也有作家写过了，我再写一个失聪的人，很难突破。于是，我停下来，想了一周。某天下午，我在书房里灵机一动，问自己为什么不把听不到、看不见、说不出放在一起来写呢？这一下，我记得是双手相击了的，因为太兴奋了。这个灵感是逼出来的。

《哑谜》为什么变成了《没有语言的生活》？

稿件写完后，我投给《收获》，总觉得标题不是太好。于是，想了一阵子，脑海里忽然冒出一个更为贴近现实的标题，那就是“没有语言的生活”。于是赶紧写信叫编辑改过来。现在我的手稿上，还留着编辑帮我改过来的标题字。

这个小说是你走上文坛的标志性作品，后来你写了长篇小说《耳光响亮》《后悔录》等等。特别是后来，在网络作家写玄幻、穿越、盗墓等虚幻化小说的背景下，你又拿出了一部直面现实的长篇小说《篡改的命》。这种批判现实主义的作品还会有多少读者？这样的作品市场空间有多大？

虽然现在作家写作不得不考虑市场因素，但是于我，市场因素肯定不是第一因素。就像当初写《没有语言的生活》，其兴奋点不在市场，而在文学本身。也就是说，我的第一写作动力是这个题材值不值得写，它能为文学添加哪些新的元素？我之所以要写《篡改的命》，并不是为了完成批判现实的任务，而是发现我们的生活中存在着“篡改”，有人改年龄，有人改性别，有人改档案……我想，所有的“篡改”不就是为了“改命”吗？所以，小说到最后批判的不仅是现实，还包括了对人性的批判。比如汪长尺，别人改了他的命不假，但他为什么要改儿子的命？而且改得那么悲壮。如果细看小说，你会发现，“篡改”才是这部小说真正的写作角度。有了这个角度，我就不在乎钱了。有的东西真的没法用钱用市场来衡量，但不幸的是，钱却成了我们这个时代的重要标准。

不可否认，《篡改的命》还是对现实形成了批判，虽然你加入了现代主义和后现代主义的一些创作方法。你在创作谈中强调你的大部分小说都是因为现实刺激才写出来的。这部小说也很有锋芒，很尖锐。我想知道是什么促使你想到“篡改”这个主题?

“变”一直是时代的主题，也是一个人的渴望，谁都想变，谁都以为只要变都会朝着好的方向变，但事实却是，有的人的生活越变越好，有的人的生活越变越糟糕。好的越好，糟糕的越糟糕，这就是两极分化。我常在家乡和城市之间穿行，看见乡村里那些想改变命运而又改变不了的人，像我一样年龄慢慢地变大。他们曾经雄心勃勃，曾经充满幻想，可是现在却站在村头伸长脖子瞭望他们进城打工的孩子。他们把改变命运的全部希望寄托在下一代人身上。那些进城打工的下一代，当然也怀揣着改变命运的梦想。但是，我久居城市，知道这是一个“拼爹”的时代，他们要改变命运除非出现奇迹。奇迹是什么?那就是篡改。这是我想到“篡改”的由来。这当然也是现实刺激后的条件反射，甚至是过度反射。

“篡改”是这部小说的关键词，也是这部小说的切入点。目前不差描写底层悲惨生活现状的小说。有的人身体进了城，也有了正式工作，但他在精神深处还无法与都市取得认同，而处于一种无根的状态。诸如此类的底层书写相当普遍，对草根生命的描写成为新世纪以来中国文学书写的主流，但很少有作品从《篡改的命》这样的角度，去追问之所以如此的原因，而这部小说把对底层草根生存的思考向前推进了一步，就是如何去改变现状，于是就有了这个主题：篡改。那么，依照这个逻辑，“改变不了怎么办？”可能成为你下一部小说所思考的问题。

汪长尺已经改变了，他通过篡改的方式。他的儿子林方生也改变了，他通过销毁证据的方式。所以，改变还是有可能的，但你必须变得聪明，像汪长尺和林方生那么聪明。另外，你还得付出代价，像汪长尺那样在所不辞，像林方生那样心肠变硬，丢弃血脉。这是改变的特例，我写的就是这个特例。至于改变不了怎么办？我也不知道答案。能不能靠外星人？像周星驰的电影《长江七号》里描写的那样，民工的孩子被人欺负的时候，靠的是外星玩具狗帮忙，他的所有快乐和尊严靠的都是那只外星玩具狗。可现实中并没有这样一只万能的玩具狗。再说了，地球人的问题还得靠地球人自己思考解决，如果总指望外星人，那外星人就看不起地球人了。

大多数人都还在期待改变，而汪长尺是个异数。这个人物之所以能打动我，并产生强烈共鸣，正是因为通过他，我可以看到这个时代秩序混乱的本质。目前中国存在着的两极分化，是我们微博、微信，甚至新闻媒体连篇累牍地报道的内容。那么，在这样一个司空见惯的题材上，你是如何开掘出这样一个别开生面的小说的？

写作就像挖井，就像挖煤、挖矿，很多人挖到一半可能就放弃了，也有人认为这个地方很多人都来过，估计也挖不出什么东西，看看就溜掉了。但是，有些固执的人，他不在乎多少人来过，也不在乎这表层有多少垃圾，他一直往下挖，直到挖出煤或者矿，或者水。有些问题，作家们都知道这是问题，但就是不想深挖。现实其实很热闹，每天都有新故事，仿佛到处都是写作素材，但作家们却不知道如何下手。我用的是笨办法，就是在大家司空见惯的地方挖开一个口子，然后埋头往下挖，直到挖出我想要的主题。

深挖当然是有难度的，而且面临很大的挑战，万一挖不出新意来呢?

我有直觉，作家都有直觉，他们知道哪里有矿。

我不认为你用的全是笨办法，你还是使用了一些非常规武器。比如汪长尺把孩子送出去那一段，你没有正面写，而是通过汪长尺妻子小文要找回孩子，来复述汪长尺是怎样把孩子送出去的。汪长尺一遍一遍回忆，最后连自己都混乱了。这一段叙述表面上是在写送孩子这一情节，但内里你却是在塑造汪长尺的人物形象。他的回忆里有躲闪、不自信，也有想把孩子要回来的真情流露。人物在回忆中变复杂了，写情节也不仅仅是写情节。我读到这样的段落时，特别激动。

这是写作中自动跳出来的。因为，我不想把这个情节写两次，送一次，再找一次。写了这么久的小说，有的方法是自动弹出的。像汪长尺的骨灰被工友送回家乡后，他的父亲汪槐不让他这颗疲惫的灵魂歇下来，汪槐要做法，要把汪长尺的灵魂赶出故乡，要他到城里去投胎。这也算是灵机一动得来的情节。汪槐让汪长尺去城里投胎，与我们过去乡土小说中的魂归故里完全相反。汪槐让汪长尺到城里投胎的目的，和汪长尺送走大志的目的是一样的，他们都希望下一代活得幸福。把两代人对孩子的希望通过实写与虚写来完成，欲哭无泪。所以，作家要不停地写，写着写着就会找到写作的办法，而不是空想。那种要想到惊世骇俗的点子才动笔的写作方法，不适于大多数的写作者。

这种观察现实的角度以及写法上的创新，在你过去的小说中都是一贯的，说明你小说的识辨度是很高的，我从小说中的一段话，或者从别人的一段评论，就可以断定。语言也好，写法也罢，但最核心的一点就是，把所有的矛盾和冲突集中在某个人物身上，不断地放大，达到一种极致。恩格斯所说的“集中”虽然讲的是现实主义文学创作手段，其实，你这里是把这种“集中”极端化或极致化，从这个意义上，是否可以说你的小说是一种极端现实主义或极致现实主义？

怎么命名是你们评论家的事。汪长尺这个人物身上确实集中了很多草根的困难。为什么要把这些困难集中在他身上？这涉及到小说的逻辑。并不是我要去堆积困难，而是因为他最终要把孩子送出去，如果他不千疮百孔，把孩子送走这一行为就变得可疑。为了完成这个逻辑，必须把困境加给他。这是写作中的“困境设计”，这种设计就是为了让人物的行为合情合理。有时候我们用了一堆的现实材料，其结果就是想说明主题。可有的读者只盯住你使用的材料，却根本不关心你写的主题。

汪长尺的身上是否有你的影子？

我没有他那样的经历，但我有他那样的心路历程。少年时期，物质匮乏，我连买一双白球袜的钱都没有，经常站在县城体育用品商店的玻璃柜前，像现在写不出小说那样徘徊彷徨，天天看着那双白袜子，希望有钱把它买下来。但是我买不起，那时连饭都吃不饱，哪有钱买白袜子呀。于是，脑海里曾一度炸裂：“为什么我就没有一个当干部的爹？”虽然这只是一闪而过的念头，但它在我的脑细胞上留下了划痕。这个念头没有第二次出现，它被深埋了，特别是在我通过自身努力获得成绩之后，但在构思小说的深夜，它冷不丁地冒出来了，吓我一身冷汗。原来“拼爹”不是今天的产物。

你从广西的河池师专毕业后分配到天峨县中学教书，然后调往《河池日报》编副刊，后来到了省城南宁，一路走来，想来必定是艰难的。这样看来，你其实也是一个离乡者，一步一步走进城里的人，在人生前进的方向上，与汪长尺有类似的地方。

汪长尺的绝望也曾经是我的绝望。像我这种没爹可拼的人，每走一步都走得很难。我曾经比喻，就像一个人在走钢丝，手上还捧着一碗热汤，既要保证脚下的安全，也要保证手里的热汤不要泼洒。我很幸运，成了一名作家，好像已经过上了体面的生活，但是在内心深处对这段经历还有后怕，对现在正在经历这个过程的人们，深表同情。

我知道，你曾经像汪长尺那么困难过，这些困难是不是反而成就了你？就像海明威讲的那样："作家最好的早期训练是什么？一个不愉快的童年。"

我刚刚写完一篇文章，题目叫《虚构的故乡》，说的就是故乡对作家的伤害。莫言就是其中的例子。因为家里孩子多，小时候他常常被忽略。3岁时，他掉进过粪坑差点淹死。饥饿时，他曾烧老鼠来吃，也曾偷吃过生产队地里的萝卜，甚至吃过煤块。小学五年级，他因为乱喊口号被学校劝退，成为生产队里年龄最小的社员。他想被推荐上大学，到处写信求助，却引来了贫农代表的嘲笑。他从17岁开始报名参军，年年报名年年体检，不是体检出问题，就是政审出问题。直到21岁那年，他终于获得当兵的机会。他曾经说假如有一天能离开这块土地，他绝不会再回来。看了莫言的经历，我的困难就不足为奇。必须承认，困难是有利于写作的。每个写作者都有倾诉的原动力，他们希望找到听众。每个作家都是病人，他们要通过文字来疗伤。

你现在还经常回家乡吗？家乡的现状怎样？

每年清明节我都回去。看到那些同学苍老的面孔，看到他们身上穿着汗汁斑斑的衣服，看着他们站在村口瞭望的眼神，实在是很悲伤的，他们太艰难了。现在乡村的确比以前好了，路通了，房子修好了，也能吃饱穿暖了，但是他们的理想也慢慢地高起来了。他们的理想很丰满，但现实很骨感。理想一高，就不容易满足。光有风景是不够的，还得有钱，有尊严，这是乡村的一道难题。

确实这样，我去年在乡下挂职一年，就深切地体会到这些。很多人还用那种老眼光看乡村，以为那是一个充满诗意的地方，他们享受着田园生活。但其实不然，当今的农村，特别是那些贫困村，就连路灯也不愿意安装，因为公摊到每户，是要交电费的。我从安装路灯等事情，就看到了那些农民的犹豫和不情愿的心理。从这一年的乡村经历，我才真正体验到当前中国真实的乡村，而这些，在当前的小说中是很少看到的。

你喝着咖啡，唱着卡拉OK，为什么要去看这种生活？看了不是添堵吗？所以，现在城市和乡村是各说各的话，各过各的生活，慢慢地断裂了，形成巨大的沟壑，产生了误解、冷漠，甚至仇恨。作家村上春树说当鸡蛋碰到石头的时候，他会站在鸡蛋一边。同情弱小是作家的天性。很幸运，还有一批作家在写那些弱小者，我是其中的一员。我和那些弱小者一样，常常用阿Q的那个办法来自娱自乐。但汪长尺不干，他偏要较劲，结果他碰到的困难越来越多。

你一直关注现实，有写作的使命感，但现在是一个娱乐至上的环境，你怎么坚持你的创作？或者说如何在诱惑面前坚持纯粹的写作？

热爱是抵制一切诱惑的最好武器。你热爱写作，热爱某一种写作，于是你能坚持下来。著名作家王朔曾经说过，什么也做不了的人才会写作。也许这也是让我坚持写作的原因。除了写作，别的我都有可能做不好，所以只能靠写作养家糊口。困难的时候，我曾经模仿福克纳去写影视剧本。现在不用写了，困难时期已经熬过去了，可以安心地写自己想写的作品了。

作为一个写作者，我感觉要想成功是很艰难的。特别是像我这种批评写作，读者不多，稿费也很低。要是没有体制提供一个基本保障，从事写作是艰难的。

你说的这种艰难，我经历过。白天上班，晚上写作，必须要有一份工资才能养家糊口。我曾经长期睡眠不足，写到免疫力下降，甚至怀疑写作这个职业是否值得我付出这么大的代价。事实证明，付出是值得的。当然，要想写作成功，自己对自己须有一个准确的判断，是不是有这方面的才华。光靠勤奋恐怕不行，多少勤奋者最终都没有成为作家或者评论家。如果一个写作者每天都写，却没有任何起色，那他就要警惕了。写作不是重复的劳动，它需要不断涌现新思想和新方法。如果你在写作时，能听到咕咚咕咚的新思想和新方法不停地冒出来，那么你就是吃写作饭的。如果你自己都觉得写出来的东西索然无味，那就及早改行。成功其实就是进步，每天进步一点点，就等于成功一点点。

我说的艰难不仅只是经济条件的限制，你在那个时代写作是很光荣的事情，受到公众关注，有成就感，而现在我要是告诉别人说我是写作的，就会感到一种羞怯，是一个另类的人。

现在写作的人太多了，多到优劣不分，只要能写字，在网上发一段博文，在微博上写几首诗，都可以叫作家或诗人。在这个人人都可以成为作家的时代，作家的贬值是理所当然的事，从业人员太多了嘛。另外，现在衡量一个人成不成功，往往以金钱和级别作为标准，不像我们开始写作的那个年代，你即便穷，只要你有思想，你同样获得尊重。过去，聪明的人都留在写作圈，现在聪明的人都跑去挣钱或当官去了，原因是写作的回报太低。但是，这都不是问题，那些能写出好作品的作家同样会获得尊重。问题在于，靠某个称呼或者职业就想获得尊重的可能性已经没有了，一说作家别人立刻肃然起敬的时代一去不复返了。作家得从群体中脱离出来，用作品获取别人的尊重。不是所有的作家都是托尔斯泰，你有什么样的水平就会获得什么样的尊重。人们学会了用细分法来区别对待作家，以打击那些冒牌货。当然也有天才被误解的时候，像卡夫卡、曹雪芹活着时就没获得过多少尊重。

你们年轻的时候，写作是大部分人的业余爱好。但是现在爱好文学的年轻人越来越少了，你对那些爱好文学或不爱好文学的青年人有什么建议吗?

没有建议。现在网上窝着一批年轻人，他们看网络作品，写网络作品，有的获得巨大成功，有的还默默无闻。他们就是文学的埋伏者，有了诱因可能就会纷纷跳出来，成为文学军团中的一员，其实有的已经是了。有的也许一辈子都埋伏着，成为闲棋冷子，没有被文学激活。难免有人会问："干吗要热爱文学呀？我不热爱文学不是活得好好的吗？"是的，爱不爱文学丝毫不影响自己的生活，但爱不爱文学一定会影响别人的生活。一个有文学素养的人，对别人会有更多的尊重，会有更多的同情和理解，对自己也会认识得更清楚。

必须承认，目前是网络文学、通俗文学主导文学消费市场的时代，从某种意义上说，这种写作是绝对成功的。很多读者自愿过这种精神生活，自得其乐，我认为这是无可厚非的。从这个角度，我提出了"大文学"的观念，我们必须尊重网络文学写作，决不可忽略这个庞大群体的存在，钻进象牙塔里去孤芳自赏。经过十多年的发展，很多网络文学作品已经不断追求精致化，不断寻求雅化、细化。因此，类型小说也在不断地优化，至少目前在文学市场仍然处于强势地位。所以，我们不能用老眼光或者从纯文学的立场去否定这种通俗化写作。

没有人否定网络文学，甚至还礼让三分，为什么？因为你不能得罪年轻人，不能轻视新生事物。我们不能要求所有的读者都去读那些高深的思想浓缩性很高的作品，这不现实。读者也会细分，压力那么大，读点轻松作品有什么不好。读者各有各的趣味，作家也各有各的标杆。有的作家需要畅销，有的作家喜欢点击率，有的作家喜欢小众。而我，则喜欢在写作上有点小小的突破，首先突破自己，如果兼及突破别人，那就是最大的意外收获。

设问人：王迅 评论家，广西文联文研室副编审

冯　唐

冯唐，1971年生，北京人。获协和医科大学临床医学博士、美国埃默里大学MBA学位。主要作品有长篇小说《十八岁给我一个姑娘》《万物生长》《北京北京》、短篇小说集《天下卵》、散文集《活着活着就老了》《在宇宙间不易被风吹散》、诗集《冯·唐诗百首》等。曾获《人民文学》未来大家Top20之首。

没有镜子不会活不下去

冯唐很好地诠释了李白的诗句，人生得意须尽欢。从医经商，他是态度严谨的行业精英；而对于文学创作，他亦独有一套审美。当人们吐槽他的作品时，他认为没有吐槽就没有生活。他把吐槽当作一面镜子，吐槽是照镜子，大米油盐茶瓷器，是生活的必需品，没有会活不下去；没有镜子，不会活不下去，只会蓬头垢面。对他来说，做医生是治病救人，就是缓解痛苦，其实绝大多数痛苦是根除不了的，写作也是缓解痛苦。医生缓解的是身体的痛苦，写作缓解的是人心的痛苦。

我们先从你的身份说起。几乎在你出版的每一部书中，都有一份很光鲜亮丽的简历。医学博士、前麦肯锡全董事合伙人、华润医疗创始人……你微博的简介却很简单，只是一个“诗人”。为什么？

我是一个诗人。我的出版商说，《冯·唐诗百首》是最近十年卖得最好的诗集。读者的眼睛是雪亮的，他们认可作为一个诗人的我。

人有着多种身份，就像标签，有的是自己贴上去的，有的是别人贴上去的。人活一世，身上就会糊满一层一层的标签，人生多艰，撕也撕不掉。但要保持清醒，认清自己的本心。我的本心，是一个诗人。

对我来说，诗人不仅意味着写诗；诗人是发现者，挖掘者。发现生活，挖掘人性——从古至今，这是诗人的本职工作；或者说，这才是诗人。“昔我往矣，杨柳依依。今我来思，雨雪霏霏。”能够发现这个生活场景，能够描述出这个场景中人心的感悟，才是诗人。现在读《诗经》中的这几句，好像很平常，很简单，那是因为它已经融进了我们的血液，成为中国文化的一部分了。在《诗经》的年代，它刚被唱出来的时候，是石破天惊的。不仅是我写的诗，我的全部文学创作，都是冲着这个目标。

在众多身份中，你似乎哪个都不耽误，经商和出书可以并行，你如何看待自己的天赋，以及这些角色在生命中各有怎样的分量？

人一辈子不能只干一件事。一辈子只写诗，多傻啊，也养不活自己。

中国的诗人，中国的文人，都是多面手。苏轼，既写诗写词，也写文章，还是书法家和画家，还参政议政，主业其实是做官，当然他做官比较失败，不识时务，被贬来贬去。但他的诗词，开创豪放派，他的文章，名列唐宋八大家，他的书法名列宋四家。他在每一个领域，都做到了最好的境界。能做到最好的境界，这是天赋，是老天给的。在这方面，老天不公平，谢灵运说过，“天下才有一石，曹子建（曹植）独得八斗，我得一斗，天下共分一斗”。

从另一方面来说，老天给了你这些，就要尽力去用，物尽其用，才尽其用，才不辜负老天的垂青。你比别人聪明，就要把聪明劲都使出来；你比别人跑得快，就要去竞赛，去跑。不能懒，不能靠才华混日子，得过且过。老天给了我写作的才华，我就要把这分才华尽情地用，尽情地写，一直写下去，这是我的责任。

同时，老天怕我太穷，又给了我经商赚钱的能力，让我能生活得好一些。我是职业经理人，我就努力去经商，一为老板负责，二为老天负责。

写作和经商，都是我的生活。二者不冲突，努力做好最重要。谢谢老天！

细数你涉及的领域，除了医学、商业、出版、电视、电影外，去年还增加了脱口秀节目。你拍完了《搜神记》第一季，专门搜罗各行各业的“大神”，感觉怎么样？

其实是搜罗一些朋友，把他们不为人知的技能、特点展现出来。第一次完整地做一档视频节目，很忙碌，很开心。

那么多职业你从事过，有没有什么是你不能从事的？

有很多。比如做妈妈。妈妈很伟大，天赋所限，做不了，很遗憾。开个玩笑。

还是有很多的职业做不了的。我喜欢跑步，但我做不了运动员。我喜欢美食，但我做不了大厨。其实，不用在意结果。做不了运动员，不妨碍我跑步；做不了大厨，不妨碍我品味美食。关键是喜欢，喜欢了就去做。

很多70后作家，他们更多是以文学为志业，以获文学奖或者在百年后流传为追求，很少身兼多职。在你看来，你追求怎样的文学人生？

他们是职业作家。同时，还有一部分没有把写作作为职业。比如我的一个出版商沈浩波，也是70后，诗人，同时运作着一个很好的出版公司。

50后、60后，那个时候受时代局限，人都要有单位，一个萝卜一个坑，在单位还不允许兼职，在萝卜坑里想当白菜，叫不务正业，所以作家成了一门职业。到了我们70后，就业自由了，爱干吗干吗，有人身兼多职，也有人不爱分心，以文学为志业。这是时代的变化。

是不是把写作作为职业是一回事，写作的追求是另一回事。写作是个很残酷的行业，因为你面对的不仅是现时代的读者，还有你未来的读者。做厨师，只要让正在吃菜的挑剔顾客满意；写作不行。“昔我往矣，杨柳依依。今我来思，雨雪霏霏。”过去的读者一直读，现在的读者还在读，未来的读者也要读，读了还有感触，还觉着美。这个我们不知道名字的诗人，是三千年前的，名字没有了，他写的诗还在。

我的写作不敢乞求留存那么长时间。我给自己定了个小目标，三百年。希望三百年后还有人读我的诗，读我的书，然后说一句“写得还行”。我的文学人生，我的写作，就是向这个小目标一路狂奔。

写作太残酷了，五十年一百年后，能够有两三行文字被人传颂，都是了不起的事情。

你的其他身份对你在文学界的位置有没有什么帮助？

我不知道我在文学界是什么位置。因为很少参加文学界的会，也没有获过特别的文学界的奖，也很少参加他们的饭局，我想，可能对于文学界来说，我是一个界外人吧。既然在界外，就不存在位置。有句诗，“阁中帝子今何在，槛外长江空自流。”在界外，广阔空间，可以任意耍。

你是理科生，从事的职业往往需要理性，而文学创作则是感性的事。医生职业要求在手术台上必须精准，不能有一丝闪失，也是和生命与死亡最接近的职业。这种逻辑思维和职业属性下，你看待文学创作、表现人物上和其他作家有哪些不同？

其实我做医生的时间不长，就转行了。“医生和作家”这个话题，其实，可能医生比作家更适合当作家。往近里说，余华做过牙医；远一点，鲁迅学过医。国外的大师，契诃夫、毛姆，都学过医。如果说这两个职业之间有什么必然的联系，我想，可能是“痛苦”这个词。医生每天面对着病人的痛苦，各种各样的病症，各种各样的痛苦，每个病人表现和忍耐痛苦的方式又不同。做一个好医生，不仅要有好的医术，还要有好的、细腻的、能够感受到病人痛苦的心。做医生，最深切的体会就是“人生是苦”。写作也是这样。写作表达的是“人性”，人性纠结，各种苦。

对我来说，做医生是治病救人，就是缓解痛苦，其实绝大多数痛苦是根除不了的，写作也是缓解痛苦。医生缓解的是身体的痛苦，写作缓解的是人心的痛苦。

我把人性中的纠结，通过我的认识、我的写作，表达出来，传递给读者。读者看了后恍然大悟，原来是这么回事，原来其他人也有这个问题，“吾道不孤”，自己不是天下独一份的变态，觉着舒服了。因为我对人性体察得比较细腻，比较深，有时候我会给一个药方，读者看后有所受益，写作的目的也就达到了。在这一点上，我和其他的好作家是一样的，我们关注的都是人性。

高压的精英职业，是否会让你形成逆反心理，在手术台上越严谨，在文学上就越百无禁忌?

文学本来就没有禁忌，有禁忌的不叫文学。

做事严谨，写作放肆，这不是逆反心理。“立身须谨慎，为文须放荡”，也是句古话，有道理。当然，有的作家“立身”和“为文”都放荡，像亨利·米勒，只要自己高兴就行。我从事的职业，无论从医，还是经商，职业守则中就要求严谨，要求一些禁忌。但写作，没有禁忌，不能有禁忌。

这几年你的关注度越来越高，大受文艺女青年追捧，同时也长期“忍受着”各种各样的吐槽。

谢谢读者，谢谢文艺女青年。在这个年代，坚持做一个文艺女青年不容易。

文艺而且女而且青年，永远的文艺女青年，实际上，就是一个永远战斗的过程。与庸常而且灰蒙蒙的日子战斗下去，看不到风吹云开见月明，需要顽强，需要韧性，还需要一点点人性，还需要幽默——其实，这才是生活的意义。

总是有人说，文艺女青年脱离生活。我觉着，文艺女青年才是最懂生活的真谛的人。永远文艺，永远女青年，一个美好的人生。

那你怎么看待各种吐槽？

没有吐槽，没有生活。我喜欢看对我的各种吐槽。吐槽是面镜子。我喜欢照镜子。早期中国最大的出口商品，不是茶，不是瓷器，不是大米油盐，是镜子，铜镜。日本考古发现了很多古代的中国铜镜。大米油盐茶瓷器，是生活的必需品，没有会活不下去；没有镜子，不会活不下去，只会蓬头垢面。镜子的作用是让生活产生现实感——一个和自我认知不一样的“我”出现在你的面前，挺有趣的。生活充满各种乐趣，吐槽和批评是其一。

那你在意吐槽吗？尤其是那些比较狠的。

我爱看吐槽，不代表我会在意，或者按照吐槽、批评修正自己。

吐槽和批评，只是别人对我的看法，只是一个影子，不是“我”。我还是我，本一不二。人在日光下，总是有影子，盯着影子走路会撞墙。

柴静在一篇文章中评价你的写作是“由男性荷尔蒙驱动的写作，不容易有共鸣”，但是你的文字“真是腥、鲜”，我也好奇你的这些东西是从哪儿来的？你的“文脉”是什么？

柴老师是严谨的人。一开始你说我“大受文艺女青年追捧”，这说明有很多女性对我的写作有共鸣，也说明柴老师不是文艺女青年了。你说的“腥、鲜”的东西，其实就是人的身体，就是人性，就是文学。

刚才我们说到《诗经》，有“杨柳依依雨雪霏霏”这样很美的句子，也有另外的很美的句子，“有美一人，婉如清扬。邂逅相遇，与子偕臧。”还有我们常用的成语“忧心忡忡”，“未见君子，忧心忡忡”，没见面心里挂念着，不高兴，接下来的句子是“亦既觏止，我心则说”，见了面并且“觏止”。孔子懂文学，他删诗经，没有把这些东西删去。反而到了后来，儒家的后辈们，讲“存天理灭人欲”。人欲怎么能灭呢？又怎么能灭掉呢？

人性、人欲，是文学的永恒主题，时代不同，表达的方式不同，表达的侧重点不同。我处在当下这个时代，用我的方式，表达得比较充分，受到一些读者喜欢。但它的根，也是文学的本质，是人性；它的源头，就在《诗经》那里。

越百无禁忌似乎越能引发争议。从《万物生长》开始，一方面你收获了大量关注，另一方面也背负了不解与骂名。你当初想要翻译《飞鸟集》的初衷是什么？它的命运对你有没有什么影响？

其实，翻译《飞鸟集》没有特别的初衷。当时我从华润辞职，有一段空闲时间，我的出版商路金波就来游说我——出版商喜欢压迫作者，不爱看作者闲着，要给我找点事情做，我们就商量了翻译《飞鸟集》。另一方面，泰戈尔是20世纪亚洲很重要的诗人，不仅仅是中学生读本，过去的译本年代太久了，《飞鸟集》需要新译本。我国的传统是“尊老”，这有好的一面；但“以老为尊”就不那么美好了。古董是老的好，但老的并不都是古董。

《飞鸟集》引发争议，出乎我的意料，但对我没啥影响。那段时间，我天天在微信微博上转发批判我的文章。

你的诗歌作品《冯·唐诗百首》，诗歌圈子持什么态度和评价？你又如何看待自己的诗歌在诗坛中的位置？

我在诗歌圈之外，所以不了解诗歌圈对我的态度。圈外的好处，就是不用“画圈为牢”。行业的圈圈，有时候是个挺不好玩的东西，因为一个圈圈就那么大，圈圈里都是熟人，所以我们经常看到的文学圈、诗歌圈的评论文章，都是好话、套话、片儿汤话，漫天飘。很幸运，从一开始，我就不在文学圈、诗歌圈里，可以不受圈圈的影响，不受圈圈的局限，可以不在意在圈圈里有没有、有什么样的位置。

我的写作，不论小说还是诗歌，就是闷头写，自己喜欢；然后出版，读者喜欢。我写得开心，读者读得开心，这对我来说是重要的。

《女神一号》是你近几年的作品之一。社会学家李银河评价这本书，说你是地地道道、规规矩矩、干干净净的纯文学。这本书为什么会给人“纯文学”的印象？你如何判定好的文学？

银河所说的“纯文学”，有一个语境。不知道从什么时候开始，中国似乎冒出来一个说法，就是卖得好的叫畅销书，卖得不好的叫纯文学。我的书卖得挺好，某些人可能有点微词吧。实际上，好的文学永远会卖得好，卖得不好只能说明写得不好，和文学的纯度无关。《尤利西斯》在欧美一直卖得好，一出版就被抢购一空，现在首版只能在拍卖会上见到了。狄更斯、巴尔扎克，不仅书卖得好赚的版税多，书的朗诵会票也卖得好。就中国来说，钱钟书先生的《围城》，一年四五十万册的销售量，超过绝大多数当代小说的销量，这就是好文学的魅力，也是好文学的市场。读者的眼睛是雪亮的，要相信读者，他们才是真正读书的，有的时候，批评家不一定读书。

这部作品你说你意在深挖人性，解决精神层面的问题，这个读者该如何理解？

人性，或者说人的心，海底针，藏得很深，扎得很痛。在宗教的时代，人们会去信仰，去修行，一般人可以以此缓解现实生活的痛苦，舒缓那根“针”带来的痛苦。长期的修行，可以产生“超验”，中国叫“天人合一”，印度叫“空”，基督教叫“神爱”。这种体验很难获得，要经过长期的、刻苦的修行，有整个的方法和步骤，不是那么简单。到了这个阶段，属人的痛苦与快乐，就很容易看清楚看破了。

我们都是唯物主义者，有些方法已经不管用了，但人性中的这根“针”还在，时不时地扎我们一下，我们叫它“欲望”，或者叫其他词汇。除了衣食住行的满足，我们还向往其他东西，比如荣誉，比如爱，比如性，比如快乐。《女神一号》所写的，就是这样一个“向往的过程”。读者可以通过读这本书，读这个“过程”，获得自己的体验和理解。每个人的体验和理解也许不同。

对你而言，你如何看待男欢女爱，如何看待内在欲望？

男欢女爱，孔夫子说，人之大欲存焉。“大欲”，盛大的、茂盛的、生机勃勃的人性，存在于这里面，也从中喷发出来。人的生命力、创造力通过它体现，人的痛苦与欢乐，也通过它表达。孔夫子和弗洛伊德，远隔三千年，不同文化传统，说的都是一个意思。

从本质上，如何看待男人和女人？

这是个大哉问。在我看来，看到底，看到人性中的那根针，男人和女人是一样的，但每个人的外在表现形式不同。

暂别情欲，你后来转向了物欲，比如讲恋物的作品《在宇宙间不易被风吹散》。听说你睡觉都要摸着你的古玉、茶盏等宝物，这是戏称还是真的？为何要转入恋物的主题？

睡觉时摸着玉，这是个玩笑。玉在手边，随时摸一下，这是真的。不是此时转入“恋物”，而是一直“恋物”，只不过出版了这本随笔集，被放大了。

“赤条条来去无牵挂”，说的是人生的两头，生和死的两个端点，不着一缕。但在从生到死的漫长的人生中，人和物是时刻不可分的。我对物的态度是，物尽其用，物尽其美，一是不要浪费物，二是从中发现并且欣赏它们的美。这样才不辜负物对人的奉献，才会让生活中充满美的细节。

《在宇宙间不易被风吹散》不仅写到了古玉、茶盏，也写到了手表、风衣、茉莉花茶，不仅古董有美，一杯茶一件衣服也有美。最重要的，是要去发现，去欣赏。

你的作品中，不少是以北京为背景的故事，而北京文化的缩影则是四合院。在老北京的概念里，北京的四合院是“天棚鱼缸石榴树，老爷肥狗胖丫头”，据说你在后海也有一处四合院，你的四合院是什么样子？有着怎样的风景？

“天棚鱼缸石榴树，老爷肥狗胖丫头”，哈哈，这是土财主，不是老北京。还有一句话，“树小屋新画不古，此人必是内务府”，说的是暴发户，也不是老北京。

“老北京”这个词的重心在“老”。还好，我的院子里有颗老树，屋子也是老的——都没有暖气，冬天挺冷。风景最好的是春天和秋天，坐在树下喝喝茶，看看悠远的天空，天空和内心都是空荡荡的，清澈的，让人迷醉。

如今的北京已经不是梁实秋、郁达夫等散文中描绘的北京了，对于那个北京你有向往吗？你作品中还写到作为大都会的北京，你觉得它仍旧吸引你的地方是什么？

吾生也晚，没有赶上梁实秋和郁达夫描绘的北京。五六十岁以下的人，都没有赶上。错过了那个时代，就永远错过了。能够读到他们对北京的描述，挺好。文字传递出来的，都是美好的东西，如果生活在那个时代的北京，有那个时代的苦恼，比如打仗，比如下雨两脚泥，比如从琉璃厂到清华园走路要三四个小时，坐马车或人力车也快不了多少。

一个时代有一个时代的风土。大都会的北京，吸引我的是活力，人来人往，男人女人，互相调和，生机勃勃。当然，太多高楼大厦，很多应该保留的东西没有保留下来，这是历史的创伤。

早期你引发读者关注是因“万物生长”三部曲，随后出版人路金波推出了你的五卷本文集。每一个走红的作家背后都和出版商有着不能割舍的关系，现如今果麦、磨铁、博集、新经典、甲骨文、理想国，涌现出了一批优秀的民营出版机构，你本人在挑选书商上有哪些考量？

金波不仅是我出版商，也是我的好朋友。一路走来，共同富裕。感恩。

我和果麦、新经典、中信合作过，也会继续合作下去。和其他出版商，有的也是好朋友。他们都是中国出版业的中坚力量，很感谢他们持之以恒地为读者贡献好书。我更多是作为一个读者，默默地买和读他们的书，不是作为一个作家和他们打交道。

我没有“挑选”出版商，也没有特别的考量，看缘分。先做朋友，某个时候一拍即合，就出版了一本书。

那从你个人阅读书目上来看，有没有自己偏好的书商？你觉得他们的存在在引领国民阅读上有哪些裨益?

个人阅读上，没有偏好的出版商。现在他们出的书都是五花八门，品类太多，我只能读自己感兴趣的部分。我想，他们对国民阅读的贡献很大。但这方面我不是专家，说不了什么意见。

如今十几部作品写过去，有写姑娘的、写历史的、写商战的，你觉得哪类题材你写起来最得心应手?

我写的一直是人性，某个题材合适我想写的人性的某个面，光能透进去，能呈现出我想要的效果，我就用那个题材。

一部作品，重要的是我对人性的挖掘深不深、表达得好不好，不是是否顺手。从另一方面说，写作是困难的，作家如果因为某个题材写得太得心应手，就一直写那个题材，那可能就有问题了。好的作家，要给自己难度，然后跨越这个难度。

回顾你的创作历程，你如何评价你的这些作品?

自己评价自己总是不准的，让读者评价，让未来的读者评价，也许比较好。

从个人来说，我对自己的作品比较满意。一直在写，一直在爬山，山巅在那儿，而我没有退步没有走歪路，一直往上走。

在你的读者群里，大多还是80后、90后，甚至00后偏年轻的读者，以你丰富的职业背景、文化背景，你想对这些年轻的读者说些什么?

美是人生中第一位的。人生多艰，发现美，欣赏美，会过得轻松。而读书，享受读书的乐趣，最重要。

设问人：李金哲 《青年报》记者

冯骥才

冯骥才，1942年生，浙江宁波人。他是“伤痕文学”代表作家，其文化反思小说在当今文坛影响深远。主要作品有《啊！》《雕花烟斗》《高女人和她的矮丈夫》《神鞭》《三寸金莲》《珍珠鸟》《一百个人的十年》《俗世奇人》等，已出版各种作品集二百余种，在海外出版各种译本四十余种。曾获鲁迅文学奖、全国优秀短篇小说奖、全国优秀中篇小说奖（两次）、新时期全国优秀散文奖等。

我的文学之心始终不死

冯骥才不仅是作家，他还是画家，更是传统文化的守护者。冯骥才说，知识分子应该是先觉者。知识分子是做文化的，必须先觉，先把问题提出来，当国家认为重要、认为对的时候，就会把它吸收到国家的方略、重大措施里，变成国家的文化自觉。由知识分子的文化先觉成为国家的自觉，再形成社会的自觉，最后变成全民的自觉，成为全民自觉的时候，整个社会的文明就进步了一大块。他认为，自己如果一直画画确实可以成为一个富翁，也可以很庸俗地住进豪宅，但是偏偏要去做文化抢救。

你认为什么是非虚构？从理论上应该如何给非虚构文学定义、定位？

非虚构在西方来讲好像是比较新的概念，这个概念名称提出来有一点模糊，非虚构写作、非虚构文学，叫法不一。我认为这实际上是同一个概念，因为如果不是指涉文学的话，就无需提非虚构。比如媒体和传播行业的文章、报道和采访等基本都是非虚构。

非虚构是相对于虚构提出的，二者在内容、方式、程度和形式方面互为体现，分别有哪些不同？

文学虚构包括两大类:一种是小说，一种是散文。散文有时还取材于真实生活，不论这些素材是完整的还是片断的。但小说不同，不论小说如何来源于生活，小说中的整个故事、人物和情节基本都是虚构的。

先说虚构。可以说任何人都可以写散文，但只有极少数的人可以写小说，小说与一般的写作不同，它完全是另外一种思维、一种艺术创作，小说的思维是虚构的。理论界认为非虚构文学的写作原则有两条，其中之一是必须由现实元素作为背景。比如现实人物、人物的命运、现实的事件、现实事件中的人，基本都是以真实的现实作为背景进行写作，不能有虚构成分。

有理论家提出“诚实的原则”的概念，所谓诚实就是必须要忠实于现实。既然是文学，就具有一定的审美价值，也因此有一个概念叫优化提升。优化提升是要对现实有一定的提炼，但不能离开真实的原则，在素材和运用素材的选择上要符合艺术的规律。当然这是非常有分寸的，如果这点做过分往往就离开了诚实的选择。

中国有属于非虚构写作的报告文学和纪实文学，1980年左右就有一大批作家写出过很多优秀的报告文学作品，直到现在鲁迅文学奖还有专门的“报告文学奖”。我在开始写《一百人的十年》的时候，有人就把它归为纪实文学，但我认为《一百人的十年》不属于纪实文学，它属于口述史写作、属于口述文学。如果把非虚构文学划为一大类的话，纪实文学、报告文学、口述文学，都属于非虚构写作或非虚构文学。

请谈谈你口述史方面的作品及进行口述史写作的原因。

我写口述文学还是比较早的。20世纪80年代中早期有两部最早的口述文学，一个是我写的《一百人的十年》，一个是张辛欣跟桑晔写的《北京人》。我写口述文学是直接受《美国梦寻》的影响。《美国梦寻》写了一百个在美国不同职业的人对于美国价值的追求，是在美国价值观里、不同情境下个人的不同和共同的追求，以此来反映美国人当时的社会追求。《北京人》跟《美国寻梦》更接近，写了当时20世纪80年代中现实的北京人，就像《美国梦寻》中写的七八十年代的美国人的境遇，个人的理想、奋斗，个人对生活的感受、思考等等。

口述文学来源于口述史。跟张辛欣的《北京人》不一样，我的《一百人的十年》更多地来源于口述史角度。有一部分历史亲历者的生命史、心灵史，是将历史亲历者的心灵和命运记录下来，这些经历是对正史或者对于文献史的补充。因此，我的口述文学带有很深的口述历史的意义。

当时我有一个计划，想写出一部类似于巴尔扎克的《人间喜剧》那样大的、由中长篇组成的、写文革的书。我想把那个时代以小说的方式写下来。但这个想法后来被现实击碎了。因为当时生活发展太快，中国马上进入改革开放，社会发生了巨大的变化，现实对我们的冲击又太大，我们对时代充满激情，很难沉下心来写那样一部书。但我不愿意放弃。看了《美国梦寻》这本书之后，我觉得找到了一种方法，就是用口述文学的方式来写我所亲历的文革时代和同时代的人。这样，在我的写作里，在小说散文之外多了一支笔，这支笔就是非虚构文学的笔，这支笔后来也没有放掉。在做城市文化遗产抢救的时候，我经常会见到一些传承人身上有他们自己经历的非遗历史，有非遗的记忆，我也会动用这支笔写一些非虚构的东西，做他们的口述史。这些非虚构的作品并不是为了发表而写，而是为了记录他们身上的文化遗产，记录他们身上活态的非遗才用了非虚构的方式。

我们知道，二十多年来你这一代人通过非虚构文学写作关照当前社会，在国内的非虚构文学的书写方面起到了推动作用。你写的文化遗产的非虚构作品与专家写的文章有什么不同？

20世纪90年代初，也是在第一线抢救老城、抢救老街的时候，我就写过一本书叫《抢救老街》，后来又做了民间文化遗产抢救工作。在写了很多纯文学散文式的文化遗产的东西之余，也写了如《武强秘藏古画版发掘记》《豫北古画乡发现记》《滑县木版年画》等书，后来写了一本《一个古画乡的临终抢救》，内容是杨柳青镇南乡三十六村的抢救，这几本书都属于非虚构文学，书中有口述史，也有对当时抢救过程的文学式记录。因为我是作家，所以一定是用文学的情感、文学的方式来感受、选择生活，所以和理论家写的不同，在写作的时候一定是文学式的。

刘锡诚把他从20世纪60年代中期一直到现在五十年来写的各地的田野手记编了一本书叫《田野手记》，请我写序。他把稿子拿来以后我翻了翻，发现我写的跟他写的完全不一样。他是专家式的写田野，带着很多学术的目光和眼光，有很多学术的发现。其中有很多他认为有学术价值的记录，有田野手记，还有考证的东西，还做了非常严格的田野调查记录。

作家的非虚构写作，作家写的田野记录，更多的是文化发现。我有很多文化的发现，有很多文化情感，还有很多对传承人的文学式的人物细节，包括形象细节，性格细节，这些还属于文学作品，不属于学术，跟专门写的纯理论的文章不一样。

20世纪90年代以来，你将主要精力从文学创作转向非物质文化遗产的抢救和保护工作，当时为什么决定转向遗产保护？

近几年虽然还往田野去，但想从更宽阔的视角，拉开思想和思考的距离，从中外的比较、古今的比较这一更大的视角，重新审视我们这些年做的事情。我一直在重新审视，甚至于要重新审视自己的思想史、心灵史和生命史。我认为自己是一代知识分子里的一个，我不认为我是有代表性的一个。我认为“这一个”，就是斯坦尼斯拉夫斯基的戏剧理论里说的“这一个”，演员演的这一个，这么独特的一个。我不敢说我是一个时代里的典型，可能是这个时代里的另类，反正是这个时代里的“这一个”。我身上有很多同时代人共同的东西，也有我自己独特的东西，我带着我的背景、我的性格、我的历史，我就是这个时代长篇里的一个人物，我要把自己作为这个时代里的一个有独特个性的人物写出来，但这一个就可以反映出更广泛的值得思考的、值得再认识的问题。

作为一个知识分子，在转型之后你的思想也在不断调整，能谈谈近期的思考吗?

改革开放以后整个时代转型时期，可不只是中国社会的转型，不只是由计划经济向市场经济过渡的转型，它的背景还是人类文明由农耕向现代化、工业化的转型。在这个转型里文化发生了很多巨大的问题，我们是最早的一批感知到文化命运出现这些问题的人。习近平在文艺工作座谈会讲话里讲了一句话，“我国的作家艺术家应该成为时代风气的先觉者、先行者、先倡者……”当时我在场，感触很深。这段话讲得非常到位。知识分子就应该是先觉者。我曾经写过一篇文章叫《文化怎么先觉》，还在人民大会堂讲过。我认为，文化先觉中最先觉的应该是知识分子。知识分子不是文化自觉，而是文化先觉。知识分子是做文化的，必须先觉，先把问题提出来，当国家认为重要、认为对的时候，就会把它吸收到国家的方略、重大措施里，变成了国家的文化自觉。国家不可能先觉，总是做专业的人先觉，不断提出来，一个人提不行，得经过实践后不断有人提。“民间文化遗产抢救”最早是我们在民协先提出来的，国家认为对，不但支持了我们的民间文化遗产抢救，政府也采取行动，开始建非遗名录。我们先提出，之后国家开始做这个工程，才有了国家名录，才有了传承人，一点一点把这个做起来。

由知识分子的文化先觉成为国家的自觉，再形成社会的自觉，最后变成全民的自觉，成为全民自觉的时候整个社会的文明就进步了一大块。知识分子先觉只是说两句话是不行的，必须要有行动。王阳明讲的“知行合一”是非常对的。西方文化遗产抢救的时候，法国最早出来呼喊的是雨果，到了梅里美他们就有了行动，到了马尔罗1964年提出来就开始做文化普查了。

所以你用非虚构的写作方式将你亲历的这个过程和思考记录下来。放下文学创作转而进入非虚构的写作有什么样的原因，这期间发生了什么事？

我自己的这个转型，不是职业的转型，是我想的问题开始不一样了。我们这代知识分子这三四十年来到底想了什么，做了什么，我们做的和想的到底对不对，有哪些我们做晚了，有哪些我们做差了，采取的方式对不对，我们对推动这个时代进步起到作用了吗？这个东西不能留给将来的人做，将来的人不是亲历者，必须我们自己做，这个思考必须遵循诚实的原则。必须把事实拿出来，去思考我们当时是怎么想的，我们要放在纸上，我们对当时的行为也会做现在的判断，这是我写这批非虚构文学的一些想法。

当然还不完全是这样，比如说写韩美林的那本书《炼狱·天堂》，都是写我自己亲历的事情。《凌汛》中写的是1978年、1979年这个时间点的时候，这批作家走上文坛有自己的想法，对时代的激情，有强烈的责任感。我一直说我们是有责任的一代，没有工夫风花雪月、闲情逸致。20世纪80年代初你写闲情逸致、写品茶、写玩宠物的作品没人看。

因为每个人不同，我就是带着我的历史，以我们那代人的经历，来写整个20世纪80年代新时期文学。

直到现在还有人说我的小说比如《俗世奇人》这本书二三十年前就应该写，如果二十年一直写小说你能写出多少好看的小说，为什么要到现在才写。这二十年为什么要做那件事，甚至有人问我，你不做别人就不能做了吗？你是不是当时觉得自己写作的思维枯竭了，写不下去了，你才做这件事？我觉得应该告诉我的读者，放下文学对于我个人来讲是巨大的痛苦。文学对我来讲是我心灵的一个世界，我的文学之心始终不死，但是我强忍着这个痛苦，要做这件事。我不写东西，也不画画，把这件事看得这么重到底为什么。我如果一直画画确实可以成为一个富翁，我也可以很庸俗地住进豪宅，甚至于我的亲戚们都说："本来你卖画日子可以过得很好，偏偏要去做文化抢救。"我在自己学院做的博物馆，很多东西都是在全国各地跑的时候看见的，觉得很有价值，不愿意这个东西流失了，才把它买了，比如马车等，是从欧洲人手里"夺"过来的。当时买完还没有地方放，所以我把马车放到天后宫，搁他们仓库里存着。一直到2005年天津大学建成了我的学院，我才把马车拉回来。那时候我买了大量东西，都堆在画馆的院子里，外面做一个大铁栏杆，做一个围栏，把石雕等等都堆在那儿，拿塑料和草席子盖上，好像一个古董贩子似的。人家认为我很傻，这实际上是一种文化情怀，不是纯学者的东西，这个情怀还是作家的情怀、文化的情怀。情怀不是一个感情，应该是更大的东西。

这些年来我思考的这些问题用小说的方式是没法写出来的，所以我想写一系列的书，我写完了这套书的最后一本《漩涡里》，从1991年写到2013年，长达22年，很有意思。1991年第一次文化行动，我不自觉地到上海办画展的时候，到周庄得知柳亚子的迷楼要被卖了拆了，要用木料在外面盖新房子。柳亚子当年搞南社的楼非常美，我听说卖要3万块钱。20世纪90年代初3万块钱也是一笔钱。我正好在上海办画展，有好几个台湾人要买画，但那时候画展是不卖画的。后来我决定要把画卖了，把卖画的钱给迷楼的主人。我准备把迷楼买下来捐给《文汇报》。周庄是有九百年历史的村庄，正好在水边，下面的水很幽静，两边风景非常好。结果房主看我那么容易给3万块，他就涨到5万块。所以我又卖了一幅画，后来对方又涨到15万块，周庄管委会的一个负责人跟我说，“冯先生你别买了，那个人原来不知道柳亚子，跟他讲了以后他知道这个东西将来可以升值，他不卖了。”迷楼到现在依旧保留，后来我专门写了一篇文章发在《文汇报》，叫《为周庄卖画》。

转一年，我到我的老家（浙江慈溪）办画展，也去了上海、周庄和四川，到了老家正好赶上大规模的城市改造，那时有一个徽派建筑非常美，在月湖边上，临水，一问那个楼要拆。那个楼很重要，是贺知章的祠堂，明代重建得非常好，但那个楼太破了，得花20万才能修好，宁波文联没有这笔钱，我就跟顾老师（我的夫人）说，我买下来捐了吧。顾老师这点挺好，没有拦过我。她说：“随你便，咱俩挑画去吧！”她还挺积极，我们俩跑到美术馆，从画展中最大的几幅里面挑了五幅我认为好的，4万一幅，20万把祠堂给收了。第二天应长奇先生来，他是台湾很大的企业家，也是宁波人，喜欢围棋。他听说我在那儿办画展，还要为这个事儿卖画，就到现场说看看有没有喜欢的画，结果他喜欢我画的《老夫老妻》，画的是风雪里的一对小鸟。他说，他跟他老婆一辈子就是在风雪里。那天他把我叫去了，一块儿看他选的那个画。这个画就卖了，钱给宁波市政府，贺知章祠堂就这样保留了下来。直到现在，贺知章祠堂修得非常好，每次到宁波我都会去看看。就这样，我一点一点把这个事做起来了。实际就是一种情怀，没有任何利益，做了也就做了。

我在天津办画展的时候嘉德拍卖行刚开始干，他们要给我办个专场拍卖会。因为他知道我在文学界和社会上影响大，想给我搞书画拍卖，如果搞拍卖的话很容易就把我的画价抬高了，但是我始终对钱没什么兴趣。一直到了20世纪90年代中期，老城要拆了，这可动了我心肝了，因为我所有写的小说都是老城里的故事、老城的生活，于是就开始组织人抢救老城、抢救老街，一直做起来。当了中国民协主席之后，从2000年开始做民间文化，才知道中国民间文化遇到那么大的困难。我写《漩涡里》一开始就写到民协主席。我写：我没有想到时代在这个地方给我挖了一个“陷阱”，一掉下去就“万劫不复”了，爬不出来了，而且越陷越深。我想起托尔斯泰写过一个小说，说一只老鼠掉在一个牛奶瓶子里，它拼命地挣扎，挣扎来挣扎去，忽然奇迹出现了，因为它老在那儿搅动，最后把奶打成奶酪了。

我写这批东西的原因是要通过自己的历程，写自己的心灵史，还要写自己的思想史。用的方法不完全是自传，其实思想史是最终的目的。作家写自己的思想，一定是用文学的方式来写，所以是非虚构文学。这部作品完成之后，我是不是还写非虚构文学我不知道，可能要回到虚构文学。因为我脑子里还有一两部长篇，作家的思维是非常独特的。

这两种思维你是怎么切换的呢？

就跟我中间画画一样，另外一个思维来了，那个思维就启动了，而且两个思维完全不一样，不影响。黑格尔的工作方法是对的，就是说我在这儿研究教学、研究艺术，研究艺术所用的思维是大脑的另外一部分神经和记忆、思考的技能，等你用这部分时，另一部分是休息的，处于休眠状态。

这两个思维是替换着来，分区的，对吗？

对，不一样的。我写长篇小说时，形象思维的东西是“忍不住的思维”，就像春天来了一样。我有一个习惯，必须在春天写东西，一般每年前两个月是两会时间，两会开完了回来坐下来后，我会先写两个月的东西，必须把这个东西写完才开始干别的。每年都是如此。

后来我不再做政协委员了，觉得时间来得早，春节中的年初一、初二、初三就要启动了，脑子里当时有两本想写。要写东西时一开始会在本上瞎写，一个是要写《漩涡里》，一个是要写小长篇。小长篇的思维先跳出来，所以写的时候人物细节一个个蹦，止不住，忽然一会儿有一个，拿起本来就记。但不知道什么原因一下子又岔到《漩涡里》去了，我就把这个本放下，干脆压在那摞书底下不动了。开始动手先把《漩涡里》的序写出来，序那天写完了，整个感觉就像回到了1990年、1991年那个时代，一进入那个时代就出不来了，一连就两个月。必须要进那个时代的情境，当时怎么想的问题，怎么办的这个事情，怎么思考的历程。另外还得不断地思辨这些东西，只要一进去就出不来了，一直到把它写完。

说起韩美林，你们也知道他跟那个小狗的故事。那个小狗的故事很有意思，在我没认识韩美林的时候我就听说过。我第一次见巴老（巴金）是在北京的一个饭店，我陪巴老聊了一个多小时，我把刚听到的小狗故事讲给巴老，使得巴老后来写了一篇散文叫做《小狗包弟》，收在巴金《随想录》里。从这个事情开始，我在心里一直有这个故事。1985年冯牧来北京要办一个刊物叫《中国作家》，让我写一部中篇小说给他，刊物还要发头条。我心想必须找一个很重分量的。我想写韩美林。我为什么要写狗的故事，不仅狗的故事我能写得非常好，最重要的是韩美林身上有我和他共同的东西。为了美可以把一切都忘掉，而且在最苦难的时候能安慰我们心灵的仍然是美，只有艺术家才有这样的心。我那时候也是画家，我知道最苦难的时候安慰我们心灵的不是别的东西，正是美、是艺术，生活给他再多的苦难，最后都能转化成为艺术。韩美林比我更是一个代表，因为我最后转向文学了。韩美林是我一辈子的好朋友，作为好朋友我很尊敬他。一个人能够经受这样的炼狱，而且是到了十八层地狱，反过身来能够创造出一个天堂，真是一个奇迹。我应该把这样的主题写下来，以后艺术家不太会有这样的经历，所以我想应该为美林写一本书，最好的方式是韩美林自己讲。

《一百人的十年》里有大量的故事也是不可想象的，生活本身要超过艺术家的想象，所以我觉得最好的方法就是用非虚构，用生活中的事。如果你采用了口述史的方式，就必须遵循口述史的原则。真实是至高无上的，事实胜于任何虚构。那时候在你的笔下你就会感受到非虚构的力量，非虚构的力量就是生活的力量。

你刚才讲非虚构与口述史的关系，每个文体背后其实都有一个潜在的理论上的逻辑，我们能不能这样认为，在你这儿，非虚构背后的理论或者方法上的支撑就是口述史，可不可以这么理解呢？

不一样，比如我写《凌汛》，就不是用口述史的方式。为什么我要写自我口述史呢，因为我还是要强调真实，我觉得它具有真实的原则，同时还有自传的成分。文学里有自传体文学的成分，但自传体文学跟我还有一点不同，自传体文学还可以做一点虚构，有些作家写的自传里还是有点虚构的。而我在写这一套书的时候没有任何虚构，所以为什么要用“自我口述史”，因为自我口述史具有非常严格苛刻的要求，不能虚构。

最后我补充一个问题，你的《俗世奇人》获得第七届鲁迅文学奖，你有什么样的感受吗?

我用当时的获奖感言来回答你吧。一个重要的文学奖项，对于一个年轻作家是一个很大的鼓励，对于一个年老的作家则是一种精神的安慰。这次获奖对于我还有另一重意义，自20世纪90年代中期，我投身现代化冲击下濒危的文化遗产抢救中，渐渐放下了一己的文学写作，特别是几乎完全中断了小说创作。这使我与读者疏离开来并渐行渐远。这对于一个已和读者融为一体的作家来说，是常常感到“痛苦”的事，可是抢救与保护民族的文化遗产这个使命是时代性的，不能拒绝。我别无选择，只有听命于时代，听命于文化的责任。直到2013年，我年过70，行动力差了，在书斋的时间多了，文学又情不自禁地返回到我的身上。获奖帮助我重温这种文学感觉。这似乎告诉我“你这老头儿还行，还能接着写”。这不就是一种精神鼓励吗?

设问人：冯莉 中国文联民间文艺艺术中心副研究员，《民间文化论坛》副主编

艾 伟

艾伟，1966生，浙江上虞人，浙江省作家协会主席。著有长篇小说《风和日丽》《爱人同志》《爱人有罪》《南方》《越野赛跑》等六部，中短篇小说集《整个宇宙在和我说话》《战俘》《水上的声音》《乡村电影》等七部，另有《艾伟作品集》五卷。曾获汪曾祺文学奖、《当代》文学奖、《人民文学》长篇小说双年奖、春申原创文学年度最佳小说奖等各类奖项。

人像宇宙之谜等着去探寻

艾伟在中国当代小说家中，是创造力和思想力特别旺盛的一位。他不仅始终保持着稳定的创作节奏，而且从不重复自己，每一部小说聚焦的都是令人深为震撼的现实问题、人性问题和伦理问题。艾伟表示，在中国，作家的代际问题确实存在，“我们这一代作家，其实没有深刻经历革命年代，也没有天然地融入到后来的经济年代，像被这两个时代驱逐的局外人，这种特殊性使这代作家建立了双向审视的目光。”

艾伟兄好，今天的对话我想从“南方”说起。中国文学自古以来有南北之差异，《诗经》“十五国风”中就有了南北之不同，有关这一点在南北朝时期就有说法，刘义庆的《世说新语·文学》中说：“北人看书，如显处视月；南人学问，如牖中窥日。”事实上，在中国文学地理的版图上，南方的范围随着时代的变迁不断变化。现代以来，南北的内涵变得更为复杂，京派文化和海派文化也显现出不同的特质。从中国当代文学地理的角度看，“南方的写作”是一个重要的部分，也备受学界关注。书写南方的作家大都生长于南方，比如苏童、余华、格非、毕飞宇、叶兆言，以及更年轻的鲁敏、叶弥、朱文颖等作家。2014年，你将自己的长篇小说直接以“南方”命名，体现出一种写作的文化地理意义上的“方位的自觉”，你是如何理解文化和文学意义上的“南方”的？

看魏晋时期的资料，晋朝东迁对南方文化的影响是巨大的，我觉得真正意义上的文化南方的概念应该是从那时候开始的。我出生在上虞，现在是绍兴市的一个区，历史上叫会稽的区域。在东晋会稽算得上是文化的中心，那里聚集着一帮文人雅士，王羲之、谢安、孙绰、王献之等，著名的兰亭雅集就在绍兴，而谢安的隐居之地东山离我的出生地不足两公里。这些文士本身是北方人，是从北方迁居而来，只是到了南方后，不再满足北方文化系统中以伦理和庙堂见长的学问，有了生活艺术化的雅趣。这很有意思，南方的山水以润物细无声的方式，浸透到中国文化的肌理之中，使中国文化显出人性化的世俗化的远离政治的一面。

我现在定居的杭州是南宋的故都，南宋是又一次北方人向南的大迁徙，南宋偏安江南，却奇迹般地造就了中国绘画艺术的高峰，宋画的雅致卓绝，和南方息息相关。因此，南方不仅仅是个地理概念，也是一个文化概念，是中国文化中最为精致一面的孕育之地。

现在的北方话，反倒是一种外来语，倒是南方方言保留着一些古音。我们南方人的方言在现代汉语中是不能“我说即我写”的，有个转换成书面语的过程。你上面所说的作家，比如苏童、余华，他们都是南方人，是先锋文学代表人物。我认为“先锋”的语言的体系和他们方言不能直接书写有关，他们的语言是比较标准的书面语，先锋文学的语言形态非常精致，从翻译作品中汲取了一些资源，因此常常带有一种翻译腔。

你早期的中短篇小说，似乎可以看到受“先锋小说”影响的痕迹，当然，也有明显的外国作家影响的痕迹，这也是“新生代作家”都有的一个特点。在你的创作经历中，你觉得与先锋小说是一种什么样的关系，所受到的外来影响主要来自哪些作家？

先锋小说对中国文学的影响是深远的，我曾经说过，先锋改变了中国文学的方向。我做过编辑，我发现，新作家们开始写作的时候，“先锋文学”几乎是他们的起点。先锋文学的遗产及影响有目共睹，但当我们重新审视这个遗产的时候，其缺憾不是没有。关于这个问题，我在多个场合对先锋有微词。先锋小说的问题是，它可能在人的选择、人的复杂性和人的温度上存在致命的缺陷。就像上面说的，我们重读所谓的“先锋作品”，会发现很多作品不经过正常人的逻辑，往往通过变形，通过寓言，迅速抵达目标。这是一种偷懒的做法。

就我个人的写作来说，先锋激发了我的写作热情，先锋给小说写作以自由，这本身是一件激动人心的事。我们这代和先锋作家不同之处在于，我们写作是在20世纪90年代，中国社会已转型成一个实利主义时代，先锋隐含反抗的那个时代背影已经瓦解，对中国来说，文学的光荣时代已经消逝，留给我们的是寂寞的写作，我们写作完全出于对文学本身的热爱。我们更多阅读外国作家的作品，我们这代作家的精神背景上或多或少都有西方现代主义传统的影子，影响我们的作家可以列举一大批。我特别想提一下福克纳，他是现代主义作家，但他的作品中很少有现代主义作家常见的概念先行的东西。在对人黑暗深处的探寻及洞察，非常深邃。现代主义作家少有人的温度，福克纳作品里是有的。当然，所谓影响其实是一个作家激活了另外一个作家的真实的“自我”。

你在国内被视为“新生代作家”的代表人物之一，在你的理解中，新生代主要的写作观念是什么，与之前的写作相比有什么不一样的特点？在文化代际上的差异性是什么，在处理个体经验以及公共性的历史和现实问题上，在美学追求上提供了什么新鲜的东西？

我不太喜欢“新生代作家”这个称号，这个命名有一种永远长不大的感觉。我现在人到中年，“新生代”这个词显得很不合时宜。当然，在中国，作家的代际问题确实存在。西方社会生活几乎是一个超稳定的结构，是一种类似于滞止的状态，作家的代际问题可能是个伪命题。但中国不一样，1949年以来，中国社会一直处在眼花缭乱的变化中，迅捷、生猛、浩大，这一切造就了每一代人都有完全不同的经验世界。

我出生于1966年，我经历了两个时代，一个我叫它革命的年代，一个我叫它经济的年代。这两个年代看上去如此不同，但它们背后的逻辑其实是一模一样的，只是互为倒影而已。我们这一代作家，其实没有深刻经历革命年代，也没有天然地融入到后来的经济年代，像被这两个时代驱逐的局外人，这种特殊性使这代作家建立了双向审视的目光。我记得有一天，和你谈论起这一代人，你说，这代人最后的归宿是在精神病院里。

我不是批评家，我不敢整体性论及我们这代作家，就我个人的写作来说，要说有什么追求，我可能是在中国作家中少数的向人物内心、向人的精神世界掘进的作家。我相信人不是我们习见的那个平庸的面貌，而是有着像宇宙一样深不可测的谜一样的领域，有待我去探寻。

你较早的长篇小说《爱人同志》在我看来是一部非常杰出的作品，这部作品将敏感的历史事件与个体的生命遭际做了非常好的结合，甚至在主人公的“虐恋”与社会对他们的扭曲之间还建立了非常有深意的隐喻关系，因此成为了一个极有深度的作品。你的这类作品是出于什么样的考虑而写出的呢?

这部小说源于我的回忆。20世纪80年代，中国和越南有一场战争，牺牲无数，同时诞生了很多英雄。在我还是个中学生的时候，我们学校就有一位战争中伤残的英雄来做过报告。当时，媒体关于女学生爱上残伤英雄的故事可谓连篇累牍。这是一个其基本形态已被主流话语定型了的老故事，一个类似于王子和灰姑娘终成眷属的童话。它曾向我们展露其光明的一面，一种在国家意志驱动下以献身的面目出现的崇高的一面。在这个故事里，个人一直是面目不清的，个人被主流话语抽空了。我强烈地感受到这个题材里蕴藏着的人性内容和政治文化信息。我对这样的一个英雄和圣女的故事充满了好奇心，决定通过写作探索一番。这也是我写作的动力，写作对我来说一直源于好奇，源于我对这个世界不可言说的事物的理解的热情。我决定在童话结束的地方写起，试图还原那两个面目不清的经典人物的真实的日常生活。

这是你的第二部长篇小说，你觉得与第一部长篇小说有什么不同？

在写作的方向和第一部长篇《越野赛跑》完全不一样，叙事走向了人物内部。但这也不是一部心理小说，所有的心理因素都外化为日常生活中的戏剧冲突。在这部小说里，那个变化无常的社会投影到人心中的阴影，被转换成两性之间的争斗。通过《爱人同志》的写作，我对小说有了新的意外的发现和认识。一部小说的深度和复杂性完全可以由人物的深度和复杂性去承担。并且通过对人性的深度开掘，小说最终还是可能成为一个寓言，一个时代的隐喻。

小说中这对男女婚后的日子刚好处在我们国家从“道德英雄主义”过渡到“市场经济”时期。社会曾为他们搭建了一个巨大的舞台，鲜花和掌声一度包围着他们。但道德英雄主义时代终结了，市场意识形态扑面而来，他们最终被孤零零地抛弃在舞台上。观众早已散去，他们将继续演出，这无疑是孤独的演出，曾经有过的光荣和梦想不再，留给他们的是失落和沮丧，是赤裸裸的人性挣扎。总之，这对男女天然地处在我国政治、历史、社会流变的中心地带，处在一个各种力量扯撕的敏感部位。小说中他们光荣和失落，也暗合了社会转型时期中国人的普遍经验。

你比较晚近的一个长篇《风和日丽》也给我深刻印象，这部小说中的主人公经历了非常曲折的历史，但似乎与现实之间构成了更多和解的关系，当然其中也蕴含了很深刻和严峻的批判意识。我想问的是，你处理当代历史的敏感题材的时候，秉持的是一种什么样的态度，认为什么样的方式是比较符合理想的，和最成功的？

在我的写作中，如果要有一个关键词，“革命”一定是其中之一。革命当然是波澜壮阔的，也是泥沙俱下的，但革命意识形态对革命历史的修辞术随处可见。

对我来说处理所谓的“敏感”题材，最重要的一个态度就是忠直——当然这种忠直也可能完全是主观的。《静静的顿河》在处理革命时，是那么忠直于生活，忠直于人本身。同时，作家也不丑化革命，而是写出历史深处的那种真实，写出革命洪流下的个人行为。

革命的影响今天依旧复杂幽深地隐藏在我们的血液里，作用在我们生命的深处，联系着我们的情感反应。在之后，我们的情感和我们的理性全然不是合一的。这种复杂性不是理性可以解决的，它连结着我们的经历，我们的历史。我们不能重新出生一次，变得像一个婴儿。革命曾经是我们的父亲，从某种意义上说，我们是革命的儿女。

《风和日丽》试图写出革命语境中这种人的复杂性，写出革命对人性的塑造——有信仰带来的幸福感也会有人性的压抑。很早以前我就说过，作家要做的工作不是为历史注释，作家的立场就是人的立场，因此，唯有关心在历史洪流中的人性的处境才是作家职责。

和历史和解只是一种解读。有一位朋友曾问我，你最后为什么不让你的主人公杨小翼像《日瓦戈医生》中的拉拉一样进入集中营？类似这种问题我无法回答，一是我不可能写另一部《日瓦戈医生》——不管它多么伟大，二是我尊重我主人公的内心体验和选择，她老年将至，身边除了三五好友，几无亲人，回望历史，她只能潸然泪下。这种对革命的同情之理解，是出自杨小翼个人生命经历。

我个人生在山东，山东是典型的北方。每次去南方总能感受到许多差异，自然、气候、风物、人情，南北都不同，不同地域的植物也不尽相同，你在《1986年的“植物”小说——〈百年孤独〉》一文中，用“植物”一词来概括读《百年孤独》最直接的感受，认为“《百年孤独》充满着热带植物般的生气和喧闹，它呈现在眼前的景观，无论是人群的还是自然的，无不壮丽而妖娆。这个植物一样的世界具有一股神奇的魔力，它拥有巨大的繁殖能力和惊人的激情。”最新的长篇小说《南方》，在你看来是对“南方文学”传统的一种延续吗？“北方的文学”是否具有“植物”小说的可能呢？

《南方》写的是南方的故事，里面充满了南方的风物，有很多关于南方气候、植物、人情、街巷的描述。南方多山川湖泊，似乎容易出现神迹，好像全世界的南方都有这样的特点。

我曾去过墨西哥。像所有中南美洲国家一样，那是一个奇异的地方。甚至那里的植物也格外饱满肥大，有一种超现实之感。在那里，我看过弗里达的画，这个极度自恋的女画家，专注于画自画像的双性恋者，我从她身上看到了斑驳的文化图景，一种来自印第安、西班牙、南美及印度文化的混合体，极度妖艳和迷幻，代表着美洲南方大陆的丰富性和复杂性。她让我想起另一位墨西哥作家胡安·鲁尔福和他的代表作《佩德罗·巴拉莫》，总是带着中南美特有的神秘性和超现实感。

南方文学传统在我看来就是这种植物般生长的丰富性和混杂性。

在中国南方，同样植物蓬勃，四季常绿。生命在此显现不同于北方的那种壮烈，带着南方的水汽和灵动，带着热烈的甚至早熟的腐烂的气息。我出生在南方，虽然小说和现实世界有着巨大的差别，但每个作家都会承认，它的种子是来自现实的。北方人和南方人，经验的差异性是存在的。

我曾和一个来自西班牙北方的作家谈起我从西语作家所领略到的风情和感受，我说西班牙在我看来色彩强烈，满眼是高饱和度的蓝高饱和度的黄高饱和度的红，有原始的狂野和激情。结果，他冷冷地说，那只是西班牙南方。他说，他的作品里没有这些。

但是我说的“植物”并非指的是真正意义上的植物，而是指想像力或者繁殖能力。那么从这个意义上，莫言虽然是北方人，但他的小说完全可以称得上“植物”小说。

好的小说理应对人的存在境遇与命运进行深刻的揭示和探寻。一直以来，你都在关注时代意志下的人的问题，尤其是中国社会与当代历史的特殊性，让人的命运显现出奇特的面貌。《南方》中的人物往往在追求梦想的路上死亡——他们梦想着飞翔，真正做到了飞翔的人只有罗忆苦，且是她死后的灵魂飞翔，这种存在与死亡的关联是否是一种哲学观念的表达？

《南方》中确实出现好多类似飞翔的场景，傻子杜天宝渴望飞行，不惜饿肚子。肖俊杰得以打动罗忆苦，是因为他敢于“飞”，他背着降落伞，从大厦顶端跳下，在当时无疑是一次壮举。在另一次，罗忆苦和肖俊杰一起跳伞时，罗忆苦因此获得生理满足。肖俊杰死后，周兰第一次发病，重复了儿子的壮举，背着降落伞从大厦跳下，结果却在河水里失踪，再被发现时已经是一个疯子了。周兰梦到肖俊杰，都是肖俊杰的灵魂飞着回到家。只要找不到降落伞，周兰就会发疯。罗忆苦死后灵魂自由，七天时间里在人间到处飞行，在活人头顶飞行，也在她的前生记忆里飞行。小说里有一个哑巴，极具舞蹈天赋，看了一次苏联芭蕾舞团的演出就无师自通学会了这种舞蹈。某种意义上，这也是对被缚的反抗。

死亡的意义与生命的意义紧密相连，对死亡意义的探究是否就是对存在本身与生命的探究？

在文本中，与飞翔这个意像相反的是苦难和死亡。死亡在这部作品中反复出现，小说中的人或死于欲望，或死于绝望，或死于非命，总之悲剧如影随行，似乎只有傻瓜杜天宝穿越了两种年代，得有善终，这或许也算得上是一个寓言，但我对此并无想法。事实上，在这部小说中我看重的并不是寓言，或者所谓的哲学，而是生命本身。探寻生命内部的复杂性一直是我写作的兴趣所在。至于你说的死亡的意义与生命的意义紧密相连，那是当然的，要是这世上没有死亡这回事，那么人类既定的一切，这世上的哲学、宗教、知识、秩序都得改写，我们将失去彼岸世界，天堂将反转过来，我们本身就成了天堂。

你的小说总是有“寓言”的品格，比如《到处都是我们的人》《1958年的唐吉诃德》《标本》等，往往通过夸张、变形的手法，揭示出生活的荒诞。如你所说，《爱人同志》也是，可以看成一种隐喻。较之此前作品，《南方》在寓言品格方面是否有变化？在下一步的创作中，你准备如何处理寓言与小说的关系？

我早年的小说寓言性比较强。比如我的第一部长篇《越野赛跑》写了两兄弟的故事，是两个疯狂年代相遇的故事，这是我第一部长篇，整部小说的基调是飞扬的，寓言式的。写实部分也显得变形和夸张。

后来，我在写作《爱人同志》时放弃这种方法，我开始向人的内部世界拓展。那个不可捉摸的内心世界有着巨大的能量，让我深深着迷。我完全用写实的方法切入，一步一步，进入那个黑暗的潜意识领域，试图打开人物精神世界的图景，他们的光荣和失落，幸福和疼痛，爱和恨，温情和暴力。

对我来说，奔放的飞扬的想像似乎是“容易”的。我早年的中篇《家园》也是一部飞扬之作，我几乎用两天时间就写完了它。而写作《爱人同志》这样的小说，需要耐心，需要长久地凝视，需要仔细地辨析，看清他们的选择和行动的理性和非理性面相。

每一次写作，对我来说都是一次自我挑战。写作《南方》时，我想到了我早年的《越野赛跑》。我想，既然我第一部长篇是关于飞翔的，那么我的生命里一定有这样的天性，我为什么要放弃这样的写法呢？同时，我告诉自己，我是个对人充满好奇的作家，我同时也不能减弱对“人”的探问和质询。

我试图在《南方》中融入我写作中两种完全不同的风格。我想让南方有寓言性，但这种寓言性要建立在人物的深度之上。我要在飞翔和写实之间找到一条通道。

我不知道自己是否做到了。从我现在的文学观念来说，我更喜欢那种有人性深度的小说。但如果一部小说既能表现人性的深度，又能指向关于世界的普遍性的寓言表达，也是件不错的事。

《南方》是你积淀五年的作品，在我看来，这部小说多少有些炫技之嫌，比如设置三个人称：你、我、他，毫无疑问，人称在这部小说中具有很强的结构功能，产生了一种复调甚至是狂欢的效果，但不同的人称是否也指向精神内部？比如，“我”是否是其中最为重要的一部分？“我”是否与人性与精神上的“本我”相关？

《南方》这部小说应该不算是狂欢的小说，只是其中有某些超现实的场景，比如大师飞升大地，比如像迷幻术那样的灵修班，比如罗忆苦和大师在飞翔时所获得的前所未有的快感，等等。说到炫技，我本人倒并无此想法，我这部小说有一个比较明确的意识，我要写一部结构上和以前的小说完全不一样的作品，甚至是繁复到精密的作品，所以用了三个人称，然后，我发现，这三个人称指代的人物在某种意义上可以代表人的三个部分：“他”是个善良的傻瓜，可以表示人性中的至善；“你”是个长者，对亲人怀有愧疚，指向人性中的忏悔；而“我”是个野性的、蓬勃的、欲望旺盛的女性，代表着人内心最为原始最为幽暗最为丰富的部分，我们至今无法道清的和整个宇宙一一对应的人的内在宇宙。从这个意义上说，我写的三个人物其实是一个人，是我们共有的三个部分，其中“我”当然是最为重要的部分。就像宗教里说的，上帝需要吹一口气，才能创造人类，至于人类最终听不听上帝的，最终走向何方，上帝也并无把握。所以，这种理念性的东西，只不过是作家对写作世界吹的一口气而已，关键是能不能写出那些不听话的无法规训的人物。

较之此前小说，《南方》的语言发生了一些变化，你是否在向已有的语言经验挑战？是否在努力超越意识形态覆盖下的词语，让词语具有作家的生命与体温？

《南方》确实在修辞上希望更南方一些。我试图寻找一种和南方风物吻合的语调。因此，小说中反复出现“南方”“在更南的南方”“一动不动大团的白云”“好像白云之上就是天堂”，这种轻盈的词语，有些甚至是不及物的，试图给人造成一种飞翔感——这和小说中反复出现的飞翔一致。中国是一个比较特殊的社会，社会治理有一套独特的语系，这套话语是另一种润物细无声，它对中国人的语言的侵入是不知不觉的。语言就是思维方式，作为一个作家，对此保有基本的警觉是应该的。不管怎样，一个严肃的写作者，他的词语必定和他的生命息息相关。

设问人：张清华 评论家，北京师范大学文学院副院长

叶　弥

叶弥，1964年生，江苏苏州人，江苏省作家协会副主席。自1994年起，累计发表作品二百余万字，主要作品有中短篇小说集《成长如蜕》《钱币的正反面》《天鹅绒》《桃花渡》等，长篇小说《美哉少年》《风流图卷》等。曾获鲁迅文学奖等多项文学奖。

观察动物的生存状态让我不自大

叶弥一直过着一种偏离“正常”的生活，人们向往城市，她则躲入了乡村。每天伺弄花草菜蔬、喂养鸡鸭、收养猫狗，给她带来了无上的乐趣，在观察它们的生存状态时使她不至于自大，自大会让许多人迷失。叶弥认为，在她的小说里总有一些偏离“正常”的人物，不能说他们是不正常的，而应该说他们是单纯的、怀有赤子之心的。他们有着困惑、执着、善良的品质。他们也许不那么刚强和大度，但他们的行为都是源于爱。

你的成名作《成长如蜕》里的弟弟，在某种意义上是理想不愿意毁于现实的象征，它带有很强的时代感和现实性，今天重新看弟弟的故事，你有重写的冲动吗？

没有重写的冲动。它带着那个年代的痕迹，重新读这篇小说，我还是感到内心的疼痛。这也是一代人心中的疼痛。逝者如斯夫，时代的把戏玩得让人眼花缭乱，唯一不变的是，我们内心的伤痛，我们追求真理的心。

《成长如蜕》里伤感的调子令人难以忘怀，后来你似乎将这种伤感悄悄地隐藏起来，但并没有消失，而是沉到更深处了，这样的变化是出于什么考虑呢？

实际上我们内心的伤感只有增加没有减少，我们熟悉的人没有了，我们熟悉的环境没有了，我们看似物质丰富并享受人生，其实我们已到了山穷水尽的时候了。我们肤浅、焦虑，没来由地沾沾自喜，以无聊和无耻作为生存的利剑……我是其中的一员，我怀疑我并不能独善其身，即使我不会深陷其中，我的心灵也难以平静，我的双脚也举步艰难，没有人能超越时代，没有人能举石投掷别人时不砸到自己。这就是我现时的伤感，与年轻时的那份伤感相比，现在的更复杂、更沉重，也更没有自我。所以，隐藏伤感，不是出于某种考虑，而是自然而然的一种选择。如果河水能倒流，我就能像以前一样恣意表达我的伤感。

你的小说中，叙述者声音的一个显著特点是，往往表现出一种开放的主观性，读者时时可以感受到它强烈地扩张和介入。像《成长如蜕》中叙述者“我”不仅一直操纵着故事的走向，而且总是介入到弟弟的故事之中。这样的叙述者是你在写作中有意识的设定，还是不由自主地如此呢？

小说的视角问题，我一向持怀疑态度。我当然希望在写作中更理性，也更合乎某种写作规范。但是我认为小说首先是情感的，它有时候需要挣脱一下束缚。

通常人们认为，一个女性书写者所表达的东西似乎只是或者更多是关于女性自身的诸多问题。你觉得呢？

通常人们认为的东西，一定会得到某种响应，也一定会得到某种反抗。女性写作也是如此。何况因为个性、生长环境的不同，女性写作也会呈现多样性和复杂性。我的写作不追求所谓的广阔和中性化，我只写我的情感和兴趣。

你获鲁迅文学奖的短篇小说《香炉山》，给我的感觉是，你将存在的压迫感演绎为内心搏斗和挣扎的戏剧，苏这个男性形象不过是欲望与诱惑的幻影，或者说是你配制的一贴试剂，用以检测“我”的内心。你对心理世界的微妙变化更在意，这在你2000年以来的中短篇小说里似乎表现得更为突出。

《香炉山》并不是我最好的小说，作家最好的小说总是带着强烈的个人色彩，强烈的犯禁色彩，更自由，更有毁坏旧秩序的能力，也更有创新精神。世界上所有的文学奖，大概都不会给此类小说颁奖，因为这类小说更不成熟，更像是一个问题，不是解决了一个问题。《香炉山》成功地解决了一个问题，那就是女主人公心中的欲望，如何解决心魔，那就得靠“我”的心理活动去推进故事发展，让“我”借助内心的活动达到问题的解决。内心的活动，就是系着船的一块石头。如果没有这块石头，让船自作主张，就是脱缰野马。我更喜欢脱缰野马，但我也享受现在的这个变化，我觉得，这种变化不会让我徘徊在固步自封里，它让我有机会寻找到写作的力量源泉。

与上一个问题相关联，你的《父亲与骗子》《马德里的雪白衬衫》《天鹅绒》等，在一种近似心理游戏的叙述中，你喜欢设计一种心理的固置与行为的反转之间的张力，它让故事从寻常的轨道启动，可是不知不觉地出人意料地“走偏”，这显示出某种“调皮”的趣味——你是不是从中获得写作的乐趣?

我喜欢离经叛道，这是我写作中的一个很大乐趣。但是这个乐趣也给我带来困惑。中国是一个讲求中庸和中正的国家，异己总是会消耗掉许多能量，因为要对抗。作家也是生活中的人，我在生活中喜欢按部就班，喜欢被亲朋好友肯定。即使我写作时经常从寻常轨道出发，借此求得认同，但不知不觉中还是会走偏，使得我的写作口味不那么从众。我也经常听到或看到生活中有与众不同的人，他们比一般人更有生活的热情和力量。这才是我写小说的真正动力。

《香炉山》也让人看到，你的小说似乎喜欢用一种略微偏离俗常或者说庸常的欲念，作为叙事的发动装置。你自己怎么看?

我自己是一个庸常之人，看书不求甚解，做人随波逐流，生活得过且过，但我欣赏一切精彩的人和事。世上的精彩，往往是偏离俗常的。叙事的冲动，也源于此。

你的小说中总有一些偏离“正常”的人物。小说中的这些人物总是显得那么地迂傻痴狂，仅仅是为了给我们带来戏谑的快感吗?

当然不是戏谑。与其说我的小说里总有这些偏离“正常”的人物，不如说，这些偏离“正常”的人物是单纯的、怀有赤子之心的。他们有着我喜欢的品质：困惑、执着、善良。他们也许不那么刚强和大度，但他们的行为都是源于爱。

多年前读了你的《父亲与骗子》，后来注意到，你的小说中涉笔父亲的形象时，似乎总带着某种单纯、明朗、积极、理想的色调，在与其他复杂、灰暗、怪诞的事件或背景相连时尤其如此，《风流图卷》的前面部分关于父亲的形象也给人这样的印象。对此，你自己是怎么看的?

坦诚地讲，我从小就和我的父亲关系不亲密。我父亲是亲朋皆知的公开的重男轻女者，中国的男性有一部分是重男轻女者。我还不会讲话时，就辗转寄养在一家又一家，读一年级时才正式回到自己的家庭中。当然，我的父母也从没有问过，我在别人家里经受过什么。在这里我离开话题说一个小故事，我五岁那年，寄养在一位亲戚家里。有一次，我与亲戚家里的一位男孩儿要整一下他的妈妈，这男孩儿与我同岁。我们在他的妈妈傍晚放工时必走的一条土路上挖了一个坑，里面放上屎和尿，在上面盖了一把稻草，他妈妈扛着锄头放工时，我们躲得远远地瞧着。那条土路平整光洁，没有一根杂草。我们挖的坑就在路中间，上面盖的草也是稀稀拉拉、敷衍了事。但这位女性，男孩的妈妈，居然一点也没有疑心，不偏不倚地一脚踩了进去。结果是，我挨了她无数的耳光，脸肿得两顿饭都没吃。她的儿子当然免打。这件事让我知道，大人很蠢。他们不知道危险，他们也看不到世界的隐秘。多年后我收养了很多动物，与动物们打交道，我又知道了一件事，孩子和动物才能看见这个世界的秘密。大人，大多数都是迟钝和愚蠢的。

我回到家以后，就处在与父亲不断的抗争之中。我从来不叫他爸爸，一定要与别人涉及他时，也用“他”来代替。一直到初三，我才开口叫他爸爸，那也是一个误会导致的。但我用旁观者的眼光观察到了他身上具有的有趣的或者好的品质，譬如他一生喜欢漂亮女人，他经商诚实守法，对朋友仗义。我太爷爷从无锡前洲乡下去了上海滩，我爷爷我爸爸都在上海出生和生活，他应该也是半个上海人了，他的身上有着上海人的聪明务实。这些都是我在小说中塑造理想父亲的心理基础。

你的《父亲与骗子》《黄色的故事》《司马的绳子》等小说，没有了那种与现实的尖锐对抗、对真相的无情逼视，而是表现出与世界和解的态度。这种态度是讲述的故事造成的，还是你自己的生活遭际、心境、观念的变化带来的？

谈不上和解，没人与我和解，只有我自己的某一种心情和缓。我的生活和写作状态可以用“随波逐流”四个字来概括，什么样的心情和状态就写什么样的小说。我和解了一件事，下一个时间段里又有什么无法和解的东西了，又有什么过不去的坎了。对抗与和解，各自会在一个特定时段发生。

你在《司马的绳子》这类小说中为自己的叙述设置的目标是，在尖锐的冲突中和为寻常道德所不齿的生活中发现单纯，发现人对命运中的无常亦或恒常的坦然。有人认为，这样的叙事面临的危险是，稍有不慎便会流于刻意做作，你怎么看？

不会有这种危险。生活中我看到许多精彩的人和事，都是我写作的源泉。

你的《城市里的露珠》在题材上显得有些特别，所展示的生活场景和细节，也许超出了一般读者的经验范围，尤其是其间的女人以如此张扬和放纵的姿态戏弄着男性的世界，她们飞扬跋扈、忘乎所以，肆意地对待金钱和性的游戏。但是在充满末世情调的华丽衣裳之下，是灵魂隐匿在一角的暗笑或者哭泣——这是多少有些扭曲的生命的姿态，她的情绪宣泄的浓烈恰恰在提示着深藏的压抑。这个题材是如何进入到你的创作视野的？

这个素材得之于我学驾车之时，当然来于生活高于生活。它吸引我的是，里面有强烈的生命感，虽然是扭曲的。陆文夫老师生前看过这一篇，很不喜欢，曾提出探讨，但我无意探讨这方面的问题，我从小经常给父母写下我的检讨书，后来就拒绝一切我认为有危险的交流。这篇小说题材上超过了一些人的经验范围，但不是普通读者，而是文坛上一群孤陋寡闻的人。

在《月亮里的温泉》里我们也可以看到，叙事的表层很快能让人想到人心与风俗的变迁，看到消费时代的色情买卖对一个古朴乡村尤其是对乡村里的女人命运的影响。但是，小说的叙述所取的不是道德批判或曰文化批判的立场，而是努力引领我们感受到一种来自人心深处的纯净及其力量。当你在故事中采取这种非道德化的立场时，你在生活中的道德立场是否与之矛盾？

这篇小说我写了以后，真的是忘了。直到《人民文学》的海外版要把它翻译成韩文，我才想起来。但我已经忘了这里面写的是什么。我建议他们换一个小说，但是被他们一口拒绝了。于是我重新看了一遍这个小说，看完之后，我对自己的评价是：我真诚，我敢写。

《风流图卷》写的是人们在普遍以为是压抑的年代里不可抑制的人性的“风流”，你觉得你在“风流”中注入了哪些不同寻常的意涵？

一定要说不同寻常的意涵，我的“风流”则更艰难，因为更清醒，追求得更彻底。

你试图在其中写出人的复杂性，这是否可以说是你写作这个长篇时的一个动力？

当然这是动力之一。人的复杂性充满玄机，是宇宙最有趣的谜题。

你认为这种复杂性是特定的年代造成的，还是你立足于“今天”的时空回望时产生的呢？

当然是回望那个特定的时代造成的。

《风流图卷》中，孔朝山的女儿孔燕妮是故事的叙述者，同时又是所有人物命运的观察者、评判者、审视者。你在写作的时候，这些角色之间是否经常打架，你是怎样处理的？

孔燕妮是主角，我给她更多的表达机会，她承担了故事的叙述，作为成长中的主要人物，她的行为和心理需要由内而外，或者由外而内的推动，这就使得我用更多的笔墨写她的眼中所见，心中所想。顺着人物的命运写，每个时期都有她特定的心理活动和行为方式，不会产生纠结。

《风流图卷》在某些时候让人想起你的《大笑上天堂》，那里面的幽灵尽兴表演，如此地趣味盎然，匮乏年代的生存艰难和精神贫困被推到若有若无的幕墙中，孩子的笑声出自阴森的、病态的、破败的生存图景，却超越了这样的图景。它固然传达了一种乐观精神，但小说不是在应对现实的残酷或灰暗的意义上显示这种乐观精神，而是在呈现单纯的心灵所能孕育的创造力。《风流图景》在更为复杂的背景和人物关系中，凸显了这种单纯，也许这就是你给“风流”定义的底色吧？

每一个作家，都有属于他的写作色调，他的趣味所在，就是他应恪守的底色。

你的中短篇小说对故事发生的时代并没有反思的意识，它不去苦苦追索历史的重大主题，也不去孜孜以求地做历史记忆的描红功课，它也没有“新历史主义”小说那样的颠覆或重新发现历史的勃勃野心。它感兴趣的是记忆中的那些能够唤醒的幽灵，它们被召唤到小说中来，成为饶有趣味的故事蛊惑我们。在这一点上，你认为《风流图卷》是不是也承袭了你过去小说的特点？

当然，反思会使人进步。我更感兴趣的不在于反思，而是人类在时代中呈现的能量，越是艰难时代，人性的反弹也越大，越是有一份特别的精彩。

据说你在写《风流图卷》的时候，一直远离尘嚣，住在僻远的地方，是有意识地选择一个相对封闭的空间，让自己更好地沉入故事的世界吗？

我在2008年春天搬至远离城市的一个地方，这个小区的周围是稻田和菜地，路上也没有路灯，土地生长一切、包容一切，也成就一切。在这里我能看到城里见不到的各种野菜野草，商陆、桑白皮、车前草、野胡萝卜、苍耳……鸟类和虫子们，不识的多。春夏秋三季，当大雨过后，蛙鸣四起，排山倒海的蛙鸣，能把我从睡梦中惊醒。从床上坐起，听着一片蛙鸣，不会觉得烦躁，小生灵的大合唱，让我有今夕何夕之感，恍如天上人间。坐公交车进城来回需要将近三个小时。当地人早睡早起，下午四五点钟，路上就少人走动。现在这个地方也城市化了，道路宽阔，灯红酒绿，汽车泛滥，当地人都说，没想到变成这样。当地人，特别是年轻人是喜欢这种变化的，因为这种生活让他们可以触摸到城市的生活。不喜欢这种热闹的恐怕不多，我就是其中一员。好在在此住了九年多，我当初想要的都有了——良好的睡眠，良好的健康，比较平静的心。当时是为这些来的，并不为写作。我从来都认为，生活是第一要紧的事。但我在这里也收获了不少小说的构想，并且一一把它们写成文字。

故事里那些“风流”人物与你做伴被你呼来唤去，是不是比与现实的人际交往更让你愉悦？

现实的人际世界当然比不上想象中的世界。事实上，我笔底下的人物从来不会被我呼来唤去，他们自有个性和主张，我是跟着他们走的。我的作用是为他们穿上合适的外衣走到舞台上来。

有人指出，《风流图卷》中的戏剧冲突主要表现在两大方面，一是以温文尔雅、淡定从容、富有教养和情趣的生活姿态，对抗庸常粗鄙、蒙昧愚钝的人群和生存现实。二是以我行我素、张扬个性、随心所欲的生命态度对抗伦常规约、禁忌限制。在你自己看来，是这样的吗？这两种冲突之间有什么内在的关联？

俗话说，人无规矩不成方圆，过于严苛的限制和规约，会打击人求知的积极性，从而滋生蒙昧和愚钝，并导致人性的粗鄙化。《风流图卷》的背景放在一个比较紧张的年代，有一群温文尔雅的人，他们践行着自己的生活方式，在那个特殊的年代里，淡定从容和富有教养就是在努力张扬个性了。

在讲一个引人入胜的故事与凸显叙述者的姿态、展示讲述的方式之间，你更偏好哪一个呢？

都喜欢，最好能融为一体。

你的小说让我们感到有趣的同时，每每伴随着一种令人感到不安的东西，它粗粝、尖锐、闪光，它藏匿于小说的语言之中，向思想的肌肤发力。这是什么样的东西呢？

因为从小寄养在一家又一家的经历，我内心常有不安的情绪，这种情绪有时候空穴来风，没有任何道理，它经常走向反面，显出粗粝而尖锐，渴望某种伤害，伤害自己或别人，它如此难以驾驭，当它稍具理性时，这种不安的情绪会寻求合理的通道。我写小说，大致与我具有的这个情绪相同。

你生活在苏州，人们会不自觉地在你的作品中寻找“江南”的元素，但是与陆文夫、范小青、苏童等人的创作相比，地域色彩在你的小说中似乎并不是特别突出的元素，你是故意如此吗？

与他们三位老师相比，我的生活更没有稳定性，童年和少年，我大半时间是在别人家中度过的，父母的亲朋、父母的邻居，我的家是不停变化的，是移动的，有些面孔刚熟悉又换了别人，他们就像走马灯似的在我的世界飘过，也给我留下困惑和伤痛。地域概念是没有的，我从小在无锡、上海、射阳等地寄养，这些地方在我的脑海中混乱成一团，当我长大以后，没有任何一个地方能在我心中留下一个确切的印象。所以，我的小说中，地域色彩不突出。

你在伺弄花草菜蔬、喂养鸡鸭猫狗的生活中获得过小说写作的灵感吗？

没有。那全是做家务的状态，也是休息状态。我从来不把小说带到日常生活中去。但是伺弄花草菜蔬、喂养鸡鸭、收养猫狗，给我带来无上的乐趣，虽然忙碌，忙碌到无法外出。我观察它们的生存状态，我为它们服务，能使我不至于自大，自大让许多人迷失，我想我有了它们，至少不会迷失太久。

你在写作之外与社会保持接触和联系的方式主要是通过什么途径来实现呢？你对当今社会中的哪些事情特别关注和关心？

我有许多与社会保持接触的方式，采访、上菜场与卖菜的交谈，坐公交车听人们的话语。我保持着对世界的好奇，我会在路上听一场完整的吵架，当然有时候我也参与其中。作家要警惕自以为是，我见到的很多作家都处于分裂状态，一方面极自大，一方面又极自卑。我不想成为这种人。说到我与现实的关系，这里讲一个励志的小故事：刚搬到这个小镇边上时，我还没学开车。平时进城就坐公交车。有一路公交车从我住的地方可以开进城里，六块钱来回。两个多小时坐车，加上等车什么的，来回一趟需要三个小时。车少人多，没有座位，从乡下进城的老太太们，往往就在车厢的地上坐着，谁也不会给她们让座，这里没有敬老的习惯。日本有一个故事片讲的就是这种情况，家里有老人的，子女会把老人背去一座山，让他们在山里等死。只有一次，我看到有一位外国妇女，是在学区那里上的车，一上车她就把坐在位子上的青壮年拉起来，一个一个地拉，然后把老年人安排在位子上。我只要身体好，能站着就决不坐着。即使我次次让座，努力劝说健康的年轻人从老弱病残专座上站起，效果还是不明显。那次，我正病着，上了车，只见一位老年妇女向我招手说，“你过来，我孙子让你坐。”她的孙子听话地站起来让我坐下。一会儿，有一个孕妇上了车，那位老年妇女又去叫她，说，

“你过来，我让你坐。”安置好孕妇，她对我说，“你不认得我了，你给我让过坐的，我现在叫孙子给你让座，我也让大肚子（孕妇）坐。”我病中情绪脆弱，她的一番话，让我无比地感动，说得我差点哭起来。

你关注现在的年轻人的写作吗？他们的作品给你留下了怎样的印象？

他们是希望，不管你怎样想，他们总是取代你的人。年轻一代人的写作，正以一种整体袭卷的方式否定着前人的写作理念。

设问人：林舟 评论家，苏州大学凤凰传媒学院教授

关仁山

关仁山，1963年生，河北唐山人，河北省作家协会主席。主要作品有长篇小说《日头》《天高地厚》《麦河》《白纸门》《唐山大地震》《金谷银山》，长篇报告文学《感天动地——从唐山到汶川》《执政基石》，散文集《给生命来点幽默》。曾获鲁迅文学奖、庄重文文学奖、全国“五个一工程”奖、中国国家图书奖等。

为人民写作是我的理想

在“农村三部曲”之后，关仁山推出了《金谷银山》，他想通过范小枪这一人物来塑造新一代农民形象，让人们看到不再由梁生宝、萧长春这类理想人物来充当农村改革的当代英雄。关仁山说，劳动使农民具备了土地般宽容博大的胸怀，他们永远都在土地上劳作，像是带着某种神秘的使命感，即使在最困难的时刻也不曾失去希望和信心。

你的“雪莲湾风情系列”小说以关注当下社会现实而引起文学界的注意。《九月还乡》《大雪无乡》被看作是“现实主义冲击波”文学潮流的经典作品，它们产生了哪些令人瞩目的影响？

关注现实生活，而且还写传统与现实的冲撞、文化的冲撞、人性的冲撞，是我一贯的文学追求。20世纪90年代初期，我在渤海湾渔村体验生活，创作了《苦雪》《红旱船》《蓝脉》等“雪莲湾风情系列”小说，其中《醉鼓》改编成了话剧《鼓王》，由北京人艺的大导演林兆华执导，李默然主演，获得了当年文化部的“文华奖”。进入1994年，当时中国的国有企业和乡镇企业问题有些突出了。我故乡唐山乡镇企业走到了一个严峻关口，必须得进行股份制改造。我写的《大雪无乡》则是最早反映股份制改造的小说。在这之前，先锋文学探索到了一个新阶段：方方、池莉、刘震云等作家掀起的“新写实主义”文学风靡一时。“新写实主义”小说虽然把对人的关注引导到人生的本真状态，但更广阔层面的人民大众生活，则缺乏相应的文学表达。就在这时被雷达老师命名的“现实主义冲击波”应运而生，刘醒龙的《分享艰难》、谈歌的《大厂》、何申的《年前年后》、我的《大雪无乡》等作品集中发表。这些作品直面中国当下最基层的工厂、乡镇，以文学的方式反映中国当时最为广大老百姓关注的、最为尖锐的社会问题，在文坛和读者中产生了广泛影响。之后，关注现实的长篇出了一批。紧接着的是张宏森的《车间主任》、周梅森的《人间正道》、张平的《抉择》等等。

这些关注现实的文学作品问世很及时，对生活有一些冷峻的认识。但是，一些评论家站在批判现实主义高度上提出了一些问题，认为这些作品缺少更深刻的批判意识，缺少思想艺术性。

关于“现实主义冲击波”这一文学潮流的评价的确出现了分歧。不过，对你个人而言，《九月还乡》《大雪无乡》是你文学创作上的巨大飞跃。《太极地》《闰年灯》和《九月还乡》《大雪无乡》等作品，虽然都是关注农村的社会现实，但相比较而言，你觉得在叙事手法和所关注的问题上有何不同？

像《九月还乡》《破产》这一批作品，那一年发表有七八个中篇吧，最响的是《九月还乡》和《大雪无乡》这两部。相比较而言，“雪莲湾风情系列”注重民俗、民情、人性，注重风情美、人性美的开掘，更注重民俗文化元素的挖掘，以及时代大潮冲击下渔民生活的裂变。而《大雪无乡》《九月还乡》从写作对象来说，所关注的是冀东平原农民而不是渔民。从写法上看，《大雪无乡》《九月还乡》比“雪莲湾风情系列”更有冲击力，反映问题更尖锐一些。在人物形象塑造上，《大雪无乡》《九月还乡》更有特色。例如，我在写股份制改革的《大雪无乡》中塑造了一个文学形象“潘老五”。“潘老五”是一个耐人寻味的人物形象，他一手遮天，驾驭乡土，功过参半。但是，对于“潘老五”的塑造还有些遗憾，没有把他做到极致，特别是没有很好地挖掘他的灵魂，遗憾地与这个有可能成为“这一个”的典型人物失之交臂。这个人物的出现是那个时代的产物，当时一些领导“老子打的天下，乡镇企业是我的天下，老子说了算”的观念特别严重，忽视了人民的利益。那时候鼓励胆子大一点，富得快一点，时代的大环境给了这类人物以平台，同时也展示了其劣根性与人性的复杂。“潘老五”已经成为时代前进的阻力，我发现了这个典型人物，遗憾的是没能很好挖掘到他的灵魂深处。

《九月还乡》中的“九月”也是一个重要的人物形象。1990年代初期和中期，有农村的姑娘上城卖淫的现象，但没有文学作品敢涉及，我是比较早涉及这一领域的。当时《十月》杂志给《九月还乡》定了头条，然后《小说选刊》《新华文摘》也转载了。

“九月”人物耐人寻味，她到城里打工，最后沦为卖淫的妓女，她用卖淫的钱伤痕累累地回到故乡，在家乡美丽的土地上耕种棉花，开垦荒地。这个形象当时是富有争议的。“九月”从过去罪恶的泥沼中挣扎出来，故乡温暖的土地抚慰着她受伤的灵魂。有人认为她身上有新农民的元素，她想当一个农场主，历尽艰辛，被人冷眼相看。这一形象有着特殊的意义，心地善良、勤劳能干的女孩由沦落转而升华，从田野的劳动中重新找到了她一度失去的做人的价值。“九月”的命运也折射出改革催生了人的巨变这一重大命题。

“九月”身上是充满挣扎的，人性的温暖和现实的无奈，读来让人心酸。从路遥《人生》中的“高加林”到你《九月还乡》中的“九月”，折射了时代的巨变，也是中国文学反映城乡关系巨变的体现。“高加林”是很纯粹很简单的形象，他一心要脱离土地，到大城市去。因此，《人生》是在城乡二元对立的矛盾与冲突中展开情节的。但是，到了《九月还乡》，就不能以简单的城乡冲突来表达九月们的命运了。你是怎么看待“九月”她们的命运的？

《九月还乡》中“九月”这个人物，带着满身伤痕，带着内心的疼痛回来了。她在棉花田里哭泣，她有自责的东西。她为啥说她回来做手术去骗他这个淳朴的恋人“双根”呢。做手术，回来跟“双根”成家，她内心里是向往美好的，但是由于现实的残酷，她要生存，必须把那些美好的东西碾碎。她要突破她底线的东西，她要生存。人进行生存的挣扎，要站住脚跟，就要不择手段了。如果说再往前走，“高加林”就是这么个人物了。但是“高加林”还不能往前走，当时刚改革开放嘛，他还突破不了时代和文化上的道德的约束。“高加林”心灵受伤之后还得回到黄土高原，他得回到故乡的热土自己疗伤。

而“九月”就不同了，她突破底线，她挑战道德。山西的评论家段崇轩写评论时，提到我这个“九月”的形象，认为是新农民的代表。“九月”不仅突破了道德底线，而且她还有了商业意识、法律意识。她身上开始具有现代文明的商业意识、自醒意识。她开垦荒地，把产品推向城市。她最糟糕的是做罪恶的原始积累，挣更多的钱，为了以后再来买回更多的东西。这让我们心痛，也让我们思考。

“九月”这个人物身上实在有太多东西了，她的历史内涵很丰富。从社会学的意义上讲，我们看到所谓的农村转型必然要付出血的代价，也反映了中国商人的原始积累是“带血的”、突破了道德底线的。从美学意义上来讲，“九月”这个人物形象，具有多重性。她既不安于现状，要往外走，但又缺乏现代文明所需要的各种素质。然而，当她回到农村时，又备感尴尬，已经不再是传统的农民了。《九月还乡》实际上这里面提出一个非常严峻的问题，就是广大农村的城市化该怎么进行的问题。

农民本身信息资源不够，土地贫瘠，自己又没有资本，从农村很穷的地方到城市，想到的首先是生存，一切过高的奢望都是没有办法实现的。他们的文化也不够，像大学本科生、研究生他绝不会走这条路。农村青年在城市里打拼、挣扎是必然的，而且他还肩负了家乡的负担，融进城市又很艰难，缺少身份认同感。他陷入到回不到的家乡融不进城市的怪圈之中。这是很纠结的，痛苦的，煎熬的。

现在回过头来看，《九月还乡》很有前瞻性。到了今天，农村青年也面临这个问题。当前，第二代农民工是农民工的主体，第三代农民工已经开始出现。你怎样看待新农民的命运？

现在我正在写一部长篇小说《金谷银山》（原名《归来》）。我现在换成什么写法了呢？我写一个农民回了乡村吧，他不能适应乡村，融不进乡村；在城市呢，他融不进城市，成了没有身份的人。在这种双重纠结中，他必须得归来，灵魂得归来，身体得归来。这是一个“双重归来”的主题。我写了这个农民的老家——大雪灾中的一个绝望群体。这里的村支书、村主任都已经进城了，就一个小组长在管着。村里十几口人全是在外打工致残的，还有些年老的空巢老人和小孩。这些绝望的人在大雪灾里被遗忘了。救灾也没考虑他们，屯里就认为这村没人了。恰恰这个农民惦念在这个村子里的亲人，所以他回来了。他本来是照看照看他们，救救灾带点吃的。结果一个人自杀了。临行前他开了一个会议，必须绝地重生，他必须带村子里的人活下去。我就写这个农民，他在城里打拼接近半成功时又回到了这个家园，他是被迫拽回来的。

这个绝望的群体经过六年的奋斗，干出了让城里都羡慕的事情。光伏发电，苹果不打农药，四十五块钱一个苹果定制给了佛堂。他做的是前瞻的，很商业的东西，还包括电商销售。他宣传村里的所有产品，废物变宝。如果没有他，这些残疾人看到的只能是废物。只有有了见识的人，他才可能有这个意识，变废为宝。而他的妻子呢，在城里办证，想在北京买套房融进城市，但这个过程是艰难的。我写他的妻子不断地要融进城市，又不断被打回来再融进去，打回来再融进去的历程。我感觉在城市是归来，在农村也是归来。无论是城市还是乡村，你都融不进去，但必须得融进去的"归来"。这个过程中它是很艰难的。

你的《天高地厚》开始比较关注重大的农村社会历史变迁问题。书写农村历史巨变，已有《创业史》《艳阳天》《许茂和他的女儿们》《平凡的世界》等优秀作品。你认为你的这部作品从上述这类作品中吸收了哪些有益的营养，又在哪些方面有超越？

长篇小说《白纸门》写了渤海湾大量民俗文化，以及民俗在商品大潮冲击下的生命力量、扭曲和消亡。我想，乡村大的事件、农民政策影响了中国农民的命运，包括《日头》也延续了这种写法。超越什么当时想的不多。要说光想着超越，就不敢写了。作家朋友柳建伟给我写了一个评论，说我的《天高地厚》是对柳青、浩然、路遥等作家的致敬。浩然的《艳阳天》、路遥的《平凡的世界》、柳青的《创业史》，包括"梁生宝"这个农民英雄形象，都是农村史诗的宏大叙事。

当时我就感觉，农村文学三十年，路遥《平凡的世界》从三中全会以前写到土地大包干，到多种经营开砖窑，大家包产到户了，直接写到这为止了。我说路遥走了之后，中国作家基本不管后来这些农事了。如今强调个体生命的挖掘，宏大叙事也不吃香了。我估计聪明的作家不会干这些傻事，明显看着无法超越，之前还有张炜《古船》这些标杆。《古船》《平凡的世界》这些农村宏大史诗的经典作品戳在那儿了。但是咱们还算是年轻作家，我们就怀着向前面这些作家致敬的心情写作。想突破他们，那咱们也没有把握，可能性不大。

我后来这么想，咱们来写一部深刻反映农民命运的小说，就把这个空白堵上。艺术高度咱们达不到，就凭自己的一股子热情写到哪算哪。自然压力就小了许多。但是，当时也有这种想法，想把这段中国农民的命运史给补上。于是也就构成了我后面的“农村三部曲”。如果没有《天高地厚》也不会写《麦河》，没有《麦河》也不会写《日头》。这三部曲都是跟土地相联的，而且都是宏大叙事。我常常想，宏大叙事为什么不能创新呢?

我很同意你的观点。现在中国作家已经陷入到“小叙事”的狂欢之中，漠然地看着正在发生着巨变的中国社会现实。在中国现实书写和建构的历程中，中国作家是缺位的。好在还有一些作家仍然坚韧前行，以表现中国社会现实为自己不懈的追求。《麦河》就是这样一部优秀作品。之所以说《麦河》是优秀之作，是因为它妥善地处理了长篇小说创作上的许多难题。比如，文学如何及时地反映社会现实生活的问题。这是中国长篇小说比较难以把握的问题。《麦河》对现实生活反应得特别及时，你在创作之处有何设想?

说到文学如何反应巨变的现实生活，我感觉，面对当今复杂多变的现实社会，离生活太近，现实原则与审美原则很难达成一致，作家陷入双重焦虑。广大农村发生的一切，众多农民的生活，是我们中国最基本“国事”。我们再也不能用老眼光看今天的新农村了。农村处于农耕文化气息、现代城镇工业气息和科技信息杂糅融合阶段，农民艰难地行进在农业文明向现代工业文明转轨的半路上。文化则是文学的精神，现实是我们文学的土壤，如何把握今天的农村生活？今天的农村生活五光十色，时尚冲乱了规律，思潮压倒了文体。我们的创作如果游离于社会潮流之外，其活力和价值就会减少。但是要表现好这个时代，还要多一些真思考。

现实生活不好表现，作家在当下现实生活面前碰上了很大的困难，认知的困难。抛开惯性写作，寻找新的空间的时候，我才感觉到认识我们的现代生活，表现现代生活有多困难。价值的混乱，现象的复杂，从而增加了把握的难度，也就增加了寻找全新体验的难度。实际上这不是一个新问题，是所有作家必须遭遇的。我想，当年柳青写《创业史》，梁斌写《红旗谱》同样面临着认知当下时代生活的问题。面对今天农村风云际会的宏阔背景，作家应该怀着一种“以人为本的现代意识”，从人性复杂多样的角度，来审视乡村社会所有人的行为动因。农民每天都在投入一种新的生活，不仅要凭借好政策的外力，更需要战胜自身的障碍。这障碍包括历史渗透在他们心灵深处的小农经济意识。我们就是要揭示这种历史复杂状态。

如果用同情式和批判式的态度都会失之偏颇。通过农村变革的具体事件来分析，透过这些事件前就能洞察到那条时缓时动的时代之河，可以感受到沉重的历史同改革浪潮的剧烈冲突以及相互制动。中国农民的历史姿态在这样的交汇点上会变得清晰而辽阔。所以，面对复杂的乡土世界，作家应该用一种更宏大、客观的历史眼光来把握和表现尖锐矛盾和艰难曲折，表现我们农民的生存和命运。

说到《麦河》这部小说，“曹双羊”所代表的资本走向了土地，但是，资本的本性是巧取豪夺的。资本来到农村后，它不养护土地，它大量用化肥高产出，是为了在土地上挣快钱。我们的土地已经几十年板结了，我们的污染越发严重了，然后我提出一个养护土地的呼声。我写“曹双羊”这个主人公呢，他有两次蜕变，从破坏土地最后到养护土地，这个过程他是经过蜕变的。包括“白立国”这个唱大鼓书的瞎子，传统道德文化在他面前述说，并一点点渗透。

“曹双羊”不是个好人，但他是一个新农民形象。他在老家有过血淋淋的原始积累，爱情的背叛，他靠破坏资源、破坏土地发了家。他在流转土地的时候，开始也是想挣快钱的。后来，土地的疼痛和土地的变迁让他灵魂蜕变了，升华了。他要养护土地，这是一个飞跃，借助他唱一曲严峻的乡村牧歌。

《日头》中的“金沐灶”是农民的维权者以及农民中的理想主义者，为摆脱农村贫困与苦难不断地寻找出路。你是怎么看待“金沐灶”这种失败的探索，或者说你是怎么看待探索农村建设这一重大问题的？

“金沐灶”是一个理想主义者，他的探索，他对农民新生活的企盼，对未来的向往，对农民生命的意义的思考，都是珍贵的。陈思和老师曾给予高度肯定，称他仰望星空的姿态让人感动，但也有遗憾，他的探索没有结果。我们作家必须完成新乡村的一种道德精神重建，因为我这个作家的任务没有完成，所以感到压力。有专家认为，农村政策调整和改革实践，必然带来极其复杂的后果，观念上新与旧冲突，经济上得与失交替，伦理上的颠覆与蜕变，既是发展也是衰退，一切都在进两步退一步之间徘徊和挣扎。所以，农民绝对贫困率的降低与幸福意识的丧失，几乎是同步产生的。这一切，都给遵循传统现实主义创作原则的作家们一个沉重的挑战，来自现实的力量逼着他们睁开眼睛看到中国乡村现实是怎么一回事，不会再有传统的理想目标指示作家如何通过艺术形象来引导大家走金光大道，也不会再有“梁生宝”“萧长春”这类理想人物来充当农村改革的当代英雄。这种人物到底还有没有？我在生活中发现这样的理想人物还是存在的。

你的这部《金谷银山》可以说是“农村三部曲”之后的第四个阶段了？

也可能是吧。只要走进农民的生活，就会有新的创作冲动和激情。《金谷银山》又延续了“金沐灶”的探索。《金谷银山》的任务是要重建，我找到了“范小枪”这样一个新农民原型。在我们的这个时代，蜕变中的民族文化需要新的农民英雄。《金谷银山》中的这个农民是在无意识中完成了一个新乡村文化道德的重建，文化的重建以及经济重建。这个重建既不是今天的文化的照搬，也不是历史文化的翻版。它是农民自己干起来的、正在建设的文化。我们未来的文学作品需要的是文化重建。

为了创作《金谷银山》，我在北京昌平曹碾庄和燕山长城脚下白羊峪体验生活。这位农民在燕山长城脚下梯田里建起了小小的种子库，不用农药栽培。过去，村里路不好走，为了修天梯，村民把长城的砖卸下来给修路了。他们经过六年的打拼，用炸药和自己的铁锤子，打通了一条壁挂式公路。之后，有了新路这些老路就作废了，拆长城砖的农民自发地把老路上的砖还给长城，筑长城。那时长城已经破烂不堪了。农民自发地归还长城砖，表面看是个形式的东西，实际它有一种接近农民觉醒的精神的东西。这个事件感染了我，我对这位农民进行深入采访，走进他的内心。他的内心是那样辽阔、质朴。他的精神是那么珍贵，穿越了生活表象而直抵生活本质。我认为作家还是要赋予作品以温暖人心和激励人心的力量，作家要有正面塑造灵魂的能力。这小说《金谷银山》，我以京津冀协同发展为大背景，写荒弃的乡村怎样在新时代下艰难地复活，写农民融进城市的艰难历程。

《金谷银山》里头村支书全家都已经进城了，村里房子都扔了，没有多少人。刚才我说到村里只有十几个很绝望的人。有个村民组长是党员，他交党费还得上城里去交。你说这种生活，我在采访时我都很震撼呐。这个村民组长有真实的影子。现实生活中，这名组长把鸡蛋卖了，到城里找支书去交党费，然后回到山里继续过很残酷的生活。但是《金谷银山》里的“范小枪”是新农民。他销售产品紧抓消费者。他种植苹果，六年来从不打农药，最后在第六年才培试成功。一棵苹果树只长二十个苹果，但这二十个苹果价值连城。每个苹果挂有种植户姓名的吊牌，价格昂贵。我要表达的意思是农民觉醒了，全方位地觉醒了。这也是供给侧改革的觉醒。农民实际上他不懂“供给侧”，但是他的行为体现了“供给侧”的内涵。

你的创作践行了“深入生活、扎根人民”的文学追求。你是怎样理解“深入生活、扎根人民”这八字箴言的？

生活贵在生命体验，生活积累贵在感情积累，故事可以编织，但感情是编织不出来的。一个有良心的艺术家心中应该永远装着人民，而离开人民的文学创作一定会枯萎。就作家来说，首先要培育对农民和土地的感情。劳动使农民具备了土地一样宽容博大的胸怀。他们永远都在土地上劳作，像是带着某种神秘的使命感，土地就像上帝一样召唤着他们，使他们即使在最困难的时刻也不曾失去希望和信心。这是农民内心的勇敢、力量和尊严。作家不为人民币写作，应该永生永世为人民写作。这是我多年的追求和理想。搞好农村现实题材创作，要求作家自觉把艺术生命的“根”，深扎在现实生活的厚实土壤中，脚踏大地去创新，才有底气。所以，心中装着人民，写出精品力作是我们的中心任务，我的创作离人民的要求，还有很多不足，为此要不懈努力，以精品力作回报时代和人民的期待和召唤。

设问人：周新民 评论家，湖北大学文学院教授

吕　新

吕新，1963年生，山西雁北人，山西省作家协会副主席。主要作品有长篇小说《掩面》《黑手高悬》《抚摸》《梅雨》《草青》《成为往事》《阮郎归》《下弦月》等，中篇小说《中国屏风》《米黄色的朱红》《绸缎似的村庄》《瓦蓝》《黄花》《哑嗓子》等。曾获鲁迅文学奖、吴承恩长篇小说奖等。

我有很多很白痴的地方

吕新最新出版了长篇小说《下弦月》，在三十年的先锋路上，他的书写有着怎样的变化？作为全新的隐喻，“下弦月”又意味着什么？吕新说，无论怎样的时代，人们都在生活，都有日常的行为，他想呈现和揭示的依然是一种真实的生活和岁月。“很多时候，文学并不是累积或增高，而恰恰是一种清理。”

我应该是你的一个老读者，从你的第一篇小说《那是个幽幽的湖》就开始读，一直到《下弦月》，算起来有三十年了吧。尽管断断续续，只要能逮到手里，就有预期的阅读快感、共鸣、震撼，而且每一部都不一样，《光线》《抚摸》如此，《草青》《梅雨》如此，《成为往事》更不用说。这一回《下弦月》开始有某种变化，或者说得直白一些，更注意到与读者的交流，这是你写作的时候心里开始装着读者了吗？

你说得很对，后来的确有一种清理和呈现，以前则更模糊一些。之所以这样，是因为从来都感觉面前和周围空无一人。无论谁阅读那些东西，我都会有一种负债感，那种感觉有时候隐隐约约，有时候则非常明显，甚至沉重。有人告诉我，刚读了你的什么作品，我心里立刻就会升起那种感觉。

《下弦月》写的是四十多年前的事情，对于今天的年轻人来说已经无比的陌生。我想说的是，无论怎样的时代，人们都在生活，都有日常的行为。今天一些人喜欢把事物妖魔化，喜欢血腥，刺激，但仅限于妖魔他人，看别人流血，一旦流的是自己的血，就不再是那么回事了。我想呈现和揭示的是一种真实的生活和岁月。很多时候，文学并不是累积或增高，而恰恰是一种清理。

《下弦月》所组织起来的人和事，环境与气氛，在我的记忆里大部分还是有着相当的空白。但不能肯定地说，这就是你记忆里的一部分，很大程度上，应该归结为作家对世界对历史，乃至对人生的认知。可是，这种认知我是没有的，相信我的同龄也未必达到这种程度。你说今天的年轻人无比陌生，其实我们也并不熟悉。你1963年，我1965年，只差两岁。记得你曾说过，差两岁会有好多好多的差别。当时我听了特别可怕。

是的，记忆的问题，认知的问题。我有时候一个人检索自己的记忆、感觉和认知，会感到异常的沉重、复杂、遥远，东西太多了，像一条永远走不完的路，又如同崇山峻岭……那一切也不知道都是怎么植入进来的。

两岁，现在看不怎么明显，要是放到小时候，那就差别很明显，完全就是另一茬人。我们小的时候，一起玩的大多是同龄的或者更大一些的，偶尔有个把比我们小一岁的，那也完全是跟着瞎混的，用今天的话说就是打酱油。《猫和老鼠》里有一只小猫，跟着大猫们看电视，人家笑，它也跟着笑，还笑得前仰后合的，却完全不知道为什么要笑。同样，我们跟着比我们大的那些人，也是小猫，人家让你去搬一块石头，马上就搬过来。要是得到一句夸奖，能高兴好几天。

你小说的叙述我花了较长时间才接受下来。直到多少年之后，大约是1996年吧，我听一个年轻作者说能把你的小说成段成段一字不落地背下来，才吃了一惊，这文字很讲究啊，很高级啊。这样背你文字的读者我遇到过两三个。我不知道为什么直到今天，这些作品依然会在年轻人那里产生影响。这就促使我重新回过头来读你的许多中短篇作品。

三十多年持续地关注和支持一个人，在这个时代，这意味着什么？听你这样说，我心里忽然沉船一样浮起一个词，一个故事：愚公移山。你绝对愚公移山。在我来说，只有感动和愧疚。

文学，在揭示历史，反映现实的过程中，怎么可能和你自己没有关系？我最初写作，感觉世界铜墙铁壁，同时却又觉得是在一个无人的旷野上。在现实生活中，我又有很多很白痴的地方，却并不是从一开始的时候就知道，也是后来才慢慢发现或者意识到的。其实，这种事，发现了也没用，发现也是白发现，等到了下一次真正经历什么的时候，该白痴仍然还是白痴。这也没办法，因为类似的事你根本无法预防。不过，好在凡事都有正反两面，坏的那面已经被你翻过了，那就还剩下好的一面，具体是什么呢？就是一种对于写作的极大的滋养，或者说是别人所没有，甚至梦寐以求也难以得到的东西。

《南方遗事》《南方旧梦》《梅雨》等等的篇章，都是我南方之行的具体产物。当年，明显地感觉有东西跟着一起回来了，像是南方的某种阴晦潮湿的魂魄，通过头发，衣服和皮肤，渗入到里面。夜里常梦见水声，下半截霉湿脏污的白墙黑瓦，高而窄的窗户，墙上有类似血迹的天井，尖形的刺客般的斗笠，坐在草地上的两个年幼的孩子，说着一些幼稚而又令人眩晕的话……不写就无法安生，我写了以后，果然平静了很多。

从来没想过会有人看我的小说，甚至竟然还会有人喜欢，就没做过那种梦。很多年，一直以为只有一个读者，就是每一部小说的责编，而他们也多半是出于工作的需要。直到近些年才发现事情也并不像我以为或想象的那样，这就轮到我感动和愧疚了。

你中短篇小说创作的密集期大约是在20世纪80年代到90年代初，后来出了中短篇小说集《山中白马》算是这一个密集期的总结。中短篇小说时期呈现出来的语言风格、营造的意境，让人迷恋。小说的语言如秋天的庄禾一样随风摇曳，朗朗上口。在《山中白马》的序言中你也谈到这个问题，但你对语言的敏感从我们受的教育中根本无迹可寻，知道你写过许多诗，但也不足以推导出这样的效果。包括语言在内，你小说对叙述的控制也很特别，几乎就是你创作的一个隐喻，心静如水，埋头去写，天塌不管，这让人充满猜想。所以，有必要谈谈你的阅读与最初的写作训练。

太夸奖了，我觉得真没有你说的那么好，我常感觉对不起那些衷心喜欢我小说的人，这也许会成为我以后的一种压力或动力。我最初开始写，用的是那种很多人都用过的方格稿纸，尤其是当你面对一本崭新的稿纸时，无论从哪个方面来说，都不允许你把一些你自己不喜欢的语言或句子写到上面去，既糟蹋纸，又没意思。另外，很多话，很多语言，别人几十年几百年前就已经写过了，而且有的写得很好，还用得着你再写么，完全没有那个必要。过去老一代人写，某某村里有个某某人。今天的年轻人们写，张三给李四打了一个电话，或者，张三和李四昨天上了床，类似的这种语言真是让人无法忍受，文学要都是这样，我也愿意远离它。宁可去街边修自行车，也不愿意去鼓捣它。

每个写作的人都认为自己对于语言很敏感，那么我也就不想再往这上面靠了。小时候上学，有时候会走神，比如有一道算术题，东风大队去年生产皮棉多少斤，今年由于运用了科学种田，生产了皮棉多少斤，问今年比去年多产了多少？或者今年是去年的几倍？在这么一道题里，我纠结和困惑的并不是数字，而是其中的“皮棉”两个字。我们那里不种棉花，所以完全不知道皮棉是什么东西，就使劲地想。一节课，可能有四分之一的时间在想这个问题，想象皮棉的模样。

这么多年，我也是第一次听别人朗读我的小说，我选了一段，他们选了一段。在那个过程中，我也被迷住了，完全忘了是我写的。我一边听一边想，写得真好啊！不知是谁写的。直到大家鼓掌过后，才猛然意识到，作者是我呀。这么多年，从未夸过自己，这算是第一次，不过当时也没对任何人说过，只是一种心理活动。你是第一个听到这话的人。

之前还碰到李国涛老师，你的处女作《那是个幽幽的湖》到了编辑部之后，还引起很大争论，李老师让大家传阅，让大家说这是不是小说，大家都质疑，可见这个小说的冲击力。这种冲击究竟还是对传统意义上小说观念、套路、习惯的冲击。你的小说叙述色彩感特别强，场景都充满色彩，月亮是有色彩的，雾是有色彩的，人的影子和表情也是有色彩的，冰、雪、河流山川，都是柔软的，细密的，一场风过来都显得辽阔无边。在别人印象里，你的小说是忧郁的，其实不是，那是一种硕壮的气场。《瓦楞上的青草》《农眼》《带有五个头像的夏天》《圆寂的天》《山中白马》，包括后来的《白杨木的春天》，可以扳着指头细细数，是这样的色彩、意境让小说无比恒久。似乎这是一个技术层面的问题，但也不是那么单纯。

真不知道大家还都传阅过，自己却觉得稀松平常，并没有身怀利器的感觉。当时要是一不小心把稿子弄丢了，我大概也不会有多难过，大不了重写或者再另外写一个，更没有想过会和所谓的冲击力这样的词扯上关系。虽然懵懂无知，不过小说发表了，除了高兴，还有一种很神圣的感觉。很多人常说到“张力”这个词，说某某的作品很有张力。说实话，我到现在也不知道他们说的张力是什么意思，读到那些所谓很有张力的作品，也并没有任何特别的感觉。

我写作，从一开始到现在，从来不会被任何观念、主义、思潮、术语，以及一些传统或时髦的词语、字眼所影响，更不用说左右了。那些东西，平时也不大能想起来，等到具体写作某一个东西的时候，就更不可能想起来，只会迅速进入到情节里。我记得非常清楚，当年写《发现》，后来写《阮郎归》的时候，每天出去散步，感觉就是走在1950年、1952年的某一条街上，某一扇临街的窗户，窗户里显现出的女人的头。街上的各色人等，也好像被暗中进行了不知不觉的置换。同时被置换的还有天空、云彩、树木和土地的颜色，甚至那时的气味。看见一个木匠模样的人正在临街的一户人家的门外站着，等着里面给他开门，心顿时咚咚地跳了起来，因为那正是我十几分钟之前才刚刚写过的。木匠模样的人身上带着一种别人看不见的灾祸之气，腰带上的铜钥匙像一截已经着起来的小火苗，他还完全没有一点反应。路过一个小吃店，一个男人坐在门口抽烟，肩膀上搭着一条毛巾，我朝里面看了一下。我想，还抽呢，一会儿就要出事呀。又走了一会儿，听见一股血已经从门口流了出来。当然不是那个小吃店的血，而是小说里的血。

写《带有五个头像的夏天》，写到半夜，脸上发紧，头皮发麻，不敢再写。听见有人在黑暗中的院子里抬着又湿又沉重的木头，眼前很快便闻到浓浓的锯末味。又听见有人穿着纸鞋，在外面的楼梯上徘徊，磨蹭……之所以如此恐怖，完全是因为小说里的那个村庄对我布下过真实的童年阴影。

到《白杨木的春天》的时候，我已能够把人物、街道、树木、房屋，全部置于一个完全密封的世界，通向那个世界的只有一扇小门，钥匙也只有一把，每天打开那扇小门进去，就是那个树木清苦的世界。只有我能进去，现实的东西一丝一毫也很难进去，哪怕是阳光，哪怕是空气。

记得你曾经说过，作家一旦被理念、理论绑架，基本上写不出什么好东西。你的长篇里，我比较喜欢《成为往事》《掩面》《下弦月》。我在读你这三部作品的时候，脑子里忽然想起老百姓描述某一个人好或者不好时经常用到的一个词，叫“心肠”，这个词太好了。在作品里真能看出你的心肠，悲悯的情怀让人感动。别人注意到你的作品里，写色彩，写月亮，写雾，都写得非常棒，可以视作吕新式的小说元素，但我常常注意到你写大地，苦难的大地。

确实如你所言，一个人如果在写作之前，脑子里装满理论家批评家们发明的各种怪词，实际上就相当于服了毒，发作是迟早的事。但是尽管这样，有的人还是边发作边继续往下灌。为什么会这样？很可能在一些人眼里并非毒药，而恰恰是营养，是一种上路前吃了可以许久不饿的东西，甚至是一种零食，边走边掏出来吃一点，有时候明知味道不怎么好，但一想到可能有营养，也就忍了。

一些情怀我想大部分人都应该有，在这方面，你更有，更甚于前辈和同时代的大多数人。如果没有，就不会有晋绥的那些人事，还有那么多的烈士。很多人可能永远也不会知道那样的历史。我刚才打字，想打“晋绥边区”，打的是四个首字母，我觉得应该不难打出来，结果却完全没有。这说明什么？已经完全成为生词冷字，就像字典里的那些难检字一样，甚至快要被抹去了。我的小说里常出现“兽医站”这个词，打三个首字母，根本没有兽医站的踪影，最先蹦出来的是：孙燕姿、失业者、双鱼座等词，也真的充满了时代感。不过很多我所常用的词已得到驯化，召唤一声，就都出来了。尤其“兽医站”，在那些候选词里排名第一。

去年回乡，一个年轻人告诉我说，有一个慈祥的老爷爷，很会用各种树根制作一些精巧的小玩意，毛笔、烟嘴，甚至光滑的木镯子、木框眼镜，尤其小板凳，更是漂亮，结实。我后来一看，吓了一跳，这哪是什么慈祥的老爷爷，当年可是猛虎般的人物，他就是《成为往事》里的党支部书记。对于我们这个年龄的人来说，此前的一切全都存在，而对于年轻的和更年轻的一代人来说，那一切并不存在，就像从来都没有发生过一样，他们眼里的历史只从他们能够记事开始。

大地也一样，只存在于极少数人的心里。苦难，象征，梦想，光荣，耻辱。天还没有亮，那个时候上路，最能感受到什么叫大地。等到地平线在远处出现，霜露遍地，先前那个大地又云蒸霞蔚了。

在构思《下弦月》的日子里，我回到雁北小城。我站在当年是城外，现在人车拥挤的地方，用目光把那些乱七八糟的人、车，以及丑陋的建筑全部扫荡干净，清理出一条人烟稀少的旧街。不一会儿，有红白相间的长途客车从远处开来了，这样的车，一天只有一趟。要是遇到大雪天，连一趟没有了。

很多人说你的小说受外国文学影响很大，而且，在一些访谈中，尤其是你去年发表在《世界文学》上面那一篇散文，在文章里，你如数家珍般地写到19世纪以来的作家和作品，尤其是俄罗斯、拉美、美国作家，以及许许多多为译介这些作品做过巨大贡献的翻译家们。我们现代的小说不就是从外国引进来的吗？尽管我们都使用现代方块字，汉语言本身的魅力在小说叙述过程有其他语种不能达到的效果与美，可谁还像《水浒》《三国演义》《西游记》《红楼梦》《金瓶梅》那样写小说？现代中国小说，似乎与中国原有的小说样式并没有多少瓜葛。

中国写小说的，除了曹雪芹，我不知道还有什么人没有受过域外文学照耀的，就算没有造成很大甚至任何影响，那种完全迥异于本国传统和文化的外来的风至少也应该从他的脸前吹过。罗贯中、施耐庵他们那个时代，冯梦龙、凌濛初他们那个时代，曹雪芹那个时代，我觉得不应该有翻译过来的外国文学，他们十有八九很可能没有看过外国小说。但是晚清以后，情况就不一样了。时间卡在那里，事实也都摆在那里，有无影响是一回事，承不承认又是另一回事。除了各种复杂的原因，除去每个人的具体情况不同，我觉得这中间至少还包含着一个良心的问题。

我们这个国度从来就是一个诗词歌赋的国度。你看所有那些被称为中国元素的东西，丝绸、瓷器、毛笔、扇子、书法、绘画、竹子、玉器、亭台楼阁，都很容易与诗歌散文融为一体，看那些东西能想到小说么？至少我很难想到。即使出现了水，也是中国式的水，一条屈原或李白伫立过的江，一个秀丽的湖，小河小溪，一群人站着或坐着，曲水流觞。有大海么？没有，草原和森林也没有，因为在传统的范畴里就没有那种东西。

在传统范围内没有这种意象，其实也影响人们形成的文化品格和思维方式？

我隐约觉得，一个人对于自身和外界的感知和认知上的不同，会形成你区别于他人的语言上的不同，包括气味、形象、颜色、声音，以及各种视觉效果。既然你看见的听到的闻到的，都和别人不一样，那你怎么能写出和别人一样的句子？除非你是执意要向别人靠拢，非要和大家一样，否则怎么可能一样。你看见飞机蚯蚓一样在天上嗞嗞地蹿，拼命地往前拱，一路留下的痕迹像翻过的虚土。而另一个人看见的恰恰又是另一种情况，如果同时描写，不同的地方马上就显现出来了。

你坐在一个雕梁画栋的亭子里，一推开菱形的窗户，眼前湖光山色，月亮门，太湖石堆成的假山，曲径通幽的禅房，远处的木鱼声，牡丹芍药……你能在那里面写长篇小说甚至短篇小说么？只能写写毛笔字，画两幅竹子或者假山一样的山水。当然你作为传统文化喂养大的标准的中国文人，你很可能琴棋书画无一不精，画完公鸡或螃蟹以后，还可以再吹吹笛子，弹几声琵琶。能靠在朱漆的栏杆上看康德或尼采么？要看也只能看老庄陶渊明或李商隐，可能连杜甫岑参也不适合。

从古到今，我们的祖先非儒即道，首先要积极上进，出人头地，修身齐家平天下，可是一旦受挫，在仕途上碰得头破血流，乃至身家性命不保，便立刻看破红尘，归隐林泉，采菊东篱下，悠然见南山，松下问童子，言师采药去。从一个极端直接到另一个极端，从来就没有一条中间的路，没有一个中间的地带。

那个中间地带是什么？难道不是一个正常生活的地带？不是一片反思或者思辨的土壤？不是现代哲学和现代小说的策源地？我们好像从来没有那样的地方，也少有那样的时候，只能非黑即白，不能中流砥柱，便只能逍遥遁世。昨天你还在慷慨陈词，今天你退下来了，回去睡了一觉，第二天即变成一个说怪话，说风凉话的，甚至一个成功蜕变的反对派。二元对立是怎么来的，就是这么孵化繁衍出来的，太容易了，有空气有土壤，更有相应的温度。

到目前为止，你长篇小说有《黑手高悬》《抚摸》《光线》《梅雨》

《成为往事》《草青》《阮郎归》《掩面》《下弦月》等，中篇小说四十多篇，短篇小说四十多篇。三十余年的创作生涯，这已经是一个相当可观的成绩单。但是我知道，你进入2000年之后，其实写得很慢，像《白杨木的春天》在抽屉里放了有两三年的光景才拿出来，一年也就有两三个中短篇发表。我曾经跟人交流过，东北作家刁斗就说过，吕新是一个非常认真的作家，可能是中国最认真的作家。

人做事情，认真尚且都不一定能做好，更何况不认真，尤其对那些兴趣爱好少的人来说就更是如此。生活中有许多人确属于全才、通才，真正的多面手，什么都能做，什么都能玩。而有些人就不行，一生只能做一件事情，很可能还做得不怎么样，我就明显属于后者，那也没办法，稀里马虎地把这一生混过去也就算了。

四十岁以后，我写作速度就开始慢下来了，主要是想得比年轻的时候要多得多了。这个东西要从你的手里诞生，然后自己独立走出去，不经过锤炼，不经过必要的关隘，你能放心让它走么？摇摇晃晃，娇声娇气，任性，却又小器，或者苍白脆弱得像豆芽一样，或者病恹恹，有出气没进气，出去也是个送死，别人不动手，它自己也许走着走着就趴那儿不动了。

三十年前你从最后一个关隘上放走一个，三十年后你偶然又见到它，发现它不仅没死，而且看上去好像还比较正常，那就真的说明它问题不是很大。又三十年，发现它还在路上行走，那就该向它致敬行礼了，至少也应该是一个注目礼。

慢，还有一个原因，有时候你在写一个你特别想写的故事，构建一个至少不同于他人的世界，确有一种不愿意出来的感觉，因为一旦完成，就意味着至少相当长一个时期的远离，甚至永诀，会有一种很深的失落和难过。写完最后一句话，就意味着你和那一切已经告别，马上又要回到你不喜欢甚至非常厌倦的现实中来。

至于文体，我觉得没必要太过刻意，绞尽脑汁，但是也并非就像有些人说的无关紧要，因为小说毕竟不只是故事，更不是评书。如果真的只是把一些事情说出来，说完就行了，那文学确实也没有多大存在的必要，它也必定吸引不了世世代代那么多的人。一个人傻，两个人愚，可以理解，那中间可是有太多聪明睿智的头脑的。

小说最终写成什么样，完全由内容决定。内容还决定你在其中如何说话，你把正常的交谈说成话剧的腔调，或者戏台上的咿咿呀呀，甚至莫名其妙的嗲声嗲气，什么样的文体也救不了你，只能起越来越多的鸡皮疙瘩。有人给农村老太太强行植入诗人或哲学家的遐思，她不疯还等什么。那要是能成立，人世间的各种器官移植就不再是一个问题。

设问人：鲁顺民 作家，《山西文学》主编

孙惠芬

孙惠芬，1961年生，辽宁大连人，辽宁省作家协会副主席。主要作品有中短篇小说文集七卷，长篇小说《歇马山庄》《上塘书》《吉宽的马车》《秉德女人》《生死十日谈》《后上塘书》《寻找张展》等。曾获鲁迅文学奖、中国女性文学奖（两次）、《人民文学》长篇小说奖、冯牧文学奖文学新人奖、辽宁曹雪芹长篇小说奖。

救赎是从赎开始的

孙惠芬不仅自己有着向死而生的经历，而且在故乡还倾听了许多令人心碎的讲述，几乎每一个讲述者都忍不住要问自己到底造了什么孽，让她意外地发现，所谓救赎，是从赎开始的，有了赎，灵魂才能获救。那么，到底最喜欢哪一部作品呢？孙惠芬表示，“可能《寻找张展》要胜出一筹。”因为这部作品触碰到了那片自我救赎的精神高地。

上海文艺出版社推出了你的七卷本文集，收录你自创作以来的中短篇小说和散文随笔。一个作家，不仅要向前看，推出新作，而且还要能够向后看，总结自己的创作得失，对自己的过去和今后有着清醒的追求和定位。编辑文集就是最好的梳理和总结的过程，不知道这套文集编下来，你对自己以往的创作有什么感想？我发现这套文集并没有什么前言、后记，不知道你对读者还有什么话要说？

谢谢你一直以来的关注。我是一个不喜欢怀旧的人，除了某些正在经历的事情触碰了记忆，很少自愿回味过去。不喜欢怀旧，这是一个很坏的习惯，它不但让我丢失了很多盼望，比如老友见面、老同学聚会，还丢失了在旧有器物中阅读历史的机会，比如在一件新婚服饰上捕捉青春年代的情绪。不喜欢在旧有的器物中读到自己情绪的历史，或许是虚无感使然，或许还有别的什么说不清的原因。但不管是什么，有一天，当我不得不去面对三十年的过去，不得不去打开自己作品一字字阅读，我经历了可想而知的痛苦。开始的十几天，我一再抗拒，几欲放弃，那些文字一经打开，就像打开了童年夏日的夜晚，蚊蝇乱飞不说，还有一股密不透风的闷热，窒息的气息一阵阵袭来。

这套文集的整理，就是在这样令人窒息的气息中开始的。我被关进一个不得不怀旧的屋子里，那里闷热、蚊蝇乱飞，那里流淌着种种情绪，忧伤、恐惧、不安、绝望、无助。它是我的，也是我笔下人物的，同时还是与我血脉相连的家族亲人的，那个写作的我的情绪，一旦和家族亲人的情绪交织在一起，飞出来的就不再是蚊蝇，而是马蜂，常常在不经意间，被深深蜇疼……

编这七部书，我回到了时光隧道，收获的是创伤性细胞记忆的卷土重来，是对故乡故土所有情感的卷土重来，在将近三个月的日子里，我一次又一次热泪盈眶……

不管你是否主动面对，这些文字都是一段洒满心血和情感的长路，回首来时路，既有感性的情感触动，也一定有理性的反思。对于研究者而言，很喜欢对一个作家的创作进行“分期”，以更好地把握作家不同时期的创作特点和变化，尽管对于同一个作家而言，一脉相承的东西是一定存在的，但是不同时期的变化，或者说写作追求的不同有时也是显而易见的。如果请你自己划分创作阶段，你会怎么分呢？

这七卷本作品，书写的都是有关“城与乡”的故事。城与乡，在别人眼里，也许只是一河之隔，一道之隔，可是它在我眼里、心里，却是隔了十万八千里。我在“城”与“乡”这个距离上循环往复、反反复复、进进出出的感情，绕地球三十圈也绰绰有余。从这个意义上看，我的写作，大概经历了这样三个阶段：第一阶段，由乡村到城市；第二阶段，由城市到乡村；第三阶段，从乡村再次出发。

在第一阶段，写作的动力来自一种强大的急于逃离的情绪，对外部世界的想象是一个洞开在眼前的天窗，笔下人物的活动现场看上去都在乡村，但他们心心念念惦记的是外面，看上去乡村的日常被书写得有滋有味，那滋味里无处不隐含着压抑和隐忍。即使有一天出走和逃离得以发生，情感纹理里刻满了与外部世界碰撞后的患得患失，也丝毫不曾减弱笔下人物向城市进发的热情。在这一时期的作品里，远方、城市、外边，一直是乡村对应着的文明，是乡村生活的形而上。

第二阶段，是对故乡的怀念。事实上，这之后的十几年，我的写作都来自对故乡的怀念。曾在我们过去的对话里说过，我从不曾爱过家乡土地，当我还在那里的时候，我天天想着逃离，可你一旦逃离，它又以看得见摸得着的形式支撑着你脱离家园的飘浮感。那是我这个不怀旧的人在写作生涯中经历的漫长的怀旧时光。它出于被迫，却是在劫难逃。我的身体离乡村世界越来越远了，可是心灵却离乡村世界越来越近。所不同的是，当城市还是我具体的理想时，我个人的奋斗不可避免要在我的写作里留下蛛丝马迹。而当乡村变成了我虚妄的怀念，那些关于乡村的想象也就具有了较为广阔、深刻和复杂的模样。

可有一天变得不同。这就是第三个阶段——从乡村再次出发。来到这个阶段，也仅仅是五年前的事。那时我回到乡村住过两年，跟随作为心理学家的朋友回乡村进行自杀调查，当我从还乡的人们那里看到他们的精神根本无法真正还乡，当那些在灾难中站起的人们以他们的真实经历告诉我人类真正的家园，只在自我超越的精神里，我的写作便再次出发。

我想不到“城”与“乡”会带给你这么大这么持久的伤痛感，也许是所处的时代和经历的差异，虽然同样出生在农村，也深知两者之间的巨大差别，然而，在心理上，我感觉不到有这么深的鸿沟。不过，一个作家有别于常人的地方也恰恰在此，他（她）不会轻易放过生活中的一丝波纹。由此，我也明白了为什么看似相同的话题，而在你的作品中千头万绪、表现不休，我想追问的是，在城与乡的书写中，最牵扯或撕痛你心灵的是什么？

前边说过，被迫关在怀旧的屋子里，曾一次次热泪盈眶，我在作品中写了一代代人的出走。这一代代人中，有我的奶奶、父亲、母亲、哥哥，有我的在改革开放背景下背井离乡的乡里乡亲，但让我最牵扯和撕痛我的，还是奶奶和父母的故事。

在中短篇小说中，光与奶奶有关的故事就有四部，她从小镇没落、嫁到乡村的一路滑落（《蓝光》），她在乡村苦难日子中的不屈挣扎（《歌苦》），她到晚年都不肯放弃“城市文明”种在她生命里的荣耀（《飞翔之姿》），一直到她用一生的绽放谱写的《秉德女人》。我说这些，不是想说三十年来，作为写作者在同一人物身上开掘不同主题有多不容易，而是，当你透过文字的缝隙，看到奶奶的身影，父亲的身影，母亲的身影，你等于跟他们在故乡土地上重新经历了一次生离死别……

在《秉德女人》出版之后，我用“存在感”为题写了一篇创作谈，在那里，我写了两段关于“会”的记忆：“五叔是20世纪50年代考到沈阳鲁迅美院的高才生，毕业后在北京、哈尔滨等地工作。在我童年的记忆里，只要五叔从外面回来，当天晚上大家必聚到一起开会，听五叔讲话。五叔是公家人，是国家的人，他讲的事都是发生在遥远的外面的国家的事，什么中苏关系、中日关系，什么第一颗原子弹、氢弹、卫星……

“那样的时刻真是美妙无比，所有人的目光都聚集在五叔的脸上，每个人的脸都微微涨红，仿佛五叔的话是从国家这个粗血管里流出的血，一点点渗进了家里每一个人的神经……在我童年的记忆里，还有一种会让我难忘，那是生产队里召开的学习大会。那时，每到晚上，我都要在房后小树林里等待老队长的哨声，他哨声一响，我便撒野往家跑。

“那时父亲已经双目失明，他去开会需要我牵着他的手。父亲在会上非常激动，抱着我听队长在上边念报纸讲话，下颏的胡须往往不住地抖动，身子一颤一颤，就像有什么东西正通过队长的话语传进父亲的身体……”

在那篇文章的结尾，我感慨道：“在不在公家里，是不是和遥远的国家有联系，只是人的一种存在感，是孤独的个体生命的本能需求，就像一棵树总要参向天空，一条河总要流向大海。”可是，在“怀旧”的日子里，与奶奶、父亲、母亲在故乡的街头相遇，心却被一种愧疚感长久占据，我常常会问自己，你难道真的懂得他们?

“你难道真的懂得他们？”这一问问得好。对这片土地，这片土地上的人，这片土地上过往的历史的理解，仿佛是一个大话题，从作家、学者到当政者，都在研究也有不同的答案。创作与土地的关系，也是一百多年来中国文学既丰富又沉重的话题，远的不说，即以当代作家而言，莫言、贾平凹、张炜、阎连科、李锐等，都有自己的探索，你也用作品表达了自己的理解和认识。

在小说这样的虚构的作品之外，有一部作品很特殊，就是《街与道的宗教》，它仿佛是你的心灵后花园，也是解读你作品的重要窗口，不知道当初是什么机缘促成你写这样一部作品，你对故乡人的选择为什么要用“宗教”这样的字眼儿？我想这里隐含着你对这片土地的某种理解。

提起《街与道的宗教》，我特别感谢当时陕西师范大学出版社姚鸿文先生，他在约稿时一再重申“我们这部书的内容主要是关于作家的情感地理。”“情感地理”，我一下子找到灵感。当顺着童年感情回到乡村的“街”和“道”，回到“街”和“道”通向的小镇的历史，才第一次对地域所赋予个人创作的意义开始思考。

我故乡的乡村不出十几里，就是一个有着上千年历史的小镇，这个小镇因为地处黄海北岸，有一个码头，很早就与上海、烟台等地有着贸易往来，外来文明自17世纪起就在这里登陆。我的父亲曾是乡村商人，年轻时的他用自行车载大布和过膝袜子在黄海北岸的城市和小镇做买卖。过膝袜子这个外来的事物给母亲带来的痛苦，在我童年里留下了难忘的印象。因为我的婶子和大娘都是小镇女人，而母亲是乡村女人，奶奶从不把过膝袜子分给母亲。问题是，奶奶不分给母亲，父亲也认为天经地义，也认为只有和外面通着的小镇女人才享有穿过膝袜子的权利。

当在写作时忆起这个情节，慢慢发现：与沈从文老先生作品中的湘西乡村不同，我的乡村少一些苦中作乐的自得，悲剧生活中对喜剧滋味的把玩；与从中原作家作品中读到的中国黄土地乡村不同，我的乡村少一些人们对大自然神秘力量的信奉，少一些宗教色彩。我的乡村，因为很早就有着开放气象，祖辈们只信奉外边，凡是外边来的，就是好的，凡是外边的，就是正确的，从不固守什么。外边，几乎就是他们心中的宗教，当发现这里人们的精神出口在外面、远方，你便不能不看到独属这一地域的人生悲喜剧……

从早期的小说《岁岁正阳》到后来的长篇小说《上塘书》，我非常喜欢你的这类创作，在笔调和情感上都带着诗意，然而，细读又发现，这种诗意的背后有忧伤，甚至是疼痛，你不是作为一个抒情者来面对这个世界的，而是作为一个有着切肤之痛的发现者、体验者来书写他们。

近年来，你的创作，越来越从现实的、自然的“无尽关系”转到对人的精神世界的关照，包括对心灵救赎的表现都很多。我认为，这一方面表现出作为当代作家与这片土地的血肉联系，没有封闭在自我的世界中，而是及时捕捉到现实的变化，这一直是你创作中非常可贵之处；另外一方面，显示了你创作和思想的成熟，对人与地的理解更深刻更本质了。用你自己的话讲，这是“从乡村再次出发”，我想知道，是什么促使了你再次出发，这次出发你又收获了什么？

这正是我觉得愧对奶奶和父母的原因。这和前边说过的我创作的第三个阶段有关，与无意中为这个阶段命名的学者李小江老师有关。几年以前，小江老师被一个灵感推动，要以我的创作为例写一部书，可读了我全部作品，书写了几章后她不得不停下来，她说我在作品里写了丰富的出走，却没有写到还乡。我当时不能理解，我作品中的人物无一不在还乡，《还乡》中的叔叔，《歇马山庄的两个女人》里的潘桃、李平，《民工》里的鞠家父子，以及《狗皮袖筒》里的吉宽、吉久。不理解，我也没有多问。

到2011年，我在故乡走访，参加到一个自杀调查团队，听到二十多个自杀者的心碎讲述，几乎每一个讲述者，在讲述中，都忍不住要问：“我到底造了什么孽？”一个死了妻子又失去了十五岁女儿的父亲，站在大地上诘问苍天：“我本是帮人家干活拆房，为什么要让一块石头砸断我的脊梁？我断了脊梁再也不能养家，为什么还要让我老婆突然离去？你让我的老婆离开我，为什么还要让我十五岁的女儿服毒自杀？”那一刻，你感到彻骨的悲凉和无助的同时，意外地发现，他们在追问苍天时，无一例外地都将追问指向自己。也是那一刻，这任何一个普通人都有可能经历的向内的求索，才第一次展示在我面前。

所谓救赎，是从赎开始的，有了赎，灵魂才能获救……也是这时，我才懂得李小江老师的话：还乡，绝不是形而下肢体的到达，而是形而上精神的求索。这之后，我写了《生死十日谈》《后上塘书》《寻找张展》，在这三部长篇小说里，我都写了救赎的故事，努力从形而下向外的出走接近形而上向内的求索，在这一点上，可能《寻找张展》要胜出一筹。但我想说的是，当有一天，在人性的奥秘里，你发现人类永远无法“返回到本源近旁”，而每个人，不管他多么普通，都有可能在命运的深渊里触碰到那片自我救赎的精神高地……

我看到了不一样的奶奶、不一样的父亲和母亲——奶奶的大儿子十五岁时就病死在外面，母亲一生生了十个孩子却只活了四个，我的父亲在我出生时就已双目失明，晚年又因脑血栓不能说话……在他们追问苍天的那一刻，他们听到了什么？他们生命里的更多时光，是否只有一个“存在感”能擎起？奶奶的刚强刚毅里边，母亲的坚忍隐忍里边，父亲的沉默不语里边，是否还有我从不曾到达的维度？

在我有了第三阶段的写作之后，回头打量七卷本的200多万字，我觉得这只能算是我一个人的自传，仅此而已。

对于大多数读者而言，谈到你和你的创作，更熟悉的是“歇马山庄”世界，或许最初仅仅是偶然，但是不可否认，它成为你笔下带有标志性的文学世界。从长篇小说，到中短篇小说，你都写过，最初是什么促使你选择写这样一个村庄，在构筑这个世界的过程里，你的发现和获得又是什么？

长篇小说《歇马山庄》于2000年1月出版，是这之后，我系列中短篇小说中的乡村现场，才开始起用“歇马山庄”。这在当时确实是偶然事件，它来自一部中篇小说题目的更换。

2001年，我写了一部有关两个乡下女人的小说，题目叫《两个人》，因为自我感觉不错，就寄给当时《人民文学》主编李敬泽，他很快回了信，表达很喜欢这篇小说的同时，跟我商量题目改成《歇马山庄的两个女人》，我立即回信表示不同意，“两个人”这个题目在我这里有哲学意味，在我一些年来的人生体验中，觉得人一生不需要有很多人，就需要一个人，他是同事，是朋友，是爱人，是儿子。但总之，在线性的时间里，你的感情只需要一个人，当你的情感朝一个人敞开，两个人的故事就以各种各样的方式上演。爱情是其一种，友情是又一种。

信寄走后没再收到回信，谁知那年年末开作代会在北京见面，李敬泽把我拉到一边，说小说在2002年第一期就出来了，他认为还是《歇马山庄的两个女人》好。

我在这篇小说里用“歇马山庄”这个地名，是不会起地名的偷懒行为，绝非出于自觉，然而当“歇马山庄”四个字在又一部作品的题目上出现，我的感受完全不同，它不但让我笔下人物从此有了来龙去脉，还把我以往小说的所有人物都一网打尽，要说收获，这是最大收获。因为当你知道，你笔下人物的血管神经都通着一个村庄，那个村庄便不再是一个村庄，是世界中心，是宇宙。《上塘书》小说的诞生，与这启示有关。

两百万字的“自传”，在这本“自传”中，有哪些“章节”是你自己看重的呢？我想探听一下，你自己喜欢的作品有哪些？

喜欢的作品，早期有《小窗絮语》《变调》《平常人家》《四季》等，中期有《天高地远》《无字牌坊》《异地风光》《伤痛故土》等，后期有《舞者》《春天的叙述》《致无尽关系》《街与道的宗教》等，在这些作品中，我最想谈的是这样两部作品。一部是《无字牌坊》，一部是《异地风光》。

《无字牌坊》，发表于1994年《海燕》杂志。20世纪八九十年代，我有大量重要作品都发表在《海燕》上，这证明两点，一是这本来自家乡大连的杂志对我有多么护持，二是我当时投稿视野多么狭窄。

1990年，我在剖腹产时发现身体里有一个恶性肿瘤，孩子六斤八两，肿瘤三斤二两，其实是孩子的出生救了我。但当时医生说我只能活两个月，那之后我向死而生，大约有三年没有写作。当我一点点远离“死神”，写的第一篇小说就是《异地风光》，我用育儿日记的方式，书写了那段向死而生的经历，重读小说，不胜感动，那些文字有一种火热的宁静。

火热，是生的渴望让你深度体会了生活的美好；宁静，是死的触碰让你早早洞悉了世态冷暖，这篇小说精致、节制、灵动，这部先于《无字牌坊》创作的作品，1996年才在《青年文学》上发表，主编李师东在回信中说了赞赏和鼓励的话，他是迄今为止，唯一一个鼓励过这部作品的人。这鼓励的重要在于，当我看到向死而生的个人体验变成艺术，我真的觉得离“死神”越来越远了。事实上是这之后，才有了我创作的又一次启程。

我很奇怪，你怎么没有提到自己的长篇小说？其实你的长篇小说创作，无论从量到质，在你的创作中都占有十分重要的地位，像《生死十日谈》这样的作品，我认为是近年来少有的能给人带来灵魂震撼的好作品。我还发现，每一部长篇的创作，你都在尝试不同的叙述方式，我想请你从文体的角度，谈一谈你在长篇小说创作中的追求与得失。

从2000年开始，至今共创作七部长篇，我不是一个文体意识很强的作家，每一部作品的到来，都镌刻着那个生命阶段的不同情绪，是被怀乡的波涛冲撞泥沙俱下（《歇马山庄》），还是回到岸边拥有暂时的宁静安详（《上塘书》），是在灵感推动下一路狂奔（《吉宽的马车》），还是被家族人物卷入百年历史（《秉德女人》），是被乡村城市化进程裹进复调咏叹（《后上塘书》），还是被黑暗能量爆破出苍凉呐喊（《生死十日谈》），抑或意外跳进与90后有关的精神矿脉（《寻找张展》）。

不管是哪种情绪，都只是创作生命赋予的独特分泌。至于在叙述上有着怎样的策略，艺术上有没有达到期许的高度，篇幅所限，就把话题留到以后。在这里，我只想重复著名诗人欧阳江河先生说过的话：怎么写，是怎么活；写多深，是活多深。

这么多年的创作中有没有遗憾？最大的遗憾是什么？

因为了解没有完美的人生，所以也就不觉得有什么遗憾，创作也是一样。

目前你在写什么？

在写一部跟佛教有关的长篇散文。

设问人：周立民 评论家，巴金故居常务副馆长、巴金研究会常务副会长

朱　辉

朱辉，1963 年生，江苏兴化人。著有长篇小说《我的表情》《牛角梳》《白驹》《天知道》，中短篇小说集《红口白牙》《我离你一箭之遥》《要你好看》《和辛夷在一起的星期三》《视线有多长》《夜晚的盛装舞步》等。曾获鲁迅文学奖、汪曾祺文学奖、《作家》金短篇小说奖、紫金山文学奖等。

我不当作家一定能成为好侦探

朱辉对于自己的文学创作历程有过一个比喻，一是抓痒，一是点穴。年轻时逮到什么写什么，随性而起，随性而收，写得潇洒自然，这是一种抓痒式书写。如今不再是身体的痒，而是心灵的痛，所以必须准确找到那些要害处，予以点穴。对于理工科出身的他而言，科学思维让他明白很多事不可以想当然，文学创作又能让他获得更多自由的想象，“可以写自己从未干过的事”。他相信，如果不当作家，他一定能成为一个好侦探。

我注意到最近这些年评论家谈论你基本上把你作为一个专事短篇小说的作家在谈，《七层宝塔》获得第七届鲁迅文学奖之后可能这样的印象会进一步强化，但大家似乎忘记了你曾经是一个很不错的长篇小说作家，你应该正式出版过四部长篇小说——《白驹》《牛角梳》《我的表情》和《天知道》。在很久不写长篇小说之后，回过头来，你自己怎么看这些长篇小说?

我喜欢写短篇，并不代表我只写短篇，或者只能写短篇。我20世纪80年代开始发表作品，在写了许多中短篇之后，大概2000年到2007年，我一口气写了四个长篇，就是你提到的这些。《我的表情》是第一个，我记得是在日本开始起笔的，写的是初恋和初恋的复辟。关于初恋，我的感觉是一个人只能写一部，多了就掺水了，我写得很诚挚，贺仲明兄曾说，《我的表情》是“文学含量很高”的作品，《长篇小说选刊》选载过。《白驹》是第二部，关于抗战和家族史，让我的祖辈在小说中复活，这是我的夙愿。我认为《白驹》算是我的代表作之一，原因是，它达到了这类题材我的最高水平。《白驹》获得了紫金山文学奖长篇奖，作为一个当时的业余作家，这并不容易。《牛角梳》写的是阴谋与爱情，女人的希冀、欲望和手段，在纯真爱情的衬托下，应该很突出，很扎眼。有人因此谑称我为“女版张爱玲”，说女主人公是“女版于连”，我不觉得完全不能接受。《牛角梳》我写得很恣意，很畅快，我第一次完全抛开了自我束缚，第一次把我对语言韵律的理解呈现出来，我确认了小说仅不是用来看的，更是用来读的，作家应该为有心的读者提供朗读时唇齿间的快感。《天知道》最长，30万字，是一部戴着侦探小说面具的社会小说。传统的侦探小说把杀人变成了艺术，但是，杀手的驱动力，要么是钱（遗产、保险之类），要么是情，要么是嫉恨、虐杀之类的变态心理。《天知道》不一样，杀手的心理动因具有社会性，乃至正义感。他的杀人甚至具有某种神圣性。《天知道》写了两年，让我体会到长篇可怕的消耗，消耗资源，消耗智力，消耗体力。因为我是业余的，还有饭碗要养护，2008年后的十年，我就只写短篇了。

四部长篇，写法和主题都不同。有一种善意的提醒：你缺乏把自己塑造起来的坚定。好吧，我接受。乡土、家族史和广阔绵延的时空更能引人关注，我岂能不知？但那时不是年少轻狂吗，凭着兴趣，依着感觉，按照自己的艺术标准，四个长篇也就这么写出来了。

从你自己的写作经验看，长篇小说和短篇小说对一个作家的写作状态有什么不同的要求？就你自己的写作而言，你不写长篇小说也已经好久了，甚至中篇小说也很少，这样的结果是短篇小说给你带来别样的快乐，还是外在的局限使得你不得不做出这样的选择？

写长篇，应该具备四个条件：阅历、技能、时间和体力。写短篇，大概只需要两项：技能和时间。短篇对技能的要求更高，对时间的要求倒不那么苛刻。其实，虽说业余，我的时间写中篇还是可以的。但短篇对我诱惑更大。我上班时不能写作，但可以发呆，发呆就是在谋划，也许突然灵光一现，我马上就可以写了。在有限的篇幅里完成一个艺术品，这是多么快活的事情。

还说长篇小说，你的四部长篇小说题材迥异，结构也完全不同，尤其是《天知道》将类型文学的悬疑引入所谓的严肃文学创作，这条道路如果认真探索下去其实很有价值，哪怕我们就以《天知道》为样本，这样的实践也是有意义的。

是的。我的中短篇不少也涉及探案。这是我从小就有的兴趣点，其实也是人类这种好奇的动物的一个天然兴趣点。

热爱故事，着迷于悬念，这是人类的一种习性。从这一点来说，侦探小说永远有它的读者。现实生活中，大量的案例从古至今都是人们口耳相传、津津乐道的话题。即使“谁是凶手”已经揭谜，案件的过程也大可探究，发案的起因更是众说纷纭，莫衷一是。许多案子悬念迭起，处处都是谜题。从阅读心理讲，某个人被杀了，被抢了，被骗了，而我没有，还可以在这里听故事，我难免获得一种庆幸安宁的感觉。作案者因为情或钱，实施了凶案，而我持身守正，没干坏事，这无形中加持了自己的道德形象，更不用说置身于事外探幽烛微的智力乐趣了。中国文人显然深知其中三昧，作为一个缺少小说理论的国家，自唐宋传奇开始，到明代话本小说再到清代公案小说，探案小说不绝如缕，显然有其内在逻辑。

在上大学之前，20世纪70年代末期，我曾读过几乎所有被译进的外国侦探小说，爱伦·坡、柯南·道尔和他的《福尔摩斯》。埃勒里·奎因的《希腊棺材之谜》和《法国粉末之谜》让我和弟弟近乎于疯狂，两人只能约好轮流读，并且不可透露剧情；英国的威廉·柯林斯大概知道的人比较少，不知道怎么的，他的《月亮宝石》出现在我家中，似乎是从知青那里传来的，我看得心惊肉跳又欲罢不能，至今我还记得书里一幅阴森的插图，在书在双数页码，一个“双肩崎岖”（其实就是天生肩不平）的女佣举着烛台站在黑暗里，我就此学会了用“崎岖”来形容人体；阿加莎·克里斯蒂的作品是在大学期间的图书馆读到的，主人公波洛的大烟斗和帽子，至今仍以影像方式保存在我家的抽屉里。

所以你的创作正是得益于这些阅读经历。

是的，我说这些无非是说，有时读什么书，你就会成为什么样的人。我至今认为，我如果不当作家，一定可以成为一个好侦探。小说家的天赋权利，就是可以写自己从未干过的事。

写“密室小说”，或者“本格推理”，我以为前人已几乎做到极致。他们表现的是“杀人艺术”，是杀人者与探案者的斗智斗法，是智力游戏，说到底，是写作者的左手和右手的较量。这是侦探小说家的兴趣所在，也穷尽了他们的智慧。于是，另一个对文学而言更为重要的使命被他们忽略或者悬置了。好吧，也不算悬置，是他们过早落实了，他们前置性地落实了罪犯作案的动机，几乎不进行任何掘进和开拓。无非是：情欲，被欺骗或背叛；钱，股票、保险和遗产；家族世仇。基本就是这些了。更多样化的动机和动机深层的东西，被简单化了。除非展示这个案件的发生和侦破绕不开作案动机，侦探小说家完全没有兴趣花费任何智力。

这是一个遗憾，或许这也是正统文学界基本不把侦探小说纳入研究视线的原因——在这里插一句，这大概也是金庸之类武侠小说被摒弃的原因之一。是的，人性的丰富多姿和黑暗幽微，是文学的主要标的。但是，对动机的简单化，却也是传统侦探小说难以避免的不得不然，是无可奈何：他需要把罪犯藏到最后，哪怕他第一页就已出现。他必须藏，罪犯和作家齐心协力，一起在玩隐藏游戏。如此，透露动机的任何线索，都只能成为草蛇灰线和蛛丝马迹。他不能进行任何心理描绘，更遑论心理分析。

这也是你写《天知道》的原因？

这是一种难以逃遁的模式。这是一个引力巨大却又看不见的黑洞，你只要写侦探小说，你就难以摆脱这个模式。但是，为什么不能试一试？真的就没有其他可能了吗？某些犯罪心理，难道不更幽暗，更具社会学和人性意义吗？

于是，我写了《天知道》。主人公祈天是一家医药研究所的保卫科长——这个身份俗套了，侦探小说的罪犯常常监守自盗，但是这没关系，有些俗套其实是小说规律——祈天杀了一个人，放了一把火，他杀掉的是研究所首席艾滋病防治研究专家，烧掉的是这个专家即将成功的艾滋病研究成果。这是案件的侦破结果，铁证如山。他为什么杀人？因为他的家庭，他的妻子出轨了，而且他认为出轨的对象就是这个科研专家。至于为什么要放火，倒不纯粹是为了毁尸灭迹，他真正要毁去的，是艾滋病防治成果。只有杀人放火一起干，他才能把这项成果彻底从地球上抹掉。因为他认为，性病是上天对人类的善意提醒，而艾滋病则是上天的最后警告。如果艾滋病都可以预防和治疗了，那人类将从此肆无忌惮，最终在性泛滥中灭亡。天将降大任，所以他必须出手！这是一个狂人，他的狂，肇始于家庭，又以天下为己任。《天知道》写的就是这么个故事。

因为他是研究所的保卫科长，他可以在破案过程中一直出现；因为他是一个重要人物，他的婚姻和家庭生活自然可以多用笔墨，而不至于写多了就让读者起疑，过快看破谜底。我的障眼法几乎可以一直用到小说最后。我一直认为，小说必须好看，不可以借艺术的名义沉闷和乏味。我相信《天知道》是精彩的，哪怕有人因为它穿了一件侦探小说的外衣而把它归入通俗之列。

《天知道》的实践可能还不只是一个技术问题，涉及到你对小说文体的理解。中国传统的小说是很“俗”气的，但现代小说被新派知识分子接过来之后越来越“脱俗”。

小说之“小”，就在于它应该立足于“小”。凌空蹈虚的宏大叙事弄不好就违背了小说的本性。历史书写常常只剩下大人物，似乎是他们推动了时代的车轮，但是，在小说家看来，所谓大人物，其实也是普通人，他也“食色性也”，他也会爱恨情仇，也会因吃醋而冲冠一怒，也会为了博女人一笑而烽火戏诸侯，他当然也会吃坏肚子，甚至也会生脚气。人生八苦，生、老、病、死、爱别离、怨憎会、求不得、五阴炽，人人无所遁。小说家其实是小人物，千万别觉得自己了不得，是个大家伙，那是很可笑的。小事情吹吹牛可以，但在写作上，断不可自吹，把自己吹成皮筏子，以为就是普度众生的渡船。

即使是那些大气象的作品，举凡雨果、左拉、托尔斯泰、陀思妥耶夫斯基，他们也还是立足于普通的人。正因为他们写了普通人在宏大的历史背景下的表现，写好了人的喜怒哀乐，表现了人的普遍情怀和独特体验，我们才把目光投向了他们所处的那个时代。《红楼梦》有三层，第一层是家庭生活和男女情感，第二层是家族败落，第三层是一僧一道和青埂峰。最文学的，恐怕还是第一层，宝黛恋爱，人情世故和大家庭里的勾心斗角，这是小说的质地，粗布还是致密的绸缎，一望可知；家族败落或朝代衰亡，那是衣服的款式，若布料不行，款式再高大上，也是假大空，纸糊的；僧道之类，到底对不对，恐怕读书人并不太计较。可惜很多当代作品，一味高屋建瓴，气吞万里的样子，但质地较差，更有趣的是，不少作品，所涉史实压根就是假的、错的，这样的东西只有娱乐意义，或者是用于交换的商品。

小说之俗，在我看来也是它的根本属性。没有疑议的是，中国传统小说就是俗的。大量的演义类小说，天生一副俗相，另外的小说，骨子里也俗。他们本就是为俗众准备的，以至于作者都不好意思署名。西方的传统名著，基本也是俗的，只是到了所谓现代和后现代，西方小说才“雅”起来，就是说，抽象了，变形了，虚了。这其实与西方社会的发展密切相关，哲学和美术，强势切入了文学。就漫长的文学史来说，其实也才是新近的事情。我无意贬低谁，但是，“脱俗”肯定不能脱掉人气、烟火气。俗是一路，雅是一路，俗中有雅也是一路，且走着看吧。

在最近的一篇评论里我把你的小说放在中国“世情小说”谱系上来观察。这个观点二十年前何志云谈你的小说就说过，他认为你“分外敏感的不是金戈铁马，而是民间俗众”。现在看，这个判断不但在当时是准确的，以此往后二十年至今，你敏感的依然是“民间俗众”。

我在长篇《我的表情》的自序里说：“这部书是给一部分人准备的。如果你追求金戈铁马，漫卷红旗，那你不要打开它。它的伴侣应该是一杯茶，一支烟，柔和的台灯笼罩着你。”何志云先生的判断，记得是在我的第一个短篇集的序里说的，那时离《我的表情》还有十年。我会保持对民间俗众的关切和注视，因为我骨子里也是俗众之一。

你并不是一开始就意识到俗世间对你写作的意义，你对俗世间文学意义的发现应该是从1990年代中期的《暗红与枯白》前后开始的。《暗红与枯白》是你的整个写作的一个重要转折点和新的起点。物欲对俗世间的规训，我们在你的《七层宝塔》依然能够感觉到《暗红与枯白》的余响。我不知道这是不是我一厢情愿的想象和过度阐释，你自己怎么看《暗红与枯白》对你写作的意义？

感谢你对《暗红与枯白》《七层宝塔》之间隐秘关联的发现。很感谢。它们之间隔了整整20年。

《暗红与枯白》是我的家族史片段，是我心里流出的血。不知道别人能否想象，一个男人，长房长孙，在娶妻生子的年龄，对自己的来路和血缘那种特别的疼痛。至今我仍偏爱这个短篇，如果它还有缺点，恐怕是它蕴藏的情感太强烈了。其实此后，我从未忽略我的故乡。从《看蛇展去》《大河》《红花地》，一直到最近的《阿青与小白》《七层宝塔》，它们形成了我小说的另一个谱系。我出生在江苏兴化的一个小镇，它近几十年的变迁，它的风俗和人事，它在城乡变迁中的巨大变化，我了然于胸。我的亲戚朋友中，有很多阿虎那样的人，他们聪明、勤劳，鬼点子多，在每个新事物、新的经济增长点出现时，他们都能追潮逐浪。但是，他们从青年直到老年，往往也就忙的个嘴——为嘴忙。风俗人情，也基本是跟着物质在走。《暗红与枯白》写的是我不知道从哪里来；《七层宝塔》涉及了不知道往哪里去。

虽然你是从“故乡事”开始了你的小说创作，但你写得最多的是当代城市非常态的性爱传奇。从早期小说的《游刃》《动静》《对方》已见端倪，而新世纪之后的《和辛夷在一起的星期三》《郎情妾意》《阿青与小白》《然后果然》《加里曼丹》《要你好看》《夜晚面对黄昏》《吐字表演》等等构成了当代中国城市性爱的浮世绘。我知道你写性爱最终目的是勘探时代洪流中当代中国人的精神畸变及其诸种症候。

我曾接受过一个记者的访谈，说了不少，最后发表出来的题目是她加的——《我对关系最为着迷》，这有点耸人听闻，会引起误解，但我承认，访谈的文字，是我的意思。我说的“关系”，涵括了各种各样的关系，人际关系、人与自然和环境的关系、人与物品的关系等等。在各种各样的关系中，某人才成为这个人。当然，所有的关系中，人与人的关系最为复杂，最为迷人，而且，具有概括力。哪怕你坐一张沙发，那沙发也是人做出来的，制造者聪明、体贴或者贪婪克扣，都通过沙发与坐者连接。

人与人的关系，若远若近，若还若往，是动态的，是小说文本里鬼魅的舞步。写好人与人的关系，是小说家的天赋义务。这个世界上，人的分类有多种方式，历史上有个昏君说，天下除了我生的和生我的，都能睡，他这是按照可不可以“啪啪啪”为划分标准，我注意到，所有的划分方式中，把人分成男人和女人，是最直观也最简便的，老天已经代我们分好了——雌雄同体者是另一个话题。

两性关系伴随人类始终，纠缠于人的一生，而且常常必然接受现实世界的投射，这是我的敏感点。

如果我们意识到你是一个有着强烈的当代问题敏感和介入意识的作家，也许就能理解你为什么这么迷恋书写当代城市性爱传奇，因为在一个剧变的转型时代，性爱成为时代问题和人性的众水汇流之处，这是抵达我们时代和人性深刻的幽深秘径。

人始终被欲望驱动，也许只有自杀的人，才有资格说自己已生无可恋。性既是本能，又附丽了很多本能以外的东西。也许我们不能说，只有写好了性和爱，才算写好了小说，但是，写不好性和爱，大概小说是有黑洞的。

在当下，都市的性和爱更为丰饶复杂。古人有句话，“奸近杀”，意思是不伦的性爱离凶杀已经很近。现实的案例也一再证明了这一点。这是极端的情爱状态，更多的不那么极端的、隐秘的、被城市的灯火所遮蔽的情爱，这些不嚣张的情爱，确实是小说家表达城市的一个个端口。

或者，一个时代人性畸变归根到底是人和人的关系，是人伦秩序的重新洗牌，这也是我们几乎所有焦虑和痛苦之源。基于此，你自然不会把人伦秩序简单理解为性爱，所以你要写《绝对星等》《七层宝塔》这样更辽阔开去、涉及更多人更多关系的小说。

我的认知基础是：作为小说家我重视“关系”。“关系”包含人际关系，也包括人与物、人与环境、人与时间等关系。《绝对星等》《七层宝塔》诸篇，其实主轴是时间，是社会的变迁。《绝对星等》和《七层宝塔》是前后手写的。人这一辈子，顶着星空，踏着土地，最后灵魂飘于天际，身体委于泥土，其实都生活在小得可怜的一点时空中，这恐怕是人的终极恐惧。我希望小说也能大起来。所以我既有极小的小说，如《要你好看》之类，也有显现人的时空背景的小说，人活在时光之矢中的小说，《绝对星等》就是。

你有一篇小说的题目是《暗夜危行》，你的每一篇小说都存在着躲藏在暗处、无法预知的危险时刻。你小说有阴阳两面，阳面是我们能够看到的“人民大众的起居注”，在这一面，你总有一种获取他者生活并精确书写的能力。除了你熟悉的大学和编辑生活，你写过洗头房和工地的农民工、拾荒者、医院代检员、艳遇者、播音员、政府公务员，以及城市其他形形色色的庸常者。对一个小说家而言，写出这些人物看得见的阳面并不困难，公共性知识加上对知识的想象性重构而成“起居注”式的日常生活就可以实现。而阴面，一个基本的常识，小说人物是一个典型，同时也带动着复杂的社会关系并建立一个自足的秩序化世界，这就是每一个人的“暗夜危行”。研究你小说的阴阳两面其意义不只在重建你小说的叙事逻辑，我以为这关乎你的小说美学和世界观，以你的眼光看世界是“危机四伏”。

我是个“不安全感”很强的人。社会和自身都有显然的不确定性，不确定会导致疑虑。人又是很复杂的，如果只愿意看“阳面”，新闻报道基本就可以满足要求，但小说之所以可以长存（哪怕改头换面后的长存），其真正原因，正是它擅长表现“阴面”。我坚信，人的内心世界，比他的表情要丰富N倍。说出来的，只是想到的百分之一；做出来的，只是说出来的百分之一。如果我们要画一个蛋，只画阳面，基本就是一个椭圆，简直难以分清是鸭蛋或是鸡蛋，这时候需要测光、背光，需要顶灯，甚至需要X光，因为蛋里没准藏着小鸡哩。

在当下的小说家中，你在小说结构上是有想法的，也许是出于理工科的教育背景，你的小说特别讲究“技术”，所以我说你是精准现实主义。这里面，理工科、社会科学和人文的不同教育背景可能还是存在着差异的。

感谢你的“精准现实主义”。我虽是被逼无奈才学的工科，但我学得还不错，这说明了在理性思维上，我可雕，非朽木。我学的是水利工程，水利工程比一般的建筑工程结构更为复杂。我学过理论力学、材料力学、结构力学、钢结构、钢筋混凝土结构学等一系列课程，所有的建筑，都需要计算，哪怕是最简单的楼房，它的结构、钢筋排布和粗细，混凝土的标号和配比，都有苛刻的要求。再怪诞、艺术的建筑，我基本上也能判断它的内在的结构和受力情况。所以我曾说过小说要有“腰眼”这句话。大家都知道定向爆破，作为专业的“破坏者”，他们一定洞悉结构，他们要找的是最薄弱的环节，是建筑的“腰眼”。

我很乐意承认科学训练对我思维的影响。这使我所操的文学工具，除了大刀阔斧，除了细针密线，还多了手术刀。科学让我明白很多事不可以想当然，没那么简单。譬如，水平如镜，是生活常识，但是我学过《水力学》和《水文水利计算》，这些学科告诉我，在一座阻水的大坝上游，水面决不是平的。因为水流被顶住，上游几十公里甚至几百公里，水面实际上呈现一个曲面。你要建设一个大坝，你必须精确计算出水面线，上游将有哪些地方会被淹没，那地方的居民就要迁居移民。这可是很大的事，是社会性的巨大问题，也是文学题材。宜兴那里有一把巨大的茶壶，凌空蹈虚，悬在广场上，茶壶微倾，壶嘴源源不断地流水，那已经成了奇观一景：为什么它凌空而又长流水？我几乎是一眼就看出了端底：那下流的水柱一定是一个支撑，而且一定是一根空心钢管，它从下面抽水，水到壶内后，再沿水管外面往下流——这是一个循环，所以源源不绝，流水正好隐藏了支撑的钢管……科学思维对我而言已成为习惯。我认为，小说是人之理，而物理包含着更入骨的人情。

设问人：何平　评论家，南京师范大学文学院教授

次仁罗布

次仁罗布，1965年生，西藏拉萨人，西藏作家协会副主席。主要作品有《杀手》《界》《阿米日嘎》《放生羊》《神授》《八廓街》《兽医罗布》《祭语风中》等。曾获鲁迅文学奖、珠穆朗玛文学奖金奖、西藏新世纪文学奖、《小说选刊》年度奖、《民族文学》优秀作品奖、《芳草》汉语文学女评委大奖等。

文学的终极目标是让人看到希望

“文学就是人学”，文学理论家钱谷融这句话深深印在次仁罗布脑海中。次仁罗布认为，写作就是要表现人的生存状况，以及在这种状况中人所表现出来的精神品质，让人们看到希望，看到活着的意义。在次仁罗布看来，不管是西藏还是内地，它们都有相似之处，也各保有不同的自然环境和民俗文化，“我们不能总拿着特殊说事”，而应该看到更为恒久的历史中人的变化。

次仁罗布老师，能否简单回顾下你是如何走向文学创作道路的？

感谢杨玉梅老师。我很小的时候就喜欢看书，大致是在读中学时，就看过一些文学书籍。那时“文革”刚结束不久，没有多少书籍可看，好在我们亲戚家有一些旧书，就从那里借来阅读。我至今记忆深刻的有《林海雪原》《敌后武工队》，阅读过程中仿佛自己就是其中的主人公一样，常常沉湎在小说的世界里。后来，我考入西藏大学藏文系，比较系统地学习了藏族文学、历史、宗教、哲学等，其间读到了英国浪漫主义诗人雪莱的诗集，当时带给我的那种感动和震撼是无法用文字言述的，随后我知道了拜伦、莱蒙托夫、茹可夫斯基等，他们的作品成了我课外的最重要读本。那时期我第一次尝试文学创作，用藏文和汉文写了一些比较幼稚的诗和散文。快大学毕业时，我有一首汉语诗被发表在《西藏文学》上。之后我参加工作，有很多年没有再写过文学作品。到1992年，我在《西藏文学》上发表了汉语短篇小说《罗孜的船夫》，让我很激动的是李佳俊主编在小说后写了很长的一篇点评文章。李佳俊老师是当时西藏最著名的评论家，这对我触动很大，也增强了我的文学创作信心。之后，我断断续续地发表了一些中短篇，总体来讲都很一般。2014年西藏作家协会让我参加第四届鲁迅文学院高研班，那次的学习彻底改变了我的文学观。当时在课堂上不仅要听文学理论创作课、还有国情、自然科学、电影、绘画、经济、军事等课程，这些课程好像帮我打开了一扇窗户，使我对文学有了一个重新的认识。学习完，创作的短篇小说《杀手》好像标志着我创作上的成熟，从那时起我发表的每一篇作品都能得到人们的关注。这期间我也得到很多的荣誉，但这些都是过去，唯有潜下心来，我才能写出好的作品来。

你的长篇小说《祭语风中》生动地展现了西藏50多年来的社会发展变迁，为读者打开了一个真实的西藏社会生活图景，其主题思想、生活层面、精神内涵，以及对人性的深度发掘等，都让人耳目一新。我觉得这部作品首先具有祛魅的力量，它让人去掉对西藏的魔幻现实主义想象，而走进了一个充满人间烟火和命运跌宕起伏的真实的世界。我这么理解对吗？你是怎么想起写这部小说的？

《祭语风中》确实如你所说的那样，可能颠覆了很多人对西藏的那种想象，呈现的是一个日常的世俗化的西藏。20世纪80年代短暂而辉煌的西藏文学，借助拉美魔幻现实主义的创作手法，将传统藏族文化与现代化进程中冲撞出的火花，以文学艺术化的形式呈献给了读者。从那开始很多人对西藏的记忆，就是一种魔幻且神秘的地方。后来出现的西藏文化热和西藏行走文学的畅销，将这种神秘性又向前推进了一步。于是，有了“精神家园”“人类最后一片净土”“圣地”等光环罩住的整个藏地。其实，西藏跟国内很多地方有相近之处，也有不同的自然环境和文化民俗，我们不能老拿着独特去说事，而是要从藏民族文化的最内核，体现世俗西藏最本真、最具精神价值的东西。这样做的结果是用藏文化补充和丰富了中华文化，提供了另外一种生存的经验。这种精神价值就是对生命的敬畏、对自然的关切、对于善良和忍耐的赞许。

创作《祭语风中》是我的一个梦想，之前虽然有益希单增、扎西达娃、央珍等藏族作家的长篇小说问世，但他们的作品呈现的是一个时间段，使读者无法感知近五十多年来西藏发生的重大变迁和普通人的生活轨迹的改变。从宏观来看，这五十多年起始于一个旧的社会制度的灭亡，使众多受压迫的人翻身当家做主人，以及社会主义制度在西藏的施行。从微观来讲，是用文字记录我们的先辈经历这段岁月，呈现时代滚滚向前发展中个体命运的沉浮和他们的情感。通过创作这部作品，让更多的人感受和记住这段历史，这是我书写这部小说的原因。

这部作品文学素材的获取是否容易？这些人物如何进入了你的写作和思考的视野？

当我有了写这部长篇小说的想法时，很多人物就浮现在我的脑海里。这些人物都是我幼小时在八廓街里经常能见到或生活在同一个院子里的人。如小说里的还俗僧人、瑟宕二少爷、卓嘎大姐、努白苏管家等，在生活中确实有原型。希惟仁波齐是我在西藏大学藏文系读书时的老师，之前他是色拉寺的一名活佛。正是我认识的众多人物和他们的命运构架起了这部小说的骨骼和血肉，当时他们是一群最普通的人，也是命运多舛的人，他们的经历吸引着我的目光。

我在创作过程中为了达到贴近真实，从2011年开始收集资料、翻阅参考书，还跑到山南等地去实地调研。我2012年在中国人民大学访学期间，到北京藏学研究中心借阅了很多相关的资料，回到拉萨后又采访了很多健在的老人。2013年年底开始进行创作，作品完成于2015年5月底。

在整个创作过程当中，遇到的最大难题是如何还原重大的历史事件，选择叙事视角、场景的描写等都对我构成了较大的问题。为了更真实地反映那些历史事件，当时不仅看了很多相关的文字资料，还看了那时期的不少纪录片、图片等，增强对那个时代的认识感，避免在时间、地点、环境、服装描写上，出现差错。

对西藏当代历史，我知道得最多的也就一句话“1951年西藏和平解放”。可是，我并不知道和平解放之后西藏是什么样子。这部作品从1959年的时代背景开始，以僧人晋美旺扎的切身经历阐释旧制度给西藏僧人与百姓带来的灾难，通过生活本身来说明西藏必须废除旧制度的深刻道理。这样的生活层面对于内地读者来说，十分新鲜。那么，对于藏族读者，特别是藏族年轻人，他们会有新鲜感吗？西藏读者对你这部作品有什么看法？

西藏和平解放已经六十多年了，特别是改革开放后西藏的社会、经济更是跨越式地向前发展。很多的80后、90后藏族青年对于那段历史，可能只有一个模糊的概念，更多的信息来源只能是历史文献记录和祖辈闲聊时的只言片语，一个立体的有温度的全面呈现这一历史进程的文学作品，在这之前的确没有出现过。《祭语风中》的出版，在藏族文学界还是引起了较大的关注，来自五省藏区的藏族作者（藏语、汉语创作者）都给予了肯定，也受到了国内主流评论界的关注。在拉萨这本书成了畅销书，书店的书架上经常缺货，有很多认识的朋友打来电话问我哪里有卖的。有几位作家、翻译家提出将作品翻译成藏语，最终我选择了一位翻译家。

人生是不断选择的结果。这部小说中的众多人物都在面临着生命的抉择，每个人的命运都与国家与民族的命运休戚相关。比如晋美旺扎从僧人到俗人身份的转换，还有希惟仁波齐带着弟子们逃往印度，有过来人劝他留下，可他一意孤行，最后三个护教军不但把瑟宕二少爷赠送给他们的盘缠和珠宝洗劫一空，还残暴地把多吉坚参踢下山脚，夺走了这个年轻可爱的生命。这件事使希惟仁波齐悔恨交加，最后改变了逃离计划。这条逃离之路，生动描摹了当时西藏的社会现实与各阶层人物的生命形态。这个特殊的历史生活，是不是文学的第一次表达？如果是，为什么以前没有人书写？

从我的阅读量来讲，之前西藏的文学作品里还没有人这样细致详细地描述过那段特定的历史时期。《祭语风中》是第一部呈现这段特殊历史生活的文学作品。

之前没有人写，如果拿捏不当，很可能会引起争议和误会。但是作为一名写作者，你有义务和责任把一段历史记录下来，要不过了几代人之后，我们的后代能看到的只是文献上的文字，无法感受先辈们在那个峥嵘岁月中的情感历程，在社会发展进步中所做出的个体牺牲。文学，并不是纯粹的历史记录者，但它是历史发展中个体人的情感和命运沉浮的记载者和体惜者。通过塑造这些人物，让读者对历史进程中个体的丰富性、复杂性有个全面的认识。文学的功能在于通过文字达到人的内心隐秘世界，把人心的幽暗与明亮呈现出来。

这部作品也是民族历史发展的心灵史和灵魂史。你对藏族人物的生活表现得如此细腻和深刻，对于非藏族读者来说十分新鲜。但是，因为你是从民间生活立场出发，从人性角度进行阐释，所以他们的情感具有人类的共通性，阅读起来没有丝毫的文化障碍。作为少数民族作家，你对民族文化的理解是什么？或者说少数民族作家如何从民族文化中获得文学创作的优势？

这部小说因为叙写的是一名色拉寺的僧人，所以叙述过程中会出现很多的宗教仪轨和经文，这是西藏的现实生活。之前，有很多内地朋友问关于藏族人的生活和信仰，从他们提出的问题里我能感觉到生活和宗教之间是有界限的，也就是生活是生活，宗教是宗教。其实，在藏区普通老百姓的生活里，这两者是水乳交融的，宗教融入在生活中，生活又在宗教中进行着。举例来说，一个藏人早晨醒过来睁开眼睛，想到自己依然活着就感恩上苍；起床在佛像前点上供灯，祈祷的是众生的幸福和世界的和平；接着打好茶准备喝上一杯时，开始感恩父母、老师、亲人，这样开启了一个普通藏族人的一天。《祭语风中》里叙写的就是这样一种生活状态。

你也在前面提到了这种日常的宗教人士的生活的描写，并没有造成阅读的障碍，只因它就是藏地的日常生活，是精神和世俗融汇在一起的状态。跟我国的其他少数民族一样，藏民族在青藏高原上繁衍生息的过程中，创造出了象雄文明和雅砻文明，后来又吸收中原文化和印度文化，将它们与藏地文化交融发展，慢慢形成了现在的藏族文化。藏族文化中有很多优秀的东西，也有不少的糟粕，我们应该要吸收其优秀的部分发扬光大，成为这种文化的传承者和宣扬者，让其适应时代的发展和进步。

我国的少数民族文学曾经创造过很多的辉煌，像藏族的《格萨尔王》终结了中国没有史诗的说法，而且这种口耳相传的文学依然迸发着其强有力的生命力。少数民族作家应该立足在民族文化的沃土中，写出独特的感受和经验，写出在时代进步中民族心灵的忧思与希望。

你小说中存在着暗线——米拉日巴经受苦难与救赎的过程，你增加这样一条线索，显然是有意为之，书写这个故事，其目的是什么？

《祭语风中》是由两条线组成的，其主线是以僧人晋美旺扎的人生轨迹来叙述，反映西藏在中国共产党的领导下从黑暗走向光明、从落后走向进步、从专制走向民主、从封闭走向开放的整个过程。这个过程中虽然有过曲折和起伏，但是向着更美好的方向始终没有改变，人们的希望始终在心头燃烧。辅线则是藏区名闻遐迩的米拉日巴大师的故事。这样的安排是有意为之的。在藏区关于米拉日巴的故事深入人心，他不仅是一位宗教意义上的大成就者，更是藏族文学中塑造出来的一个典型人物。米拉日巴小的时候家境富裕，过着衣食无忧的生活。但是随着他父亲的去世，姑姑和叔叔霸占他们的家产，他从此落魄到替人打工的境地。成人仪式时，米拉日巴的母亲想把家产要回来，可是势大力强的姑姑叔叔却不肯归还，还当众奚落和打骂母子三人。在万般无奈下，米拉日巴的母亲让其儿子去学咒语，以此达到报仇雪恨的目的。米拉日巴通过拜师学艺，掌握了降雹和施咒术，并对家乡降雹，使村民颗粒无收，生活愈加艰辛。之后，又施咒术使叔叔的儿子和媳妇，以及众多的村民，葬身于灾难之中。米拉日巴虽然复了仇，但看到满目的疮痍和人们的痛苦，才醒悟到自己所犯下的罪孽是何等深重。为了能够救赎罪孽，他跑到遥远的洛扎，拜玛尔巴大师学习。玛尔巴大师清楚米拉日巴犯下的罪孽，让他用劳役进行救赎。米拉日巴期间有过动摇，也有过苦闷，但救赎罪孽的心不曾改变过。玛尔巴通过各种办法让其深知自己的罪孽，通过劳动和忏悔减轻犯下的罪。最终，玛尔巴将法传给米拉日巴，让他到深山中救度众生。米拉日巴也遵循上师的教导，食荨麻，着破衣，日夜精进，最终此生成为一名大成就者。

我把米拉日巴引进到小说里重新叙写，只因他是藏族人民心目中的一位英雄，是人们精神世界的一个偶像。你到西藏的任何寺庙，都能看到为他立的塑像。人们在日常生活中遇到不幸和挫折，总喜欢用这句话来引导：你跟米拉日巴比，这点痛苦算得了什么！藏族人崇拜米拉日巴并不是因为他复了仇，而是因他看到了自己的罪孽和其用一生救赎的精神。从另外一点来讲，在小说里写米拉日巴也是为了映照一种精神，这种精神在藏族人里代代相传了一千多年，这些也可以看作是人类比较宝贵的品质：忍耐、感恩、精进、纯粹、奉献、尊重生命等等。小说里僧人晋美旺扎每次遇到不幸或挫折时，总是会想起米拉日巴，这样他会从那种痛苦和不幸中走出来，重新振作精神，继续生活下去。米拉日巴也可以看作是整个藏民族的一种精神，一种胸襟。

你这部作品，对人性和宗教都有深刻的反思，特别是在对灵魂的抚慰与救赎方面，给予了诸多生动的展示，其中又充满了对生活的理性思考和智慧的表达。这些内容，只有对藏族宗教文化有深刻了解和进行深入思考的作家才能写得出来。而且，书写那段历史其意义不仅仅在于呈现和记录历史的真实，是穿越时空范畴的具有永恒意义的对人性和灵魂的展示与思考，这些虽然是历史境遇中的内容，却对现实乃至未来都有指向意义，这就是文学所具有的超越时空的认识价值和审美功能。

我还是想引用钱谷融先生提出的那句话：文学就是人学。作者的写作就是要表现人的生存状况，以及在这种状况中人所表现出来的精神品质，让人们看到希望，看到活着的意义。这就是文学创作的意义，也是它的终极目标。

你在反映这段历史内容，塑造人物形象时，创作的过程是否有难度？如果有难度，是什么原因？

我在创作《祭语风中》的过程中遇到了很多的挑战，之前我也说了重大历史事件的叙述策略，在这不再赘述。其他还有很多。一是小说的故事该怎么开头。找到一个好的开头，也就是作品成功了一半。《祭语风中》之前我开了很多次头，尝试过从中间讲述、按照时间顺序开始、从后面向前倒叙等，每次写了几千字后都要否定掉，为了找不到一个好的开头有时不得不放上几个月，其间就不停地看书。后头读到略萨的《酒吧长谈》，给我带来了启发，我找到了最佳的叙事视角，也就是现在的这个小说开头。在天葬台上年老的晋美旺扎遇到了转世的希惟仁波齐，两人坐在天葬台边，讲述五十多年前的事情。找到这个好的开头以后，小说就写得比较顺利了。二是在讲述米拉日巴故事时，当时很多地方我都没有去过，比如他的出生地、玛尔巴大师居住的地方，还有当时人们的服饰、生活用具、地质风貌等等，逼得我不仅要看他们的传记，还要看相关的宗教流派史，地域风貌书籍，同时代相关人物的文章，从这些资料中收集相关的信息，尽量写出特定时期里特定人物的生活状态。也有感到遗憾的地方。今年有幸参加采风团，去了玛尔巴大师居住的山南洛扎县和米拉日巴的故居日喀则吉隆县，那里的地理风貌很有特色，在小说里没有能体现出来，这些都让我感到很遗憾。三是如何把宗教的仪轨写得规范，写得浅显易懂。曾经在大学我读的是藏文文学专业，也粗浅地学习过一些简单的宗教知识，但写作过程当中还是遇到了很多的问题。例如他们在逃难过程中遇到死去的男人，作为僧人会念什么经，如何超度亡者，念珠卦算时单珠、双珠的意义，寺院的学习等级及制度等。这些问题不仅要去请教专家和僧人，还要找到相关的专业书籍来读，避免胡乱地杜撰。还会有其他一些问题不时地出现，在这不再详细地罗列了。

总之，经过创作这部长篇小说，我体会最深的是对各种学科知识掌握得不够，视野偏狭，唯有不断学习增加知识，扩大视野，才能为后续创作积蓄力量。同时，作为写作者一定要深入生活，到实地去考察调研，才能做到有的放矢，真实真切真诚。

少数民族的历史，是文学的富矿。如何从历史中获得鲜活的养料，你创作这部大作后有什么经验？

我国有五十五个少数民族，每个民族都创造出了自己灿烂的文化和历史。随着我国城镇化建设步伐的加强，固有的乡土文化逐渐失去了赖以生存的土壤，以往的经验逐步土崩瓦解，趋同的城镇经验取而代之。我们的文学呈现的内容也在趋于相同，感受也差不多。整个世界在趋向一统的时候，我国少数民族作家能够给中国文学带来不一样的内容和不一样的体悟，这种经验在一统化中显得弥足珍贵，也是值得期待的。就藏族文学来讲，由于地理环境的不同，作品呈现的特质也是极不一样的，农耕为主的更倾向于对土地的挚爱和眷恋，牧业为主的以四海为家，充满了豪气与奔放，城镇为主的在寻找一种精神栖息的家园。

正如，你提及的“少数民族历史是文学的富矿”，藏民族的历史源远流长，跌宕起伏，我们现在的文学作品呈现出来的只是沧海一粟，还有很多内容等待作家们去书写。历史是过去时，但作家可以以现代的立场去重新解构历史，赋予新的意义和使命。

《祭语风中》完成后，让我感到如释重负，我想这是我给我们这个民族最好的礼物。虽然有很多的瑕疵和不完美处，但是我是用心在为这个民族叙事。至于问到有什么经验，我想说没有一定的生活和知识的积累，千万不要急着写长篇小说。要经过多年的中短篇写作的经验积累，再过渡到长篇小说创作才是最佳的一条道路。再有，就是用心去写，倾注感情地去塑造人物，只有这样的投入你的文字才有生命力、才是鲜活的。读者会从字里行间能嗅出你的真情和你的虚情假意。文学创作是在创造精神食粮，是引导别人，塑造灵魂，作家下笔时一定要慎重再慎重。

你对中国当代文学的现状有些什么看法和思考?

当下的我国文学很繁荣，每年出来的长篇小说能达到几千部，这样的体量真是惊人。可是在这样的体量之下，真正能留得住的作品能有几部呢？从这点可以看出我们创作者的急功近利和好高骛远，也可看出出版社的利益关切。当文学把“利”字放在首位时，作品的格调、内涵、主题离伟大的作品就愈来愈远，只能是自娱自乐，最终在时间的长河里被大浪淘沙掉。

作家被人们称为“人类灵魂的工程师”，一定要有担当要有责任感，为最普通的人民书写，表达时代向前进程中他们的喜怒哀乐。只有扎根到大地里，文学作品才有生命力，才能感动他者。

完成了这部长篇小说后，接下来还有什么创作计划?

小说完成已经几年了，这期间写了一些短篇小说，算是一个调解吧。其间也一直在看关于元朝、蒙古族的历史和萨迦家族和教派的书籍，还到日喀则萨迦寺跑了几趟，接下来要创作的是一部长篇小说《乌斯藏风云》（暂定名）。主要讲述元朝派兵进入乌斯藏（当时西藏的称呼），了解当时的社会现状，最终选择萨迦派的贡嘎坚参，请他到凉州商议乌斯藏归顺的事宜。贡嘎坚参不顾年迈，为了藏族人民的安危，带着八思巴和恰纳多吉到凉州拜会阔端，最终乌斯藏归顺元朝的历史小说。

设问人：杨玉梅 评论家，《民族文学》主编助理

衣向东

衣向东，1964年生，山东栖霞人。主要作品有长篇小说《牟氏庄园》《站起来说话》《向日葵》等，中篇小说集《老营盘》《吹满风的山谷》《过滤的阳光》《阳光漂白的河床》《就告诉你一个人》《爱情西街》等，长篇儿童文学系列四本，以及长篇报告文学《震区警察的记忆》等。多篇小说被改编成影视作品。曾获鲁迅文学奖、老舍文学奖、北京市政府奖、中国人民解放军文艺奖、《小说月报》百花文学奖（五次）、金盾文学一等奖（两次）、全军文艺新作品一等奖（两次）。

庆幸没有失去向阳而生的力量

衣向东在自己的家乡栖霞人气颇高，许多老百姓都念着他的好，可衣向东却说，自己应该感谢故乡。《牟氏庄园》之后，衣向东又以家乡为基写了长篇小说《向日葵》，这片齐地东陲、日照盈野的土地，寄托了他无限的情怀。他庆幸自己经历了许多磨难，却始终没有失去一颗善良的心，没有失去向着阳光生长的力量。他给优秀小说下了四个评判标准，其中第一条就是写出打动人心的好故事，引导人们向着阳光生长……阳光，阳光，还是阳光。无论是在故乡，还是在往昔岁月，衣向东总是寻找、挖掘那些积极的充满生机的力量，那种阳光的力量。

向东老弟，我们认识二十多年，又是首届鲁院高研班的同学，彼此太熟悉了，但在一起认真地聊文学创作，还是第一次，有些怪怪的。

就是，仁山兄，我们聚在一起就是喝酒，扯创作干啥。文学创作，是很个体、很私人化的问题，一般不去扯它。

有很多老朋友，貌似熟悉，其实却很陌生。就像我们之间，我熟悉你的人品，但对你的创作经历和文学观点知之甚少，我倒想借对话的机会，了解你的另一面。

没问题，你尽管问，我们俩没有不能问的话。

圈子里一般把你定位在军旅作家，你获得第二届鲁迅文学奖的中篇小说《吹满风的山谷》，也属于军事文学。军事文学跟都市文学以及其他文学，有什么区别吗？

严格地说，军事文学跟都市文学等等，没什么本质的区别，都是文学，都是写人的。我不认可把文学分为民族文学、煤矿文学、民工文学、白领文学、乡土文学、都市文学……文学就是文学，就是用文字描述我们生命中发生的故事和情感纠葛。通常我们认为，反映军人生活或者准军人生活的作品，都称为军事文学，大致分为两块，一个是军旅文学，一个是战争文学。

军旅文学，大多适合于和平时期，作品里的人物，必须是军人或者准军人（比如民兵或者民间武装团队）；当下的军事文学，基本上应该都属于军旅文学的范畴，主要是军人或准军人内心情感的战争。大致也分两类，一类是写丰富多彩的军人个性，跟单一的纪律条令之间的矛盾；第二类是写，单调枯燥、一地鸡毛的军旅生活，与战争梦想的矛盾，表现为军人内心的孤独。和平时期的军人，也有牺牲，但绝不是我们常说的牺牲个人家庭利益之类，而是个性的压抑。

战争文学大多是过去年代的军事文学，是写人与战争的关系，再细致地分，也就是战争冷酷的美、战争人性的美。战争冷酷的美，是写悲壮的英雄主义；战争人性的美，却是写战争中人性的光亮。这类作品有的是写军人或准军人在战争中的故事，有的只是以战争为背景，写战争背景下的人和事，比如一个轿夫、一个伙夫、一个妓女，或者一匹马一头驴。这些小说中描写的主要对象，虽然跟军人并没有关系，或者多多少少有一些牵连，但是他们的命运和情感，却是跟战争有关的。比如莫泊桑的小说《第29号病床》，写了战争背景下的一个妓女、一个上尉军官的未婚妻，利用自己身体的梅毒，尽可能大量杀伤敌人的感人故事。

军事文学表现的主题，一定是英雄主义和爱国主义。但是，描写英雄主义和爱国主义的作品，不一定都是军事文学。军事文学中的主人公，通常要具有坚定的信念和崇高的精神。坚定和崇高就是衡量作品中人物高度的一把尺子。

军事文学的崇高，大多是以一种悲剧的结局来弘扬；而军事文学的信念，一般是用一种近乎痴傻的坚守来衬托。

你如何看待当下的军事文学？

我对于当下的军事文学，没有发言权，毕竟已经离开部队十多年了。我在部队服役的时候，军事文学大多围绕军人的孤独和寂寞去抒写人性之光。我获鲁迅文学奖的小说《吹满风的山谷》，也属于这类作品。和平时期的文学，给人的感觉都是一些鸡零狗碎的琐事，作家要在司空见惯的小事中，写出军人与普通百姓内在的本质区别，确实是很难写的。不过我觉得，当下的军事文学，应该有了一些变化，军事训练接近实战，以训代战，既不是普通的演练，又不是特殊的实战，因而当今的军事文学，介乎于演练和实战之间，属于和平与战争之间的“准战争文学”。

每个作家的创作，都会有几个阶段。你最初主要写军事文学，后来写故乡，也写都市文学，是什么东西决定了你每一个阶段的创作选择？

生活的土壤。我觉得小说是有根的植物，没有根的小说，就没有生命力。所谓的根，就是作家熟悉的地域，是小说人物生长的土壤和空间，是故事发生的背景所在。作家和小说中的人物，永远是一个完美的结合体。沈从文先生的小说，根在湘西，他笔下的一草一木似乎都有灵性，都会说话。小说中我们可以看到水边吊楼青女们的倩影，商船划破一波秋水渐行渐远的画面……光和影，声和色，组成了色彩斑斓的湘西风景。沈从文先生的每一篇小说，都生长在溪边，生长在吊脚楼和行船中。如《柏子》的开头："把船停顿在岸边，岸是辰河的岸。"两句话，小说的根就扎住了。《百年孤独》的作者马尔克斯的小说，是以他的家乡为背景的，他曾经说"闭着眼睛，闻着那股熟悉的气息就可以走回家乡"。毫无疑问，他的根在家乡。《百年孤独》的语言无论如何魔幻，那些故事和风俗人情，都是来自于作者对故乡的记忆。美国作家福克纳曾说："我的像邮票那样大小的故乡本土是值得好好描写的，而且即使写一辈子，我也写不尽那里的人和事。"福克纳就是凭借自己对家乡的写作，成为文学大师。

美国批评家艾伦·塔特有一句精辟的话："地区主义在空间上是有限的，但在时间上是无限的。地方主义在时间上是有限的，在空间上则是无限的。"一个人要想包罗万象，就一无所有。相反，能够听见宇宙歌唱的地方，是你从时间、地点、家庭、历史等方面都已经扎根的某一条街道、某一个社区。

历史的地方，就是一种文化，代表一种感情。地方同感情紧密相连。我们可以留心一下，那些不朽的名著，都是深深扎根在作家熟悉的土地上的。当代作家中，大凡有成就的作家，都有自己创作的根据地。莫言几部有分量的作品，是以家乡为背景写作的，如《红高粱》《檀香刑》等。还有贾平凹早期的"商州系列"、阿来的《尘埃落定》、陈忠实的《白鹿原》、苏童的"香椿街"记忆、王安忆的上海情结、刘庆邦的"煤矿小说"，等等，都给我们树立了很好的典范。这些有根的小说，人物的服饰、语言、个性，都写出了一种地域特色，写出了一种文化。有文化的小说，自然是好小说。

写作必须选择自己最熟知的土壤。我在部队当了24年兵，对部队太熟悉了，我甚至能从战士们的一个动作、一个眼神，读懂他们的内心语言。2000年，中篇小说《吹满风的山谷》获得鲁迅文学奖后，我开始思考今后的创作走向，意识到在军事文学创作领域，很难自我超越，于是我把目光投向了故乡。道理很简单，我在那片土地上生活了18年，我生命的根在那里。由于远离故土，随着时间的推移，对故土的思念越来越浓厚，心中储蓄了太多的情感需要宣泄。最初，我以故乡为创作土壤，写了几个中篇，如《过滤的阳光》《阳光漂白的河床》《电影哦电影》等等，一边写中短篇，一边思考长篇小说《牟氏庄园》的创作构想。记得2002年底，北京作家协会组织作家去云南体验生活，我跟作家邱华栋住一个房间，专门跟他探讨这部小说的结构问题。人民文学出版社的副总编高贤均因病住院期间，我去看望他两次，认真地听取了他对于《牟氏庄园》创作的建议。我用了一年多时间回故乡采访和搜集资料，2004年出版了长篇小说《牟氏庄园》。

毫无疑问，我所有的小说都扎根在我熟悉的那片肥沃的土壤里，我跟小说中的那些人物息息相关。有根的小说，厚实而有底蕴。

长篇小说《牟氏庄园》应该是你最满意的作品吧？

没错，是我的代表作。《牟氏庄园》出版后，也得到了文学圈内专家的好评，被评为当年最受欢迎的长篇小说，后来还入选建国后最优秀的百部长篇小说。

你觉得这本书成功在哪里？

人物和人物的命运。我们都是玩小说的，心里都知道，一部长篇小说如果人物立不起来，小说就塌了。写人物，主要是写人物的性格和人物的命运。人物的性格不鲜明，命运不跌宕起伏，小说就没有可读性。

《牟氏庄园》里写了几十个人物，即便是一个丫鬟、一个马夫，都会给读者留下深刻的印象。

你最喜欢的是哪一个？

当然是女主人公姜振帼。这个人物，倾注了我太多的情感。她出身商人家庭，从小读书识字，去过上海等大城市，属于时尚的女孩，然而牟家却是典型的封建大家族，规矩很多，她嫁入牟家后，虽然自己的男人是家族掌门人，但她在婆婆手下，要老老实实当小媳妇，一切媳妇“应该尽到的义务”，她都要去做，天性受到压抑。更不幸的是，她28岁那年，男人突然病逝，按照牟家“长子长孙”继承掌门人的规矩，她的儿子顺理成章地接任掌门人，然而儿子只有8岁，于是家族中的几个叔叔，对掌门人的位置虎视眈眈。她心里明白，一旦掌门人位置被叔叔们篡夺，她的家产必定被侵吞，她甚至有可能被扫地出门。为了自己的生存，这个看上去柔弱的小女人，内心迸发出极大的能量。她沉着冷静地处理了男人的丧事，干练果断地平息了二叔侵占土地的风波，最终机智巧妙地利用叔叔们之间的矛盾，打破了牟家规矩，以一个女人的身份，继任牟家掌门人，涉险闯过了第一道难关。之后，一关比一关更险恶，几次差点儿丧命。作为掌门人，她要平息牟家内部争斗，精打细算，运作家族的各项经营，维持家族的繁荣，又要应付官府的苛捐杂税以及无理刁难，要提防土匪的趁火打劫，捍卫家族的荣耀；作为一个女人，她忍受着守寡的孤独，抵制男人的诱惑，拉扯一双未成年的孩子，让他们尽快羽毛丰满。她善良却又狠毒，刚烈却又柔软，自信却又胆怯，看似清心寡欲而内心却时常泛起情感波澜……她做了所有的努力，换来的却是一个个悲剧，一双儿女先后死去，牟家也在风起云涌的革命大潮中分崩瓦解。在一个风雨交加的夜晚，年仅48岁的姜振帼芳魂飘散，留给人间的是一声叹息！

牟家确实有这么一位年轻美貌而又干练的掌门人，最初我在搜集研究牟家资料的时候，就被这个女人一生的命运吸引住了，经过对这个人物的反复设计构思后，她似乎重新回到了现实生活中，每天都在我眼前晃动，晚上躺在床上，感觉她就坐在我对面的黑暗里……强烈的写作欲望，迫使我放下手里的所有事情，开始封闭写作。

我去过牟氏庄园。你的小说《牟氏庄园》改编成电视剧，热播后，牟氏庄园的旅游很火。小说在影响力上，是不是沾了电视剧的光？

怎么说呢？有些书，确实是因为电视剧火了，但我的《牟氏庄园》并不是因为电视剧热播后才受到读者青睐的。电视剧跟我的小说，还有很大差距，我觉得《牟氏庄园》的小说更有文学品质，更有味道。当然，电视剧可以提升作家的知名度，过去我在老家并不为人所知，电视剧热播后，很多人都知道当地出了我这位作家。

我去你们栖霞，能感觉到你在老家有非常高的人气，老百姓都很感谢你。我也看得出，你对老家很有感情。

我应该感谢故乡才对，我的故乡给我提供了丰富的写作矿藏，在《牟氏庄园》之后，我又写了反映胶东第一兵工厂在栖霞发展壮大的长篇小说《向日葵》，后来还写了故乡一直流传的“一品百姓”的故事。

我的故乡情结确实很重。故乡，在每个作家的心目中，都占有重要位置。

你觉得，什么是好小说？

第一，必须有一个或几个个性鲜明的人物；第二，有一个好故事；第三，要有鲜明的地域特色，也就是有根的小说；第四，小说中富有哲学和宗教信念。

前面你已经说到小说的人物和小说的根。我还想听听，你对小说的故事怎么看？

讲故事，应该是小说家最基本的技能，如果连个故事都讲不好，那还写什么小说。一个好故事，必定很感人，具有诱惑性，并且折射出人性的光芒。当然，我经常看到一些小说，结构、语言什么的，都玩得挺溜，唯独故事很烂、很垃圾。

美国剧作教授罗伯特·麦基说过：故事艺术是世界上主导的文化力量。也就是说，故事艺术是世界文化中最具有强大生命力的。《阿凡达》的导演卡梅隆，在接受中央电视台的采访的时候，主持人问："你是否担心随着自己的衰老，会失去你的感觉？"他回答："如果我失去一只眼睛，将无法拍3D电影，但我可以去讲一个好故事。"

小说家不同于常人的能力，就是发现并创造故事。发现故事，是一个作家天生的敏锐，创造故事是一个作家超常人的想象力。

除了《牟氏庄园》，你满意的长篇小说还有哪一部？

《牟氏庄园》之后，我又写了《站起来说话》，其实我个人挺喜欢这部长篇的，影视版权卖给了阿里巴巴影业公司，可惜一直没拍成电视剧，如果拍出来，肯定比《牟氏庄园》好很多。

我还真没看过这部长篇，什么内容？

我写的是江南望族"宁波小港李家"的故事。这个家族非常具有前瞻性，培养出了无数杰出人才，他们对当时的上海金融产生了重大影响，也对民族工业做出不可磨灭的贡献。抗战时期，李家为了民族大义，倾其家产支援抗日，把家族的命运同中华民族的命运紧紧联系在一起。

你后来写了一些电视剧作品，写电视剧和写小说，有什么区别？

电视剧不能叫作品，只能算是商品，按照商家要求定做的“商品”，也可以说是垃圾“食品”。写电视剧不如写小说快乐，需要忍受一群没文化的人反复蹂躏，完全是为利所趋。这些年，我写小说没有突破，感觉多写一篇和少些一篇没什么两样，只是数量的变化，尤其长篇小说，写一部很费力气，你用心去写，感觉也不错，可出版后很快就被淹没在长篇小说的书海中，有些伤心，于是暂时搁置一段时间，去胡乱写写电视剧。

不过，我最近又对小说很有感觉了，沉淀了几年后，有了一些新思考，准备静下心来，再好好写几年小说，毕竟，还有不少铁杆读者期盼着读到我的小说。

我看到前些年你出版了一套儿童文学，这好奇怪，你怎么突然写起儿童文学了？

我最早想写儿童文学，是女儿三岁左右，我给她买了一些儿童读物，想读给她听，可每次读到一半，就感到索然无味，不想读了，心里就想，这都是些什么烂书，连个简单的故事都讲不完整！这种心境下，作为一名写作者，就滋生了要写一本儿童文学的欲望。再后来，我的女儿一天天长大，开始自己阅读文学书籍，这时候网络文学大肆盛行，女儿像其他孩子一样读了很多网络垃圾文字，嘴里说的全是那些垃圾语言。我听了心里很痛。我小的时候，虽然能够阅读的文学书籍很少，但那些优秀的文字一直滋养着我，尤其在我人生关键的转折点，书中的那些标杆人物给我力量和指引。一个自己喜欢的人物形象对成长非常重要，可惜的是，现在的儿童文学，能够给孩子力量的人物形象越来越少。痛心之余，创作儿童文学的欲望更加强烈。

说到读书，你童年时候都读了哪些书？哪本书对你影响最大？

老兄，说起我的童年，有些寒酸。我是在农村长大的，上学之后的业余时间，大都是帮父母割猪草、做家务。而且，那时候我也没什么书可读，最多的就是连环画。后来上高中，住校，有了自己的时间，读过《少年维特之烦恼》《钢铁是怎样炼成的》《堂吉诃德》《约翰·克里斯多夫》……然而中国的四大名著一本没读。后来对我影响最大的一本书是沈从文小说选，自从得到这本书后，爱不释手，读了几遍，从中悟到很多东西。到现在，我每年还要重读一遍沈从文先生的小说。

我是三年前开始创作儿童文学的，先后完成了《李多多与小布丁》《奔跑的豆豆》《朱小强的储钱罐》《透明的金鱼缸》一套四本。毕竟我距离儿童时代太遥远了，而且我们的儿童时代跟现实差别太大，今天孩子们的思维，远比我们那时候的孩子敏捷聪慧，他们接收信息量之大，更不是我们那时候的孩子能够获取的。因此，给当下的孩子写阅读的文字，其实很艰难的。但我想，无论什么时代，无论信息量多大的时代，给孩子们的文字，必须干净、简洁、美好，给孩子们讲的故事，必须提倡善良、阳光、温暖、向上。这些特点恰恰是我过去在小说创作上坚持的方向，我需要解决的，就是儿童的语言和思维。在写作中，我尽量贴近当下的时代，但同时坚持不使用网络语言，尽管这些语言在孩子口中广泛流传，但我以为这些垃圾语言对孩子的成长毫无意义，对孩子们承继传统文化有害无利。我想给孩子提供的是一个幽默好玩的故事，一个可以给孩子们正能量的榜样标杆，一个可以滋养孩子情感世界的虚拟空间。

这套儿童文学出版后，受到了孩子们的喜爱，很多家长告诉我，他们的孩子原来不喜欢读书，但是看我这套书很入迷，晚上都不想睡觉，要一口气看完。我就想，若干年后，当这些孩子长大成人，如果还能记得曾经读过我的书，那我今天所做的劳动，就值得了。

分享一下你的读书故事吧。每个作家都有一段跟读书有关的故事，你也不会例外。

我真正读文学书，是到北京当兵以后，接触到很多书店，于是拼命买书。那时候士兵每月有10元钱的津贴费，除去买一些必备的生活用品外，剩余的钱全部买了文学书籍。在部队书成为我最好的朋友，成为我战胜困难的精神力量。记得当兵第二年，我偶然在别人那里读到了《毛姆短篇小说选》，一下子被那些小说吸引了，可是跑遍了北京几个大书店，就是买不到这本书。后来，我听说河北保定新华书店有卖，就向连队干部请假，谎称去王府井书店，却偷偷坐上了开往保定的火车。当我在保定新华书店捧着《毛姆短篇小说选》的时候，就像儿时的春节，穿上了新衣服一样快乐!

我恋旧，尤其对书。我喜欢读旧书。所谓旧书，就是那些曾经阅读过了的书。这些旧书，都是我当战士的时候买来的，是从我牙缝里挤出来的钱。这些旧书来到我身边的时候，我为了始终看不到一丝光亮的前程，正在苦闷地挣扎，我把所有的情感和希望，都倾注在书里面，把我最真挚的泪水，洒在书上……这些旧书跟我一起哭泣，一起激动，一起颓丧，它们目睹了我最真实的一面，目睹了我艰难跋涉的背影。我的旧书，是我最纯真可靠的朋友。遗憾的是，那时候我没有居所，这些旧书们大多时间被塞在部队仓库的黄挎包内，躲避着一次次的卫生大检查。没有躲过去的，就被“俘虏”了，再也没有回来，还有的在我无数次的搬家中遗失了……那时候，我人生最大的愿望，就是通过自己的奋斗，能够拥有自己的一间书房。后来，当我有了200多平方米的书房时，当年跟随我四处颠簸的那些书籍，很多已经丢失了。它们本该端坐在书架上，跟我一起享受从窗户投射进来的阳光，一起享受安宁的岁月……这种遗憾，是永远无法弥补的。

如今，我翻阅过去的那些旧书，就成为一种类似宗教的仪式。尤其在我写作一部新作品的时候，我总要翻阅最喜欢的书，不是读，就是打开看一眼两眼的，心中便会升腾起一种温暖和力量，产生强烈的创作冲动和自信心。

那些旧书，已经不是供我阅读的了，而是供我顶礼膜拜，成为我精神的底蕴。

我听说，你在部队经历了很多坎坷，但看你的小说，却都很温暖，很有正气，看不出任何牢骚和灰色的元素，这方面，你能透露一些吗？

都过去了，不想再提。我在部队确实经历了很多坎坷，认识我的战友，几乎没有人能够想到我能够走到今天，那些经历可以使用“传奇”两个字。我曾经在老连队八进八出，28岁那年，又被下放回老连队站岗，同年入伍的老乡，大多是正营职干部了，都是我的上级领导。那一次我距离转业时间不远了，估计就要在老连队结束军旅生涯了，于是将所有的书籍和生活用品托运回老家，只留了一床军被和一个脸盆。不料有一位首长慧眼识珠，又将我从老连队调到政治部搞新闻工作，并且一夜之间把我提升为上尉警官。

我很庆幸，尽管我经历了很多磨难，却并没有让我失去一颗善良的心，没有失去向着阳光生长的力量。恰好相反，正是这些经历，让我熟知底层小人物的艰辛，因而我的小说大多是写小人物，写他们最朴素的情感和梦想，写他们的挣扎和困惑、叹息与无奈，写他们对于明天的美好期待与裸足奔跑的姿态……我的小说之所以感动了那么多人，因为我也是我笔下人物中的一员，在与他们一起哭泣一起歌唱一起期待明天是个好天气！

听得出，你的人生经历确实很坎坷，但也是一笔财富。老弟，希望你一切都好，我很想再看到你温暖而感人的小说。

谢谢老兄，会的，请相信我。

设问人：关仁山 作家，河北省作家协会主席

红　柯

红柯，本名杨宏科，1962年生，2018年2月病逝，陕西岐山人。主要作品有长篇小说《西去的骑手》《大河》《乌尔禾》《生命树》《阿斗》《好人难做》《百鸟朝凤》《喀拉布风暴》《少女萨吾尔登》《太阳深处的火焰》等，中短篇小说集《美丽奴羊》《金色的阿尔泰》《跃马天山》《夜啤酒花》等，以及散文集《手指间的大河》《敬畏苍天》等。曾获鲁迅文学奖、冯牧文学奖、中国小说学会长篇小说奖、陕西文艺大奖等。

用千年的目光寻找生命的暗道

十年的天山生活，成就了红柯的寻根之旅。作为周人的后代，他一直在塔里木盆地寻找大漠孤烟，寻找先人们可能留下的痕迹。他认为是新疆的生活给了他强大的生命力和创造力，从新疆到陕西的数次迁徙，使他不断有参照物交叉对比，让他发现新的创作通道和灵感，对生命对生活有着新鲜感新奇感。

你在新疆待了多久？那时的创作和生活状况如何？

1986年秋天西上天山，1995年12月底回宝鸡。我当年去新疆，有一个文学梦想就是创作诗歌。大二时即1983年我在《宝鸡文学》发表一首小诗《红豆》，到1985年大学毕业，我在《延河》《青年诗人》《当代诗歌》等发表近三十首诗歌，1985年大学毕业前还在兰州《金城》发表过一篇小说。大学期间也发表过一篇散文，但重点还是诗歌。我喜欢古典诗歌、欧美现代派诗歌和朦胧诗，也很喜欢古波斯诗歌，尤其是鲁米、萨迪、尼扎米、哈菲兹这些诗人，还抄过整本的萨迪与哈菲兹的诗歌。

我毕业留校一年后西上天山，1988年在《绿风》发表了诗歌《石头与时间》，结束了诗歌写作。这首诗中可以看出一个关中子弟西上天山的惶恐不安与犹豫。后来我以《石头与时间》为名写了小长篇，算是从诗歌到小说的转变，也是从抒情到写实的转化。初到新疆我先适应当地的生活，入乡随俗，老老实实地当伊犁技工学校的老师，带学生实习跑遍天山南北。技工学校与文学无关的生活对我影响很大。

能谈谈具体的生活吗？怎么到了技工学校？

初到新疆，我还是一身书生气，大学毕业留校一年远走新疆，还是想当大学老师，比如伊犁师范学院、伊犁教育学院的老师。当时伊犁劳动人事局的刘斌局长一定要我去新建不久的伊犁技工学校。刘局长就是当年跟王震将军进疆的老革命，很会做思想工作，先跟我拉老乡关系，他山西人，我陕西人，他不管这些，陕西山西就隔一条黄河嘛。后来才知道，西上天山的人，不管东南西北大家都互相以老乡相称，西出阳关了嘛。刘局长后边两句话还真打动了我，一是“你农村出身，兄弟姐妹多，技校工资高待遇好”；二是“你不是爱文学还发表过作品吗，技校老师一半时间上课，一半时间带学生实习，还有生活补助，可以跑遍天山南北，大学老师内地与新疆差别不大，他们只能整天窝在老房子里”。我就心甘情愿地成了伊犁技工学校的语文教师。

我是我这个年龄段的新疆作家中跑遍天山南北地方最多的人之一。带锅炉班的学生实习，一个地方一待就是一个冬天，带驾驶班学生实习就是带一个车队呼啸天山南北，一下子回到成吉思汗蒙古马队横扫世界的那个英雄年代。在大漠戈壁，开汽车都有飞机掠过长空的那种感觉。我们刚开始向往绿洲、草原、森林、湖泊，牛羊、马驼、飞禽、走兽这些有生命的东西。后来，荒漠、沙漠、戈壁，令人无限恐怖的大峡谷、达坂也成为我生命的一部分。我开始写西域大漠时，是不由自主地以老人、女人、男人、孩子来命名，很少有具体的姓名。大漠中人就是这个样子，跟石头、沙子这些尘土一样，跟飞禽、走兽一样，卑微而有生命。好多年以后，当我回到关中故乡，大漠的一切越来越清晰，我才意识到，乡村农耕与草原大漠的不同，我才意识到土地与大地的不同。

你20世纪90年代初的作品《西去的骑手》与《百鸟朝凤》，是在新疆完成的吗?

1990年到1992年，在天山脚下，我完成了长篇小说《西去的骑手》与《百鸟朝凤》的初稿。《西去的骑手》完全是大漠气派，而《百鸟朝凤》是向故乡关中古老的周原（周人的发祥地）告别之作。凤鸣岐山以兴周，我是周人之后，周人从邰迁豳再迁岐山，在岐山脚下筑城扎寨，周原以及关中成为当时中国最早最发达的农业区。土地乡村血亲宗族封建社会，与岐山相邻的凤翔又崛起大秦帝国，从封建走向郡县，方圆不到几百里的关中西部，周秦两个王朝奠定了中国几千年封建社会的基础。大漠则是另一种气象，绿洲如同岛屿，漂浮在瀚海中，随时有被沙漠吞没的可能，绿洲总有大片的树木掩护，村庄包括农田果园，包括牧民的冬窝子，都要树木掩护。农田果园牧场与荒漠沙漠戈壁连为一体，这就是大地，西域大地，乡村土地无法封闭，也无法宗法家族。

我第一次在奎屯在乌苏见庄稼地吓一跳，麦田里野草跟麦子一样多，在关中乡村田野上是没有树的，树都长在村庄，树会跟庄稼争资源，资源有限。土地良田都是熟土，土地上的人都是熟人社会。大地却有许多陌生的生命，城市更是如此。楼兰的意思就是城市，丝绸之路上的繁华城市，人来人往。楼兰消失了。大漠里的胡杨树、梭梭、红柳永远不会消失。胡杨被我写进了《生命树》，比胡杨更有生命力的红柳就成为“太阳深处的火焰”——这就是我今年即将出版的长篇小说《太阳深处的火焰》。

为什么回到西安？离开新疆最不舍的是什么？是否有过犹豫和矛盾？最终决定离开的原因是什么？

1986年秋天西上天山，1995年12月底回宝鸡。我从新疆回陕西很偶然。1994年我有幸参加新疆青年作家座谈会，算是自治区重点培养的对象了。兵团《绿洲》也打算调我过去，那时我已经发表过七八部中篇、五六个短篇小说还有一些散文。这个时候母校陕西宝鸡师院搞校庆，校长杨异军是我中学时的老师，看到我发表不少作品，有意调我回母校工作。于是1995年底一家人就突然回宝鸡了，跟做梦一样。我记得去伊犁劳动人事局办完调动手续，返回奎屯，过西天山果子沟时，天山顶上巨大的月亮一下子贴近车窗，我突然泪流满面，我已经办完了粮户关系、工作关系，档案已发走，我再也不是新疆人了。从24岁到34岁，我的青春年华都留在天山了。新疆的高工资让我成家立业，新疆的牛羊肉让我这个农家子弟的肠胃变得强悍无比，新疆各民族的神话史诗让我脱胎换骨。为此，我写过散文《泪》。

你回到西安是什么机会？回去后是否一切如意？你的作品中是否有你本人的经历？

回到陕西，才发现自己已经成了新疆人。新疆是中原文化、印度文化、基督教文化、伊斯兰文化交汇之地，陕西尤其关中，历史上是农耕文化与草原文化的交汇地，这些交叉地带强化了我在新疆体验的一切，也激活了天山十年的生活积累。1996年9月我通过《奔马》开始书写西域大漠。我很少写自己，包括我的亲朋好友很少出现在我的作品里，我也不知道为什么，提起笔来总是西域大漠的人和事，包括牛羊马骆驼飞禽走兽，草木砂石都与主人公共荣。从长篇《生命树》开始，把天山与关中连接在一起，但我本人还是出现得很少。我写过散文《两种目光寻求故乡》，我总是不由自主地从天山望故乡关中，又从关中回视天山，对比中寻找生命的暗道。

你哪年到的西安？去时都带了哪些行李或重要书籍？迁徙中遇到了哪些问题？当时心情如何？对西安是怎样的印象？

2004年底迁居西安，发现自己每居一地大约也就10年，完全成了游牧人逐水草而居。我对西安印象非常好，毕竟是丝绸之路的起点。2005年我去思源学院讲课才发现陈忠实老师小说中的白鹿原不是虚构的文学地名而是真实的存在，我专门写了《山河形胜白鹿原》一文。西安古长安的大街小巷以及周边的村寨寺庙包括终南山，全都是周秦汉唐古典文学作品中反复出现的关键词。碑林里的《大秦景教碑》和化觉寺巷大学习巷广仁寺，让人想到盛唐时基督教、伊斯兰教传入中国的情形，大雁塔与玄奘就更不用说了。迁居西安，再次激活了我西域10年的生活积累。大学时购书一千多册，从新疆回宝鸡五千册以及几百盘各民族民间歌手歌带，迁西安时藏书近万册。好多书中还有大漠沙尘，我专门写了文章《移动的书房尘土飞扬》。

你刚到西安时生活和创作如何？有无困难或压力？

我初到西安执教陕西师大，就开始带研究生了，给本科生开两门课《文学与人生》《文学与体验》，给研究生开三门课《中国少数民族文学》《中国少数民族文化》《经典导读》。我在新疆养成的习惯，适应能力很强，从大漠出来的万物包括人的生命力极强。

你是从什么时候重新进入创作的？到西安时写的第一部（篇）作品是什么？

我从1983年发表作品至今，创作只中断过一次，就是1986年初到新疆断了好几年，以后再没有中断过，这与我的性格与读写习惯有关。大学时我很少在图书馆看书，都在野外看书，晚上在教室看书到天亮。越是干扰多，压力大，写作欲望越强烈，我不相信有天时地利人和，杰作都是人生最悲惨最黑暗的时候写出来的，都是带血带泪的，都是破釜沉舟、背水一战、百强相遇勇者胜。2004年底我来到西安，2005年就写了中篇《军酒》，发表在《上海文学》2005年第11期。我一直习惯手写，打印部陕北姑娘打完《军酒》就鼓动男友一起去了新疆。

从风格和内容上请你充分谈谈，回西安的创作和在新疆时比，发生了哪些变化或进步？

从1983年发表处女作到1996年9月《人民文学》发表《奔马》引起文坛注意，经过如此漫长的过程，说明我是个很笨的人，13年发表七八部中篇、五六个短篇，几十首诗、几十篇散文，没有任何动静没有任何反应，生长期如此漫长。大漠戈壁的植物都是这么生长的，红柯本是植物，来自大漠。水土太好是否对一个作家有利真不好说，反正我感谢大漠戈壁，我从大漠深处上到《人民文学》，也要感谢如今的中国作家协会副主席李敬泽。我在新疆写陕西，在陕西写新疆，相比之下更适合写新疆。祖父作为抗战老兵在蒙古草原8年，父亲作为二野老兵在康巴藏区6年，我西上天山10年。据说周人来自塔里木盆地，作为周人之后我西上天上应该是寻根之旅。到了大漠才知道大漠孤烟直不是烟是旋风，才知道高适岑参们不是浪漫主义是现实写真。

你如何评价自己的这次迁徙？创作环境的变化是否会影响到创作内容？对于创作来说有何利弊？

1998年，我的第一本小说集《美丽奴羊》出版，崔道怡老师做序言《飞奔的黑马》，这匹黑马从1998年到2000年发表30多部中篇近百个短篇几百篇散文，从2001年开始以长篇为主，《西去的骑手》《大河》《乌尔禾》《生命树》《阿斗》《好人难做》《百鸟朝凤》《喀拉布风暴》《少女萨吾尔登》以及最近马上出版的《太阳深处的火焰》等12部长篇。迁徙对别人怎样我不知道，对我是极大的长进，是一种生命不断体验变化的过程。生命最忌讳封闭呆滞。周秦汉唐，穆天子西游天山，汉张骞通西域，唐玄奘西天取经，文人们壮游天下，宋以后就自我封闭了。小说本是动态，本是城市生活，本是对陌生地域的冒险，小说就不是熟人封闭的农业社会。中国四大五大名著很少是写农村的，西方更是如此。犹太人迁徙更甚，才有卡夫卡，居布拉克又不是捷克人，说德语又不是日耳曼人，多元交汇心灵极度动荡。我感恩新疆感恩故乡关中。

请再谈谈生活上的变化。这次迁徙对你有何影响？

数次迁徙使我对生命对生活有着新鲜感新奇感，不断有参照物交叉对比，让人发现新的创作通道和灵感。但我在哪个地方都无法建立中国式的关系网，没有团队，没有可以利用的人脉关系资源。好听点我像个逐水草而居的游牧民，难听点就是一个流浪汉，家人受累。看过雷达老师一篇散文，写他突然上火车回天水老家，火车上站数小时憋尿难忍，细节很真实。1988年我送妻子回老家生孩子，过春节后一个人返回新疆，朋友们把我从宝鸡火车站列车窗塞进去，我挤在人群里一直到酒泉才找到座位，厕所里挤满人，女人们没法解手都号啕大哭。我只喝啤酒挤出一身汗，也就不尿尿了。我从乌鲁木齐下车后到同学家大睡三天，看什么都是颠倒的，因为那种恐怖我再也没有回过老家。

写作和外边的生活是很辛苦的，你又是怎么一直坚持下来的？

我很看重自己的元气。我有幸与体育专业的同学相识，从中学时起就喜欢慢跑喜欢冷水浴，上大学时，三九天我站在水房，一桶冷水从头而下，身上就起一层白雾。或者端一盆雪，用雪球擦遍全身。后来去新疆，零下三十度，穿薄秋衣长跑。我写出最好作品的时候，也是我身体最好的时候。我认为体育与文学有内在联系，必须保持元气。我是个有限论者，语言有局限性，才华也有用尽的时候，我总是爱惜这一切，绝不分散精气。跟过日子一样，不怕没钱，只怕锅漏。首先反抗分神，把生命之光聚在一处。我以为一个明智的人必须有三点自律性：一是聚光性，一生只干一件事；二是变不可能为可能，可能性很大的事也不是什么好事；三是简化功能，把复杂问题简单化，简单是一种美。

能否总结一下自己的创作经历都分哪些阶段？

大学时我发表诗歌、小说、散文，满足文学青年的虚荣心。新疆10年发表八十多万字中短篇小说，属于学艺，各种文学实验，寻找“属于自己的句子”。回陕西后1996年9月在《人民文学》发表《奔马》标志着红柯形成了自己的风格，1998年李敬泽写了一篇评论《飞翔的红柯》，称红柯的速度感有别于慢速爬行的先锋文学。2001年我在《收获》发表长篇《西去的骑手》，李敬泽在《南方周末》撰文评论，总结这一年莫言的《檀香刑》、红柯的《西去的骑手》标志着中国作家从模仿欧美文学到本土化的完成，这是一个标志性文化事件。2010年我创作长篇《生命树》沟通了天山与关中。

你认为在西北作家中，自己的作品有何独特价值？有评论认为西北作家太贴近现实，你如何评价？

白烨老师1999年就评论陕西作家多写实，而红柯抒情，西部作家多是现实主义，而红柯是浪漫主义。我写过一个创作谈《在现实与想象间飞翔》。吴义勤、于京一在《神性照耀乌尔禾》（《小说评论》2008年第3期）中说：“红柯在《乌尔禾》中完成的是对先锋文学和世俗文学的双重颠覆与超越，它以质朴的形式，从先锋派乐不思蜀的玄奥空洞中返归清明蓬勃的诗性，实现了让文学从不堪重负的‘伪哲理化’向文学感性品质的回归，完成了从低俗卑琐的商业化写作向丰盈想象和诗意情感的升华。”

西北有秦腔文化，你是怎么爱上秦腔的？

新疆这个名称是清末左宗棠征西后出现的，宁夏青海更晚，1929年前后设省，元明清整个西北就是陕甘行省，西汉开始嘉峪关以西叫西域。最早通西域的都是山西、陕西人，从官方到民间，直到今天，天山南北的土著族大都是陕甘籍，整个大西北都叫秦，秦腔是西北剧种，通行陕甘方言，风俗习惯差不多。最早出现在西域的汉族人，普通百姓就不用说了，有名有姓的如张骞、班超父子、苏武都是陕西人。秦腔也是新疆少数民族接受的汉族剧种，“十二木卡姆”里就有秦腔的旋律。我对秦腔的喜爱不是在家乡关中，我是农家子弟，刻苦读书的实用目的就是跳出农门，进入城市，中学时这个愿望强烈得不得了，全中国农村学生跟我差不多，那时我听到秦腔就头大。

当年我父亲是先进，奖了一台小收音机，归我所有，每天晚上做完作业我一个人躲在厨房里听世界名曲，以抗土得掉渣的秦腔，这个小收音机一直用到大学毕业。我根本没想到大学毕业后我能西行八千里，我更没想到我在伊犁街头听到木卡姆时，会被其中古老的秦腔旋律所击中。在天山脚下用1000年的目光遥望我的故乡陕西关中渭河北岸那个叫岐山的小城，那也是历史上周王朝的龙兴之地，所谓凤鸣岐山，岑仲勉先生考证周人来自塔里木盆地，周人的原始农业与塔里木盆地的绿洲农业有这种遥远的“血缘”，这大概就是文学的根。就更不要说丝绸之路了，从长安到西域一直到罗马，向达先生著有《唐代长安与西域文明》。

公元8世纪至9世纪从北亚蒙古高原分三支西迁天山南部的维吾尔族的祖先回鹘人跟周人一样也是在这块热土上从马背民族成为定居的农业民族，天山所孕育的绿洲农业对人类功莫大焉，以至人类学家把塔里木盆地称为人类文明的摇篮。11世纪维吾尔族诞生两个文化巨人：喀什噶里与玉素普·哈斯·哈吉甫。喀什噶里的《突厥语大辞典》里把中原称上秦，大西北至西域为中秦，西亚至罗马为下秦。玉素普·哈斯·哈吉甫的《福乐智慧》近于同时代的北宋大儒关学创始人张载，他们思考一个共同的问题，知识造福于人类，造福于每一个人，也就是今天所说的幸福指数。所以一个陕西人在天山，那种亲和力和其他人的感受很不一样。

曹文轩说你是中国少有的写风景写得好的作家，你认为呢？

风景在我作品中不是背景，是主体，万物与我同一。

如果请你打比方，新疆和西安，你如何作比？

新疆诗意，西安写实。

再谈谈你目前的创作吧？长篇《太阳深处的火焰》已经在《十月》杂志刊发，在文学界颇受好评。沈阳师范大学教授、评论家贺绍俊认为，在你的小说中一般会有两个地域的对话，“这使得红柯的不少小说具有复调的性质。红柯的这一特点在他的新作《太阳深处的火焰》得到了一次集大成式的展现，新疆与陕西不仅在亲密地对话，而且进入到热恋阶段，红柯的思想智慧也在这种热恋的状态中迸发出火花。”

太阳的火焰来自大地。这部小说原名《皮影》，定稿时改为《太阳深处的火焰》，就像一个乡村孩子，有个小名，很土，上学时就一定有个大名。长篇小说《生命树》原名就叫《玖宛托依》，维吾尔语即少妇的婚礼，《喀拉布风暴》原名《地精》，就是沙漠里生长的特别能壮阳的中药锁阳和肉苁蓉。

这得感谢中国青年出版社2000年举办的“走马黄河”行动，我有机会漫游了祖父抗战时呆过的蒙古草原和父亲作为二野老兵呆过的青藏高原，从黄河源头一路下来，采访考察了各民族的民间艺人，包括皮影艺人，对皮影艺人和皮影艺术有了完整的了解。一部长篇小说的生长期至少也该有十年二十年，生活积累如此，艺术积累亦如此。不能不提当年与《奔马》《美丽奴羊》一起出现的《鹰影》，陈思和老师收入《世纪末小说选》，曾给以很高的评价，李振声老师甚至把《鹰影》与鲁迅《故事新编》里的《铸剑》相提并论，而我对鲁迅的阅读恰好是中学时期从《故事新编》和《野草》开始的，《鹰影》巨大的投影进入关中就是阴阳交错的《皮影》，原始洪荒之伟力的太阳的投影就是大漠红柳，红柳就是太阳深处的火焰，照亮万物的生命，包括民间艺术皮影，包括闪电般的《太阳深处的火焰》，包括霹雳闪电般的《野草》。

你是怎么看待文学与其他艺术形式的差别，尤其是影视剧的改编的？

文学是生命艺术，生命最大的敌人是僵化，是机械，是肤浅。当照相机诞生时，美术界一片恐慌，但很快产生了前后印象派，以写意为主的新画派出现了。再高明的拍摄手段能拍出梵·高的向日葵吗？当电视电子技术普及全球时，一个作家首先是反抗这种高科技，了解它，最终征服它。用什么？就是古老的文字，写那些让电影电视导演眼红而又望洋兴叹的文字。真正的文字是其他艺术手段难以穷尽的。中国小说四大名著中，《三国演义》文学性最差，拍出的电视就好看，《水浒》次之，《红楼梦》世世代代难以穷尽。世界电影经典之作《苔丝》就不如哈代原著有魅力。不可想象把《追忆逝水年华》《波浪》《尤利西斯》拍成电影是什么效果？我看重这些差异性，执迷于文字本身的魅力，也执著于与别人区别开来。有评论家说：现在有些杂志，从头至尾就像一个人写的长篇小说，换言之即流水线作业，从热闹书流过来的支流。老汉吃豌豆，拉的还是豌豆。能不能拉出些新东西？当我们大谈米兰·昆德拉的“用优美的文字表达别人的思想就是媚俗”时，我们可能陷入比媚欲更可怕的局面，即用别人的语言表达了别人的思想。创作与写作的区别在于创作是化学反应，写作是物理反应。

设问人：舒晋瑜 作家，《中华读书报》总编辑助理

刘 庆

刘庆，1968年生，吉林辉南人。主要作品有长篇小说《冰血》《风过白榆》《长势喜人》《唇典》，短篇小说集《信使》等。曾获红楼梦·世界华文长篇小说奖首奖、东北文学奖、长白山文艺奖、吉林文学奖等多种奖项，两次进入中国小说学会评定的中国小说排行榜长篇小说榜。

把文明的种子种进人心

、“唇典”也叫“春点”，当写下这两个字的时候，刘庆便有了想改变原意的想法，“字有字典，词有词典，‘唇典’就有了更多的想象空间，我取的是口口相传之意，是无字的经典，嘴唇上传承的故事。”批阅十载，增删无数后，《唇典》终于出炉，被誉为一部波澜壮阔的百年东北史诗。刘庆表示，文明撒下了许多幸运和智慧的种子，有许多种子被风吹到了河和海里，落在地上茂盛地开放的种子是最幸运的，他希望《唇典》是幸运的那一粒种子，能够种进人心，茁壮成长。

每部小说的创作，可能都有一个灵光闪现的开端，一个激发点。我曾经在《收获》上看过冯骥才的专栏文章《长春萨满闻见记》。对萨满，可能大多数读者不了解。具体到《唇典》，这样一部描述几代萨满与东北百年激烈壮阔历史的长篇小说，它是什么时候进入你视野的？源自你的田野调查吗?

我很珍视这次和钟老师对话的机会。首先我要表达敬意和谢意。我的几部长篇小说你都是责任编辑，是对我的创作情况最了解的人，改正了我那么多的错别字，提了那么多的修改意见，如果我的创作还算有一点成绩的话，你是我最想感谢的几个人之一。在这里，我还要向《收获》杂志表达敬意，它在写作者心中的分量极为重要，能在这里发表作品是一个写作者的光荣。

2000年12月10日，我主持《新文化报》的编前会，夜班编辑提交了一条新华社的简讯，新世纪的第一缕曙光在吉林省的森林山。我将这条新闻定发在第二天的头版头条，然后策划迎接新世纪第一缕曙光的报道，报社派出几路记者去森林山的所在地珲春老爷岭采访。当时有一个特稿记者叫阿芒，他采写了两篇报道，刊发时题目是《生生死死森林山》。故事由一个满族老人郎傻子自述，森林山是一个传奇的地方，是满族的分支库雅拉满族的生长地，老人讲述了他和土匪阿玛白五爷、朝鲜额娘和俄国额娘的故事。

坦率地讲，我并不相信这个故事是真实的，我怀疑郎傻子是一个有讲故事天分的老人。东北的乡下，有许多这样的人，我小时候，村子里常常供电不足，没有电的漫漫长夜，总有人绘声绘色地讲一个极有可能是他自己吹牛的故事，我就听说过一个人骑着野猪打野猪。郎傻子可能也是这样的人，他编造了自己的传奇故事。我还怀疑里边有记者阿芒参与编造的成分。但故事实在太吸引人了，引起了我创作的冲动。我向阿芒要了电话，决定利用元旦休息的时间亲自去见一见郎傻子。我做好了进山的一切准备，买了很厚的羽绒服，还有大棉鞋。

2000年12月26日，我在日记里写下了“唇典”两个字。这个词我是在一本介绍东北文化的书上看到的。书上说“唇典”也叫“春点”，是一个行业的“行话”和切口的意思，《林海雪原》里的“天王盖地虎，宝塔镇河妖”即是唇典，是土匪的“行话”，土匪的“行话”当然就是“黑话”了。我写下这两个字的时候便已想改变原意，字有字典，词有词典，“唇典”就有了更多的想象空间，我取的是口口相传之意，是无字的经典，嘴唇上传承的故事。我觉得这两个字会成为一本好书的名字，为了这个书名我兴奋了好久。

后来，中央电视台直播了珲春森林山的新世纪第一缕曙光。12月31日，我值了一夜的夜班，连续工作的辛苦，签完大样的那一刻，我感到深深的疲惫，觉得自己没有了踏上旅途的力量，我更需要的是睡眠和休息。我迷迷糊糊地回家，放弃了去珲春采访的打算。2002年我父亲癌症晚期，陪伴他的日子里，写作是我唯一的慰藉。2003年，我写完了长篇《长势喜人》，这部长篇是我在《收获》杂志发表的第二个长篇。

父亲去世之后，加上右腿莫名的疼痛，我陷入了深深的苦恼，只有写作才能让我获得一些快乐。《唇典》就这样开始了。这时候，我重新想起了那位珲春森林山的故事大王，我几次试图联系那位姓郎的老人都没有结果，当初竟然没有记下他的名字。而采访郎傻子的记者阿芒两年前被人杀死在住处的走廊里，他曾是通化市一名警察，他的命运让人唏嘘。

2007年8月，我终于到了珲春，在当地的县志上看到了郎傻子讲述森林山的故事。但那故事的来源竟是《新文化报》报道过的《生生死死森林山》。我打听到老人已故去多年，我和这样一个神奇的故事讲述人到底未能相见。

每位作家，都需要在作品中处理个人与时间、记忆与历史的关系。你之前的《风过白榆》《长势喜人》两部长篇小说，其实处理的时间和你本人的距离比较近，自己和周围朋友亲人的记忆尚且留有余温，有亲历性，细节的饱满呈现，就容易带着体感温度，所以当时也都有评论者视之为“成长小说”。《唇典》的时间，开始于1910年的东北，结束于世纪末，跨度百年。这基于什么样的考虑？是一开始就有野心，要在更大的视野里写出“东北史”吗？

小说时间的设定从写下第一句的时候就开始了，要想写东北的历史从1910年写起也最合适。1910年，是清朝的最后一年，此后，满文将在中国大地上消失。那时候，东北迎来了第一次移民的浪潮，大批关里人从山海关涌入东北。对于东北，山海关不仅仅是一道地理学上的符号，更是一个文化心理的屏障。小时候，我们将山海关以里的地方，通称为关里，我们所处的地方当然便是关外。说到关里关外，我们还要说到一个名词——柳条边。大清入关以后，便将东北看成龙兴之地加以保护，保护的办法便是连接长城修了一条绿色长城，柳条边用土堆成宽三尺、高三尺的堤，就近取材，堤上隔五尺便插柳条三根，再用绳子联结横条柳枝，堤的外侧挖设壕沟。旗人和汉人等均不准逾越，犯戒者治罪。

柳条边也是近代史的一道分界线，由于封禁政策，成为“禁地”的东北在清朝式微时开始，就成了冒险家的乐园和灾难的转换场，日俄战争、土匪四起和枭雄争霸从未停歇。张作霖死于谋杀之后，东北易帜，然后就是十四年满洲国的日奴时代。殖民地特征和亡国奴的生活，还有东北地区的抗日图存，融入东北的文化史和生存史。

如果我们把东北这片黑土地赋予一种人格力量，这个人的命运最曲折，最跌宕起伏，最刚烈也最壮烈，最屈辱也最复杂，最富深情也最粗犷。你生长在这片土地上，能用自己的视角去感受到这片土地的体温和情感的千回百转。

“萨满”在大众视野里，是一个陌生而神秘的符号，也许另外一个作家来处理，就会让这个符号出现在书名里，从某种程度上说，我觉得题目也是小说所要抵达的彼岸。

东北的民间文化的确有着“唇典”的某些特征。相对于中原文化，东北是“胡地”，因为语言和文字的因素，文献资料很少，而那些通晓自然秘密的萨满便肩负起民族文化传承的使命，他们传承的方式是秘传的，一代又一代地口口相传，完全配得上“唇典”这样一个新命名。萨满抱着桦木狍筋琴，唱着民族的古歌，那些吟咏世代不衰，尊天敬地的庄严，怜爱众灵的长歌，神秘而又神圣。他们歌颂神灵，歌颂祖先，歌颂自然，那些颂歌成为民族的历史，就像一条条奔腾的河流，滋润着一代又一代的心灵，那些波峰浪谷，那些席卷不去的忧伤、苍凉，那一声声的呐喊和呼唤同时光相遇，迸溅出火花，打开了旷野记忆的闸门，代代相传，有着无限的诗性和灵性。

通过漫长的写作，我得到这样一个结论：在成为一个萨满之初都必须学会独特的叙事传统。这种仪式性的叙事充满感情，祈祷、召唤、祝福、求告与诉说自由转换。他们在讲述神话和英雄史诗的时候，那种叙事完全是叙事诗，“讲故事”几乎就是萨满的一种神奇技艺。

即使在日常生活中，东北许多人都是讲故事的高手，我小时候经常听“瞎话”，你可以理解为没有灯，在黑暗中讲述的故事，你也可以理解为这是不受限制的想象。能在千百年里，一代代口口相传的故事本身的生命力就让你赞叹不已。

我相信这个世界上有很多的部分，是我们的理性和知识还没有认知到的，在20世纪前半叶，这种超能力可能出现得更频繁和成功，介入俗世生活更为深入。《唇典》涉及浩繁的谱系，祖先神，土地神，生育神……小说中常有阐释，它们的出处在哪里？

在《唇典》的创作中，如何处理好神话、传奇和现实的关系是一个难点。更重要的是要将这种精神力量和历史结合在一起，对史料的选择和梳理也极为重要。

许多东北作家都写过“萨满”，在他们的笔下，萨满充满着神秘，在摇晃的灯火下，某户人家在举行一场“跳神”仪式，大神二神轮番上场，大约是谁家的亲人病得不轻，郎中的药也吃了，没有了别的治疗办法，只好求助于鬼神。我最早知道“萨满”是看了一场二人转，其中有一场戏便是大神调，人们说，唱戏的那人有时候过于投入会突然“来神”，也就是有什么东西会突然附体，在台下看那二人转的表演心里总有一种毛骨悚然的感觉，害怕那台上忽然出现什么，但终没有见过一次“来神”。小时候，爸爸也给我讲过跳神，说大神用大刀砍在胸前，竟然没有刀刃，诸如跑火池之类，这便是“萨满”在民间的记忆和表现。

把“萨满”和“跳神”等同在一起实在是亵渎。历史上，成吉思汗身边有白衣萨满，萨满是大汗的军师，是队伍的精神领袖和导师，他以天神的名义传达神谕，神谕便成为战士们的勇气。努尔哈赤的身边也有萨满，如果没有一种必胜的精神力量，一支人数很少的队伍再剽悍，也不可能席卷广袤的中原大地。萨满还是每一个家族的精神领袖和灵魂，他们承担着族长、医师和巫师等多种角色，他们还是民族文化的传承人，讲述家族史是神圣的，那些“神龛上的故事”就记在萨满们的心里，从他们的唇间汩汩流出，滋润着后代和族人的心田。那些故事是“天书”，是“神曲”，对于讲述者和听者而言，都是确实的“真事”，是神灵给人们授予的神圣无比的经书。讲唱神的故事和祖先的故事，俨然便是举行一场祭礼和道场。

我觉得，所谓大时代，从来都不是只有一个面向，它有无数种可能性，到今天“萨满”可能已经从现代人的生活里消失了，但若是重返百年前的东北，它可能就是一个久远但最贴切的幽径，带领我们打开一扇透视百年东北历史的窗子。选择了这个视角，也就表明了小说背后评判和梳理的目光、价值观，恐怕不是主流的那种历史叙事，而是充满民间精神和世俗的色彩，也充满个人的思考。

现在的东北民间，“萨满”这个词也逐渐消失。人们熟知的是跳大神，是降神和治病的迷信仪式。前面说过，萨满不但有自身驾驭的法术，还有自己独特的语言系统，而历史又是“已知的”，以萨满的异能，他对社会的冲突和荒谬能够感知而且洞悉，这样，萨满的“唇典”和社会的“唇典”的结构关照和意义就都有了。就像萨满所说的那样，那些神便是萨满的哲学，而神歌便是萨满的诗篇。神歌也是萨满和神灵沟通的咒语，是一种独特的语言，将社会现实纳入“唇典”的范围里。而神灵和神明视角的出现，新的叙事系统产生了，换一个视角看人生，就多了一些神性、理性、血性和诗性，多了一些悲悯和忧伤。

《唇典》里，萨满是智慧和能量的象征，萨满法力不同，解决的问题有侧重大小。可我想，法力自然是重要的，更重要的是具有法力的萨满，同时被赋予了保护人们平安的一颗慈悲之心，一种拯救众生的责任。民间社会的这种存在，是仪式感，更是一种自然的和谐。但后来，失衡了。

由于特定的生存环境，相当长的历史中，萨满在人们的生活中担当着特别的角色，是人与自然打通关系的纽带，为人提供灵魂上的指引与精神的抚慰，他们是神秘的，也是有血性的、温厚的。我在小说中写到了盗火女神拖亚哈拉的形象，为了给人间盗取火种，美女其其旦将神火含在口里，最后被烧成“虎目、虎耳、豹头、豹须、獾身、鹰爪、猞猁尾”，但她仍保持着一颗人心，“她四爪踏火云，巨口喷烈焰，驱冰雪，逐寒霜，驰如电闪，光照群山，为大地和人类送来了火种，招来春天”，这和汉文化中龙的形象何其相似，尤其是还有着一颗“人心”，这就多了更多的象征。东北人身处寒冷之处，对火的渴望成就了这一极具地域文化特色的火神崇拜。富有牺牲精神的神明正是通过萨满的演绎穿透着人心。

中国在近代，有多个区域曾经遭遇到各种入侵和实际控制，政治格局纷繁复杂。在数度政治变局之下，百姓的生活真相又是如何的？在《唇典》的开头，你写到了热闹的灯官节，郎乌春当选为灯官老爷，一介青年，可以短暂地拥有发号施令的“权威”，可是，偏偏这个荣耀时刻被瞬间打破了。胡子（土匪）洗劫了白瓦镇……枪杆子和强权代表着力量，而对于局部统治权更迭，百姓其实很被动，只能忍耐着生存。这几乎是《唇典》里所描绘的东北的社会常态吧？

中国东北的近代史是场景转换最快的一幕幕悲喜大戏。20世纪三四十年代东北作家萧红、萧军在中国文坛上的崛起，可以说是东北人的心灵史和现代中国心灵史的第一次接轨。他们的作品之所以产生轰动，就是因为东北最早成为沦陷区，他们的家国之痛比其他地方的作家要更早、更强烈，也更深刻。

由于多种原因，东北的许多历史没有被正视和书写。大的历史格局和多方角逐，历史的转换铺陈，神明的力量在日常生活中的进进出出，每一段历史都深刻地塑造和影响了东北人的性格与文化，以此为背景讲述东北人的心灵史，才会让我们更知道来处与去处。

有评论以“史诗性”和“宏大叙事”来概括《唇典》，我不想去追究这两个词语所代表的内涵和外延，却觉得，你隐含在作品背后的价值观，和主流历史叙事并不同流。这种不同，不是宣言，而是渗透进人物与事件的价值观，并非以正面挑战的形式，而是对惯常的图景做了另外的表现。我感兴趣的恰恰是这另外的表达，也许揭示出来的，就是真相。有价值的历史题材的文学作品，往往也是对通常所谓“历史进程”的否认，对所谓大写的历史的否认。作家以一种个人化的视角，进行重新的思考，就如史铁生曾经说，“从个人出发去追问普遍的人类困境。”

人类已经有那么多书那么多故事，为什么还要多你的一本？为什么写这个故事？这个故事的意义何在？你的创作会有哪些超越和独到之处？这些是一个作家应该想的。你要思考意义，思考节奏，思考控制，思考故事结构。读者真正需要的是荡开一桨，划破沉闷，享受水波不断散开的涟漪，就像一个歌者，一个不需要前奏的地方，惟有开口便唱，方能石破天惊。至于是不是具有“史诗性”，那要看造化。但有一种追求是我崇尚的，那就是追求的境界不但要有天地间的奔放和辽阔，还要有行吟诗人的从容、优雅和感伤，你要用想象和张力完成贴近人心的赞词和颂歌，幸运的是我找到了萨满这个视角，要知道他们天生就有讲故事的使命。

我很喜欢满斗种植“灵魂树”这个章节。一次，满斗在一棵“走树”旁边睡着了，睡梦中见到了自己的师父李良。醒来后，满斗把这棵“走树”叫做“李良树”。以后，不同的树种，一棵棵种下，在满斗心中，他们就是亲人，“柳枝树”“阿玛树”“苏念树”……他悉心照顾着灵魂树，和逝去的他们相聚，对话。他自己的灵魂由此获得抚慰和宁静。但这样的平静被打破了，茂密的树终于被“贼”惦记上了，盗走了，年老的满斗处理了一切，踏上寻找灵魂树的不归路。我觉得很难一言以蔽之，却感受到丰富的寓言意味。灵魂，输给了金钱欲望，这样的安排，灵感如何到来？

有很长一段时间，这部书的创作似乎迷失了，我一直想不好结尾。有一天，我和一个地产项目的总经理聊天，他指着不远处一棵高大的树木告诉我，你眼前的这棵树是从长白山里挖来的。那棵大树静默不动，我却心里一蹦，那一刻，我五味杂陈，树木离开了它的生长地，被种植在喧嚣的城市，成为城里人生活的点缀。那些被强行移植的树木会感觉到疼痛吗？还有那些撕裂和懵懂。也许那些灵魂的觉醒和幻灭同时到来了，灵魂、神明和现实瞬间凝固在一起，头顶的云彩已经变成了历史的烟云，一束光打在我的脸上，命运神奇地打通了时空的屏障，我接收到了灵感的频道和密码。过去就是今天，神明和爱原来一直与我们同在，无论是敬畏还是疏离，无论怀念还是迷茫，神明和爱从未背离，从未离开过我们。那一刻，我心怀感激，我知道，《唇典》可以写完了。

长篇小说的长度，并不必然代表具有史诗品性。小说的时间跨度之长，也并不必然代表小说的厚度和深刻，以及生存的全景式展现和人物长廊的丰富。《唇典》也被人说成百年萨满精神图谱。你一直写到了20世纪末。也许我们所经历的时代和岁月非常动荡，在这样的动荡中，能不能让时间和空间静止下来，让我们注意到其中留存的价值？这其实是困难的。优秀的文学作品其实重建和修复了我们的记忆，从这个意义上说，《唇典》并非停止在这个小说的故事里，而是在以文学的方式重新过滤和书写历史的过程中，那些小人物和传奇的萨满，也许过段时间会进入到公共史的视野。在写作过程里，最让你感觉困难的是什么？让你不能放弃的又是什么？而你理想的读者又是怎样的？

《唇典》从开始构思到动笔是五年的时间，写作又用了十年的时间，我从未想过我会用十多年的时间去完成一部作品。我在都市报做总编，工作真的很紧张。我集中写作的时间在五一和十一的假期，每到长假，妻子就带着儿子选一个地方去旅行，我一个人留在家里，投入写作。可是将前面写的故事读一遍就要占用大量的时间，随着篇幅的增加，阅读的时间也越来越长。我的写作变成了手压井的模式，你得先将水倒进去，才能让创作复苏。

一部小说就像一个人，故事是身体，故事线索就像四肢，故事的丰富性就像血脉，故事的时间跨度是这部书的年龄，而小说的思想和内涵就像一个人的灵魂。情感是灵魂的语言，故事的紧凑和紧张仿佛身体的感觉。艺术是灵魂的游戏，精神是肉体和灵魂的触点。

许多朋友看过我的生活状态，他们说，无法想象我怎么能写成一部数十万字的书。是啊，除了热爱和坚持，还有什么理由呢？文明撒下了许多幸运和智慧的种子，有许多种子被风吹到了河和海里，有的落在了沙石地上，茂盛地开放的种子是最幸运的。我希望《唇典》是幸运的那一粒种子，能够种进人心，茁壮成长。我说过，一部书就像一个人，《唇典》的写作不是断断续续地写了十几年，而是持续了十多年的写作，我们在一起生活了十多年。我感谢所有鼓励过我和帮助过我的朋友和老师们，大家的祝福和友谊我已经装进《唇典》的行囊，将成为《唇典》走向世界走向未来的动力。我知道，《唇典》走出我的书房就不再属于我，他将独立面对读者，独自面对时间，独自接受喜悦和评判。

设问人：钟红明 评论家，《收获》副主编

《对话百家》系列丛书作家名录

二月河	凡一平	王　蒙	王跃文	王　刚	王祥夫
尹学芸	方　方	邓一光	东　西	冯　唐	冯骥才
艾　伟	叶　弥	关仁山	吕　新	孙惠芬	朱　辉
次仁罗布	衣向东	红　柯	刘　庆		

刘醒龙	刘庆邦	刘慈欣	李敬泽	李佩甫	迟子建
余　华	吴克敬	张　炜	张　平	杨少衡	杨争光
肖克凡	邱华栋	邵　丽	阿　来	阿　乙	陈忠实
陈　彦	陈应松	麦　家			

宗　璞	周大新	周梅森	范小青	范　稳	金仁顺
柳建伟	残　雪	胡学文	赵本夫	赵　玫	海　飞
莫　言	贾平凹	陶　纯	盛可以	笛　安	葛水平
蒋　韵	韩少功	熊召政	魏　微		

王安忆	马　原	叶　辛	孙　颙	血　红	吴　亮
张　翎	甫跃辉	陈思和	金宇澄	赵丽宏	姚鄂梅
唐　颖	殷健灵	秦文君	钱谷融	葛　亮	路　内
蔡　骏	潘向黎	滕肖澜			

大　解	王　干	叶　舟	宁　肯	龙仁青	吉狄马加
刘亮程	西　川	何建明	李元胜	李鸣生	李修文
李春雷	周晓枫	欧阳江河	荣　荣	海　男	商　震
梁　鸿	裘山山	鲍尔吉·原野		熊育群	

弋　舟	马金莲	双雪涛	文　珍	王十月	王威廉
付秀莹	田　耳	石一枫	乔　叶	孙　频	朱山坡
张悦然	张　楚	李　浩	李骏虎	肖江虹	周李立
郑小驴	徐则臣	黄咏梅	鲁　敏		